許學夷《詩源辯體》研究

謝明陽　著

1996

許學夷《詩源辯體》研究

目　次

引　言 1

第一章　許學夷其人其事 7

　　第一節　家　世 9
　　第二節　生　平 14
　　第三節　著　作 21
　　第四節　交　遊 29
　　小　結 37

第二章　《詩源辯體》的成書 39

　　第一節　寫作背景 39
　　第二節　寫作宗旨 47
　　第三節　內容概況 51
　　第四節　版本流傳 56
　　小　結 61

第三章　詩史觀——詩歌演變歷史的詮釋.......................... 63

第一節　「詩史觀」釋義及形成.................................... 64
第二節　詮釋詩史的價值標準.. 69
第三節　詩歌演變之因素.. 79
第四節　詩歌演變之現象.. 87
第五節　詩歌演變之規律..117
小　結..125

第四章　辨體論——詩歌體裁與家數的辨析......................129

第一節　「辨體」釋義..129
第二節　辨體的形成動力與目的..................................141
第三節　體裁之辨..149
第四節　家數之辨..162
第五節　變體的審美評價..172
小　結..182

第五章　創作論——復古的創作理論與實踐......................187

第一節　詩歌復古的理論依據......................................188
第二節　復古的對象：漢魏古詩，盛唐律詩..............195
第三節　學者的條件：以識為主，才力輔之..............200
第四節　學習的方法：以本兼末，由法悟入..............209
第五節　理論的自我實踐..220
小　結..230

第六章　批評研究——理論、實際與批評史 233
　　第一節　論詩的基本原則 235
　　第二節　評歷代詩論 242
　　第三節　選詩的基本原則 256
　　第四節　評歷代詩總集 262
　　第五節　詩歌批評史觀 276
　　小　　結 281

第七章　結　論 287
　　第一節　《詩源辯體》與復古詩論 287
　　第二節　《詩源辯體》與吳喬 292
　　第三節　《詩源辯體》的價值評估 299
　　第四節　《詩源辯體》的研究展望 304

參考書目 307

後　記 329

引　言

　　碩士班二年級開始，我將自己的讀書重心放在明代復古派的詩歌理論上，因而接觸到復古詩論的殿軍之作——許學夷《詩源辯體》。讀畢此書，我不僅對於許學夷隱居著述四十年的治學風範感到神往，更喜愛《詩源辯體》一書脈絡井井的豐富內容，深覺其書的體大思精，足夠超越徐禎卿《談藝錄》、謝榛《詩家直說》、王世貞《藝苑卮言》以及王世懋《藝圃擷餘》諸書，而與胡應麟《詩藪》相頡頏。然而，《詩源辯體》在成書之後卻一直湮沒不彰，非但《四庫全書》未予著錄、清代詩家少有齒及[1]，就連現今各種文學批評史也大都略而不談[2]，其書在後世所獲得的肯定，顯然與許學夷的詩論成就不成比例，不免令人覺得惋惜。

　　事實上在1987年以前，臺灣根本沒有《詩源辯體》的任何版本，此地學者僅能透過由大陸所傳入的《陶淵明研究資料彙編》、《三曹資料彙編》等書，得見若干則原文[3]，因此對這部

---

[1] 僅吳喬曾經論及，詳見本論文第七章第二節。
[2] 所見各種文學批評史討論到《詩源辯體》者，只有袁震宇、劉明今：《明代文學批評史》（上海：上海古籍出版社，1991年）。
[3] 臺北明倫出版社於1970年合印《陶淵明研究資料彙編》、《陶淵明詩文彙評》為一書（《彙編》另有九思出版社印本，《彙評》另有臺灣中華書局、世界書局印本），臺北木鐸出版社於1981年印有《三曹資料彙編》，諸

論詩著作的了解相當有限。到了1987年，北京人民文學出版社校點《詩源辯體》出版，其書始傳進臺灣，然而此校點本《詩源辯體》的流傳亦不廣泛，且至今除了零零星星的援引之外，未見有臺灣學者對此書發表過任何研究論文。再到1993年，中央圖書館運回原藏於烏拉圭中國國際圖書館的一批書籍[4]，其中包含了一部民國十一年上海裒盧以鉛字排印的《詩源辯體》，此一珍貴藏書的「返國」，也沒有引起太多學者的注意。

而在大陸方面，1959年郭紹虞校釋《滄浪詩話》時，即徵引了不少《詩源辯體》的材料[5]。至1987年《詩源辯體》的校點本出版後，此書更受到大陸及香港學界的重視，成為研究詩歌理論與詩歌史所使用的參考書籍。沉寂三百多年的《詩源辯體》，其所蘊含的詩論價值，從此才逐漸的被認識。

關於許學夷論詩的基本觀點以及《詩源辯體》的內容特色，香港學者陳國球在《唐詩的傳承——明代復古詩論研究》一書中的這段論述可為最好的說明：

書內容均引錄了《詩源辯體》的若干原文，這些資料彙編其實都是北京中華書局發行，後由臺灣書商翻印。

[4] 1933年，李石曾先生成立中國國際圖書館於日內瓦，1949年後，瑞士與中共建交，圖書館又遷往烏拉圭的孟都。至1993年，臺灣政府以三十萬美金向烏拉圭當局將該圖書館的藏書「換回」，經過中央圖書館的整理，這批藏書已在1994年5月開放閱覽。參黃淵泉：〈中國國際圖書館六十年簡史〉，《國立中央圖書館館訊》第16卷第3期（1994年8月），頁15-19。

[5] 郭紹虞《滄浪詩話校釋》（臺北：里仁書局，1987年）的〈校釋說明〉寫於1959年，知該書成於此年以前。

胡應麟可能從來都沒有注意過公安派的詩論。但另一位復古詩論的後繼者許學夷,卻一直有留意公安及竟陵的活動,並且站在復古派的立場,對袁宏道的論詩意見、鍾惺譚友夏《詩歸》的選詩,一一指摘駁斥;另一方面他又將以往復古詩論家的論見鎔裁整合,成為復古詩派最自覺的,對論詩方法最能反思省察的一位代表。……《詩源辯體》按照原定體例,本有詩選和詩論兩部分,互相配合,以明歷代詩歌的源流正變:前集由《三百篇》到五代,有詩論956則,選錄撰論所及者169人及無名氏的4474首詩;另外後集論宋至明260則,選詩6362首。但今本只存其中的詩論,凡三十萬言。雖然詩選部分已經亡佚,但單就詩論而言,已經是宋以來體例最純、系統最周密、篇幅最龐大的一本論詩著作。[6]

仔細閱讀《詩源辯體》全書,可以知道此段評論相當中肯,並無溢美之處。依據陳國球的意見來加以分析,我們至少可以為許學夷《詩源辯體》的詩歌理論統整出四項非凡的意義:

一、《詩源辯體》大力駁斥了袁宏道的論詩主張以及鍾惺、譚元春二人所編《詩歸》的選詩,是復古派反擊公安、竟陵二派的詰難而重新調整方向、自我定位的代表論著。

二、《詩源辯體》是許學夷鎔裁整合復古派前輩詩論家的

---

[6] 陳國球:《唐詩的傳承——明代復古詩論研究》(臺北:臺灣學生書局,1990年),頁18-19。

論詩見解而寫成的,能充分體現出許學夷對於論詩方法的自覺與反思。

三、《詩源辯體》原有詩論與詩選兩個部分,正包含中國詩歌批評最主要的兩種形式,其書前、後集相互配合,論述三百篇至明代的詩歌源流正變,更具備了一部詩歌通史所應有的條件。

四、《詩源辯體》的詩選部分雖然未能得見,但就詩論而言,此書已是宋代以來體例最純,系統最周密,篇幅最龐大的一本論詩著作。

由《詩源辯體》的這四項特質來看,其書有資格、有必要成為我們研究詩歌理論的重要課題,殆無疑問。近幾年來,大陸及香港學者開始撰寫探究《詩源辯體》的文章,目前的研究成果大抵可以分成兩種類型:

第一類是針對《詩源辯體》全書作重點的評介,如朱金城、朱易安〈試論《詩源辯體》的價值及其與《滄浪詩話》的關係〉一文,以及劉明今等《明代文學批評史》、劉德重等《詩話概說》、朱恩彬等《中國歷代詩學論著選》三書均是[7]。這類的論文有助於我們對《詩源辯體》一書得到概括性的認識,但

---

[7] 分參朱金城、朱易安:〈試論《詩源辯體》的價值及其與《滄浪詩話》的關係〉,《文學遺產》1983年第4期,頁117-127;袁震宇、劉明今:《明代文學批評史》,頁289-298(由劉明今執筆);劉德重、張寅彭:《詩話概說》(臺北:學海出版社,1991年),頁196-203(由劉德重執筆);陳良運主編:《中國歷代詩學論著選》(南昌:百花洲文藝出版社,1995年),頁736-743(由朱恩彬執筆)。

因受限於文章篇幅,討論並未深入。

　　另外一類是就《詩源辯體》書中的某部分內容來作探索,如王巍《建安文學史論》討論了《詩源辯體》對於建安詩歌的批評,鍾優民《陶學史話》述及許學夷的陶詩學,陳國球《唐詩的傳承》則是以《詩源辯體》的唐詩評論為研究對象,兼及許學夷的創作理論與文學史意識[8]。這類的文章因為研究範圍較為明確,故作者往往能提出相當精闢的見解,實不失為研究《詩源辯體》詩論的好方法。不過,此種研究的目標並不在於掌握整部《詩源辯體》,因此並未能對許學夷的詩歌理論作一番全面性的觀照。

　　正因為有鑒於《詩源辯體》這樣一部重要的論詩著作,其詩歌理論至今仍然未被梳理清晰,臺灣學界對此書的研究近於空白,是故本論文選定以「許學夷《詩源辯體》研究」為題。下文的寫作預計分成七大章來進行:第一、二章「許學夷其人其事」及「《詩源辯體》的成書」,先將許學夷的生平經歷以及《詩源辯體》的成書狀況作一番基本說明,這是屬於外緣問題的探討;三至六章分別論述《詩源辯體》的「詩史觀」、「辨體論」、「創作論」以及「批評研究」,這則是依據《詩源辯體》內容和性質,來研究其核心理論;第七章「結論」,又

---

[8] 分參王巍:《建安文學史論》(長春:吉林大學出版社,1994年),頁168-175;鍾優民:《陶學史話》(臺北:允晨文化公司,1991年),頁96-124;陳國球:《唐詩的傳承——明代復古詩論研究》,全書。其中陳國球先生的論著,是截至目前為止,對《詩源辯體》的詩歌理論闡發最入微者。

擬從許學夷詩論的承先啟後以及《詩源辯體》一書的價值、研究展望等幾個方面,為全文提出最後的總結。希望經由本文的撰述,能夠建構出許學夷《詩源辯體》的理論體系,以期還給其書一個合理的文學史地位。

許學夷〈贈邱念先社兄時梓澄江詩選〉一詩云:

> 慚予廿載探詩源,世人抵掌爭笑喧。已知他日當覆瓿,且將什襲藏林園。陽春有調歌偏苦,下里翻能混聾瞽。試從今日訪知音,盡棄黃鐘鳴瓦釜。[9]

知許學夷寫作《詩源辯體》的當時,並不為世人所重,而有欲將其書藏諸林園的悲慨。果然不出其所料,《詩源辯體》在歷史的洪流中,「覆瓿」了三百多年。我雖然未解陽春白雪,不識黃鐘之音,但在《詩源辯體》的意義及價值漸漸將被釐清的當下,願意不揣淺陋,竭盡所能來權充一位知音。

---

[9] 〔清〕顧季慈編:《江上詩鈔》(中央圖書館藏,民國二十年陶社刊本),卷39,頁6;另見〔清〕陳延恩修,〔清〕李兆洛等纂:《江陰縣志》(臺北:成文出版社,1983年,道光二十年刊本),卷26,〈藝文・詩〉,頁2653-2654。

第一章　許學夷其人其事

　　許學夷，字伯清，南直隸江陰（今江蘇江陰）人，生於明嘉靖四十二年（1563），卒於崇禎六年（1633）。許氏一生未仕，《明史》無傳，憑藉著《詩源辯體》一書，其名方得以記載於正史之中，《明史‧藝文志》「總集類」著錄：

　　　　許學彞《詩源辨體》十六卷。[1]

「辯體」、「辨體」意同，「夷」字作「彞」，則是因為清初書籍避用「胡虜夷狄」字之故[2]。

　　正史既無傳，欲探究許學夷生平經歷，便有賴私人所作的傳記以及方志。《詩源辯體》初刻十六卷本附有許氏友人惲應翼撰寫的〈許伯清傳〉，對許學夷的行誼事跡記載頗詳，但此傳成於萬曆四十年（1612），當時許學夷仍然在世，故只能算是許學夷的半生傳記。又《詩源辯體》的三十八卷定本，末有許氏女婿陳所學寫的〈跋〉，此〈跋〉撰於崇禎十五年（1642），時許學夷已歿九年，〈跋〉文徵引了當時方志中的許學夷傳記，並對許學夷的生卒有詳細的記錄。欲了解許學夷，即以

---

[1] 〔清〕張廷玉等：《明史》（臺北：鼎文書局，1975年），卷99，頁2497。
[2] 參陳垣：《史諱舉例》（臺北：文史哲出版社，1974年），第二十條「清初書籍避胡虜夷狄字例」，頁32。

此二種資料最為重要[3]。惲〈傳〉、陳〈跋〉之外，成書於許學夷身後的幾種《江陰縣志》，均為許學夷立傳，其記載雖然較為簡略，但也具有參考價值[4]。

下文即以惲應翼〈許伯清傳〉、陳所學〈詩源辯體跋〉以及方志傳記為基礎，再配合許學夷的《詩源辯體·自序》[5]、詩

---

[3] 惲應翼〈許伯清傳〉見〔明〕許學夷：《詩源辯體》（北京：人民文學出版社，1987年），附錄，頁432-435。陳所學〈詩源辯體跋〉見同書，附錄，頁436-437。

[4] 成書於許學夷身後的《江陰縣志》共有五種，分別是：崇禎十三年刊本、康熙二十二年刊本、乾隆九年刊本、道光二十年刊本、光緒四年刊本。臺灣可見者為康熙本、道光本、光緒本三種，其中均有許學夷傳記，而道光本和光緒本的〈人物志〉內容是完全相同的，可視為是同一種。崇禎本雖未見，但陳所學〈詩源辯體跋〉所載錄的許學夷方志傳記，可能是根據崇禎本。又成書於咸豐年間的《江上詩鈔》，卷三十九錄許學夷詩，並附邑志〈文苑傳〉中的許學夷傳，與陳〈跋〉所引、康熙本、道光本內容均不相同，或是錄自乾隆本。茲將此四種許學夷傳記之出處標舉如下：一、陳所學〈詩源辯體跋〉引，參上註。二、〔清〕沈清世修，〔清〕朱廷鋐等纂：《江陰縣志》（故宮博物院圖書館藏，康熙二十二年刊本），卷14，〈人物傳·未仕人物〉，頁9-10。三、〔清〕顧季慈編：《江上詩鈔》（中央圖書館藏，民國二十年陶社刊本），卷39，頁1引。四、〔清〕陳延恩修，〔清〕李兆洛等纂：《江陰縣志》（臺北：成文出版社，1983年，道光二十年刊本），卷17，〈人物·文苑〉，頁1751。又見〔清〕盧思誠等修，〔清〕季念詒等纂：《江陰縣志》（臺北：成文出版社，1983年，光緒四年刊本），卷17，〈人物·文苑〉，頁1950。

[5] 《詩源辯體》的〈自序〉有兩種：一是十六卷本，見《詩源辯體》，附錄，頁442-444；一是三十八卷本，見同書，頁1-2。下文改寫自惲應翼〈許伯清傳〉、陳所學〈詩源辯體跋〉、許學夷方志傳記、《詩源辯體·自序》

歌作品等其他材料,分成「家世」、「生平」、「著作」、「交遊」四個部分,略述許學夷其人其事。

第一節 家 世

　　許學夷先世為汴梁(今河南開封)人。其十六世祖許堂,宋建炎初任太醫院判,因扈駕宋高宗南渡有功,又授承事郎,掌太醫院事,高宗曾御賜金瓶以貯藥,故世號為「金瓶許氏」。自此,許氏一族始卜居於江陰[6]。

　　元末,其家族有詩人許恕,為許學夷的八世從祖。許恕,字如心,著有《北郭集》,《四庫全書》收入「別集類」[7]。許學夷〈贈邱念先社兄時梓澄江詩選〉一詩云:

　　　　百年文質誰當備?一代彬彬實吾祖。予八世從祖諱恕。[8]

言意頗以許恕的詩歌成就為榮。此外,許恕之子許節,許節之子許輅,許恕族弟許穆,許穆之子許雲,均有詩作傳世[9]。

　者,不再一一標註出處。
6 參陳思等修,繆荃孫等纂:《江陰縣續志》(臺北:成文出版社,1970年,民國九年刊本),卷10,〈氏族〉,頁472。
7 見〔元〕許恕:《北郭集》(臺北:臺灣商務印書館,1987年,《四庫全書》第1217冊)。
8 《江上詩鈔》,卷39,頁6。《江上詩鈔》收江陰一地的歷代詩作,「江上」即指江陰。
9 《北郭集》末附許節《述古齋集》以及許輅、許穆、許雲詩各一首。許節詩另見《江上詩鈔》卷8,許輅、許穆、許雲詩另見《江上詩鈔》卷9。

許堂十四傳至許璨，字世華，有隱德，即學夷的祖父。許璨生三子，幼子曰道，為學夷之父。許道字汝達，為歲貢生，曾任聞喜（今山西聞喜）縣丞，因廉直不能順應上旨，遂被遷於王官（在聞喜縣南），後歸返江陰，撰寫史著《綱目緒言》，撰至隋代，未完而卒；又許道事後母曲盡孝養，道光本《江陰縣志》列入〈孝弟傳〉[10]。許道始娶章氏，生學閔，乃學夷之兄；繼娶韓氏，生學夷。

　　許學閔為諸生，亦以孝友著稱，縣志附傳於許道之後[11]。學閔有二子，長曰國泰，次曰國棟，二人即學夷之姪。許國泰，字長孺，號損庵，亦為諸生，為人個性剛介，不溺流俗，著有《周易略說》、《四書略說》二書，詩作收入《江上詩鈔》卷三十四[12]，曾和許學夷相與論詩，許學夷在《詩源辯體》中數次稱引其姪國泰的意見。許國泰妻李氏，生二子，一曰萃亨，字受升，一曰謙亨，字受豫。許國棟妻亦李氏，有子許用，字孝儒，同是諸生。順治二年（1645），清兵南下圍攻江陰城，許用倡議守城，後城破跪抱母膝自焚，舉家十七口皆死，時年二十六歲，《明史》載其事，道光本《江陰縣志》記入〈忠義傳〉[13]。許國泰妻李氏、子許謙亨在江陰城陷時亦自焚而死，許萃

---

[10] 見《江陰縣志》（道光二十年刊本），卷16，〈人物‧孝弟〉，頁1715。

[11] 同上註。許學夷有〈秋晚朱五陵攜具邀同許順叔徐仲謙泊兄如閶登君山漫賦〉、〈春日朱孟兆邀同王祥甫袁爾振泊兄如閶遊桃源得竹字〉二詩，「如閶」或即是許學閔的字。

[12] 此對許國泰的介紹，參見《江上詩鈔》，卷34，頁10。

[13] 記載許用事跡之書可參：一、《明史》，卷277，頁7100。二、《江陰縣

亨奉母命傳許家香火,故得免於難,萃亨妻林氏亦殉難[14]。

　　許學夷之妻為鄧氏,生獨子國瑞。許國瑞安貧好學,卻不幸二十二歲早夭,故學夷無後。許學夷有女四人,長女適吳士麟(字明禎),次女適陳所學(字君俞),三女適孫維默,四女適徐步。許學夷在崇禎五年(1632),亦即過世的前一年,完成《詩源辯體》三十八卷定本,但卻來不及付梓,臨終前即託是書於二女婿陳所學及外孫陳冠生(字元夫),囑咐二人在其身後將書刻出,陳所學父子亦終不負所託。又適徐步之四女,在順治二年江陰城難時,同徐氏一門十五口俱投井死,康熙本《江陰縣志》錄入〈列女傳〉[15]。

　　另許學夷《詩源辯體》十六卷本〈自序〉云:

> 先是,館甥徐振之亦為予傳是書,而吳中人多有抄本,然中多未竄定,恐予身後或有竊《化書》為己物者。[16]

志》(道光二十年刊本),卷16,〈人物·忠義〉,頁1669-1670。三、〔明〕張佳圖:《江陰節義略》(臺北:新文豐出版公司,1989年,《叢書集成續編》第252冊),頁557-561。四、〔清〕趙曦明:《江上孤忠錄》(臺北:臺灣銀行,1968年),頁1-22。許用的字說法並不一致,今依《江陰節義略》之說。又道光本《江陰縣志》說許用是「學夷孫,國棟子」,誤,許國棟為許學閔子,許用當是許學閔孫。

[14] 有關許萃亨、許謙亨為誰子?孰長孰幼?諸書的說法混亂,今以道光本《江陰縣志》為據,定二人為許國泰子,其長幼姑不論。參上註所揭書。

[15] 見《江陰縣志》(康熙二十二年刊本),卷15,〈人物傳·列女〉,頁42。

[16] 《詩源辯體》,附錄,頁443。《化書》,南唐譚峭所撰,峭以書授予齊丘,齊丘為之題序而據為己作,故其書一名《齊丘子》。詳〔南唐〕譚峭

所云「館甥」，即「女婿」也，為許學夷傳書的徐振之，就是《徐霞客遊記》的作者徐弘祖。許學夷稱徐弘祖為女婿，兩人關係值得探究。考徐弘祖亦江陰人，其元配確實為許氏[17]，但許學夷的四個女兒並無適弘祖者，則徐弘祖所娶應是許學閔之女，而許學夷對這位「姪女婿」亦以「館甥」稱之。

綜合上述許學夷的家世淵源以及親人行跡來看，許氏一族乃是注重忠孝節義的書香世家，其家族輩出詩人、孝子、氣節之士。這樣的一種家風，正與許學夷的學術、品德相互吻合，許學夷《詩源辯體》的寫作，不能不說與其生長的家世背景密切相關。以下試繪世系表，統整許學夷家族的親屬關係：

：《化書》（臺北：藝文印書館，1965年，《百部叢書集成》影印《寶顏堂祕笈》本），碧虛子題〈化書後序〉。

[17] 參丁文江：〈徐霞客年譜〉，附錄於〔明〕徐弘祖：《徐霞客遊記》（上海：上海古籍出版社，1993年），頁1-3。

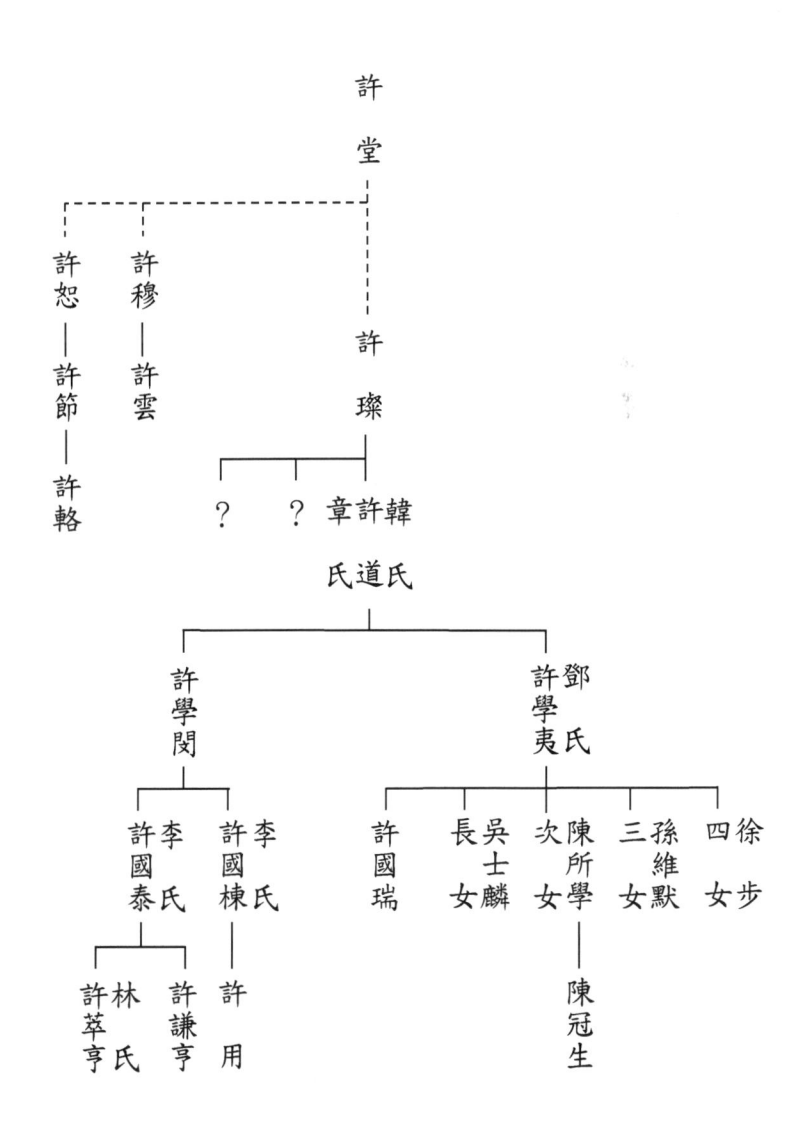

```
                              許
                              堂
    ┌────────┬────────┬────────┘
    許        許        許
    恕        穆        璨
    │        │        │
    許        許   ┌────┼────┐
    節        雲   ?    ?   韓許章
    │            氏道氏
    許                │
    輅          ┌─────┴─────┐
              許           鄧許
              學           氏學
              閌           　夷
        ┌─────┼─────┐   ┌──┬──┬──┬──┬──┐
        許    李    李  許  長 次  三  四  徐
        國    氏    氏  國  吳 陳  孫  女  步
        泰    許    │   瑞  士 所  維  默  生
        │    國    許      女 學  默
     ┌──┼──┐ 棟    用         │
     林 許 許                陳冠生
     氏 謙 萃
     　 亭 亭
```

第二節　生　平

　　許學夷少時有志於詩，曾學詩於詩人沈鵝江[18]。惲應翼〈許伯清傳〉云：「君志篤而性遲，總角為詩，必經日乃得。」[19]夏樹芳《詩源辯體》十六卷本〈序〉亦云：「伯清許仲子自綺歲即能詩。」[20]均可見許學夷對詩歌的喜愛自幼即然。除了詩歌之外，許學夷的另一興趣在於歷史的考察與反省，他嘗謂三代以下學術不明，故作「三論」以闢之，其一〈論舉業〉云：

> 三代立賢，尚矣；漢舉賢良，猶為近古。舉業本以明經，而其流大異，葩辭蔓語，童習而長試之，家以為賢子，國以為良士，是豈所謂經濟之學耶？

其二〈論漢高帝〉云：

> 世之稱高帝之賢，以其能用人，善從諫也。予謂：高帝用其力，而非用其賢，從於詐而不從於信，僅譬之良賈，知以權利為能，不知有德義可尚云。

---

[18] 許學夷詩〈弔沈鵝江先生〉，自注：「余少學詩，嘗蒙指授。」見許學夷：《許伯清詩稿》，附於《詩源辯體》（中央圖書館藏，民國十一年上海褧廬鉛印本），頁5。沈鵝江即沈嗣光，參下文「交遊」一節。

[19] 《詩源辯體》，附錄，頁434。

[20] 《詩源辯體》，附錄，頁440。此〈詩源辯體序〉另可見〔明〕夏樹芳：《消暍集》（中央圖書館藏，崇禎元年江陰夏氏原刊本），〈序上〉，頁1-3。

其三〈論張巡許遠〉云：

> 臣之事君，以保民為先，故有守土以保民，未有殺民
> 以保土地者。巡、遠之守睢陽，殺老弱三萬餘人以食
> 士，此千古憤亂，世無孟軻，不能正其失耳。[21]

許氏出此三論時雖未成年，然識見卻過人一等。從許學夷幼時對詩歌和歷史的喜好，可窺見其未來寫作《詩源辯體》的端倪：《詩源辯體》實為一部詩歌史，許學夷少時既好詩且又留意於歷史的觀照，自然有助於他日後投身在這方面的研究。

許學夷稍長，娶鄧氏為妻，萬曆七年（1579）生子許國瑞，為人父時學夷年僅十七[22]。其後基於對八股文字的鄙視以及本身的淡泊性格，故不赴科舉，仍居家潛心研究素所喜好的文史之學。我們可從惲應翼〈許伯清傳〉中了解到他的人格丰采和為學精神：

> 君負氣而多傲，遇貴介或稍嚴，則悠悠忽忽，故為相
> 戾。嘗曰：「寧為踞，不挾貴而驕；寧為丐，不羞賤
> 而諂。」至若四方名公物色求之，則廉隅盡削，歡然
> 相得也。持論既高，謂世無足與言，故每與客接，常
> 譃浪鄙穢，隤焉自放，間識有相近者，則議論激發，
> 風骨凜然。性疏略，不治邊幅，不理生產，杜門絕軌

---

[21] 惲應翼〈許伯清傳〉引。《詩源辯體》，附錄，頁432。
[22] 陳所學〈詩源辯體跋〉云：「子一，諱國瑞，享年二十有二，先外父三十三年卒。」由此推知。見《詩源辯體》，附錄，頁437。

，惟文史是紬。[23]

「負氣多傲」、「風骨凜然」，可知許學夷乃特立耿介之士。在「杜門絕軌，惟文史是紬」的治學生涯中，許學夷曾花了十年的時間，刪輯《左傳》、《國語》、《國策》、《史記》等多種史書，其親手參訂，總計有數百卷之多。這點可說是繼承其父許道之學，也為他探究詩歌演變的史觀奠定了基礎。

萬曆二十一年（1593），許學夷三十一歲，這一年起，他開始將全副的精力投注於《詩源辯體》的寫作。為了寫作此書，他「不治邊幅，不理生產」，對於博弈彈射諸技、醫藥卜筮諸書，皆無所嗜好，甚至連書法也無暇學習，惟全心專注於論詩作詩。許學夷曾言：「博則弗精，吾業有所專耳。」[24]這種專精的治學態度，和楊慎、何良俊、王世貞、胡應麟以來的明代博洽學風，是大異其趣的[25]。

後數年，許學夷更棲心於物外，築「維摩室」，室外布崚嶒古石、扶疏花木，室內設有維摩詰像，於此談禪趺坐、洗滌塵心。當然，更重要的是要在維摩室中發憤著述，溯「詩源」，論「辯體」。

萬曆二十八年（1600），許學夷的獨子國瑞夭亡，這件事

---

[23] 《詩源辯體》，附錄，頁433。
[24] 惲應翼〈許伯清傳〉引。《詩源辯體》，附錄，頁433。
[25] 明代的博學風氣以蘇州一地為盛，參簡錦松：《明代文學批評研究》（臺北：臺灣學生書局，1989年），第三章〈蘇州文苑〉。然此博學稽古的學術傳統實不限於蘇州一地，比如楊慎是四川人，胡應麟是浙江人。

給予他極大的打擊。許氏同鄉晚輩黃毓祺曾作〈轆轤行慰伯清先生喪子〉一詩以慰之，詩中云及：

> 許君生長江之陰，能使詩名滿人耳。手拈寸管探詩源，上迄西京下王李。苦心一年一易草，荏苒于今十年矣。維摩斗室窮著書，膝下依依賴有子。寒吹丹穴鳳罷遊，蒼龍化去青天愁。皋蘭畹蕙忽摧折，白楊蕭瑟風颼颼。君欲呼兒呼不得，無聊聊述兒顛末。賣田將作娶婦謀，豈料為兒具棺槨。青箱鬻卻列墳塋，免同野鬼空原泣。想君下筆心肺酸，使我聞之淚沾臆。[26]

所云「荏苒至今十年矣」，「十年」蓋舉成數而言，時《詩源辯體》的寫作方進行至第八年。從黃毓祺詩中，我們可知：苦心著書的許學夷，原本打算變賣田產為兒娶媳，不料愛子突然亡故，賣田之財只得轉作料理後事，甚至費用不足，又再賣掉藏書後才足以購置墳地。其喪子的淒涼場景可於詩中想見。

至萬曆三十五年（1607），《詩源辯體》已寫作十五年，經七度易稿。許學夷友人梁維寧於是年過訪江陰，兩人論詩甚為相契，學夷即出示《詩源辯體》，後梁維寧攜去代為謀梓，但卻因故未果。同年，徐弘祖娶許氏女為妻，成為許學夷的姪女婿，喜好遊歷的徐弘祖亦趁著旅遊的同時，將《詩源辯體》介紹到江蘇各地，當時吳中人士多有《詩源辯體》抄本[27]。

---

[26] 《江上詩鈔》，卷46，頁5。
[27] 徐弘祖在萬曆三十五年娶許氏，並於是年遊太湖。參〈徐霞客年譜〉，《

再至萬曆四十年（1612），費時二十年，十度易稿的《詩源辯體》終於暫告完成，全書內容計小論十六卷，選詩三十卷。書成後，友人吳伯乾與許學夷相慕，遂挾其書前往南京，代向當時的文壇耆宿李維楨求序，惟是時李維楨賓客盈庭，而許學夷又未享有重名，故李氏對許學夷此書並不重視，其〈序〉雖然多所褒譽，但與《詩源辯體》的意旨無甚相干[28]。另有友人顧南宇亦代許學夷向素負文名的鄒迪光乞序，不料鄒〈序〉竟言：「善《易》者不言《易》，伯清既善詩，又何必言詩？」同樣不合許學夷之意[29]。

後友人張畏逸、顧味辛為許學夷倡梓此書，在眾多親友的釀資襄助之下，《詩源辯體》的十六卷小論部分，終於在次年（1613）刊刻問世。而李維楨和鄒迪光的〈序〉文，許學夷均棄之不用，另請同邑賢達夏樹芳再作一序，於此可見其性格負氣多傲之一斑。

在《詩源辯體》寫作的這二十年中，許學夷的生活重心除了論詩著書之外，則是參與詩社活動和作詩。萬曆年間，許學

徐霞客遊記》，附錄，頁6。

[28] 乞李維楨序一事，參《詩源辯體》，卷35，「李本寧論詩」條，頁349。《詩源辯體》十六卷本〈自序〉亦記此事。此〈詩源辯體序〉今見〔明〕李維楨：《大泌山房集》（中央圖書館藏，萬曆年間金陵刊本），卷9，頁15-17。

[29] 乞鄒迪光序一事，參《詩源辯體》，卷35，「鄒彥吉惠山園初成」條，頁351-352。此〈許伯清詩源辯體序〉今見〔明〕鄒迪光：《始青閣稿》（中央圖書館藏，天啟元年梁溪鄒氏原刊本），卷11，頁4-6。

夷結合同邑友人共二十四位，創辦了「滄洲詩社」，其成員除了許學夷之外，尚有：沈鷟、徐益、吳元良、周俊、張嘉孺、黃繼元、莊正容、陳震、姜泰、黃明達、張純臣、周郁文、鄧汝舟、張驥能、宦進、周從文、釋隆修、陳康、黃汝宗、李可教、袁士雅、邱維賢、張玉真諸人[30]，社員多為邑中的耆英、俊秀，間亦有官宦、釋子、女史之流。詩社活動期間，許學夷與社友們悠游山林、賞花品酒，相互贈答酬酢、唱和吟詠，真為一時騷雅。崇禎本《江陰縣志》如此介紹「滄洲詩社」：

> 是社也，鷗機共息，駘背相班，惟風月各領人閒，庶江山不為捷徑。百年上下，應想見此一流、此一時也。[31]

由此可見滄洲詩社的性質[32]。這種狎弄風月，與鷗鳥共忘機的詩社生活，正與許學夷恬淡寡欲的性格相合。

從萬曆四十一年（1613）到崇禎五年（1632），又二十年，許學夷繼續把人生的後半段歲月傾注於《詩源辯體》的修訂中。他描述自己辛勤著書的情形：

> 或夜臥有得，即起書之；無燭，曉起書之。老病後不

---

[30] 參《江陰縣志》（道光二十年刊本），卷28，〈識餘〉，頁2854；《江陰縣續志》，卷25，〈識餘〉，頁1720-1722引崇禎本《江陰縣志》。

[31] 《江陰縣續志》，卷25，〈識餘〉，頁1722引。

[32] 黃志民老師曾分明人詩社為三種類型：遊戲式之詩社、主要文人之詩社、遺民詩社；以社員身分和詩社的活動內容來看，滄洲詩社當屬於「遊戲式之詩社」。參黃志民：《明人詩社之研究》（政治大學中文研究所碩士論文，1972年），第二章〈詩社人物及其動機〉。

能手書，命姪輩代書。[33]

知其從三十一歲的壯年到老病不能手書的晚年，所念茲在茲者，就是《詩源辯體》一書。後二十年的歲月中，他又兩度易稿，將十六卷小論的《詩源辯體》，修飾十之五，增益十之三，擴寫成三十八卷的定本；所選之詩亦增至三十八卷，總數已在萬首以上。

這段時期，許學夷還與滄洲詩社的社友邱維賢，共同編選江陰一邑的歷代詩家之作，成《澄江詩選》一書[34]，又曾修葺家譜，編刻嘉靖年間因抗倭死難的縣令錢錞之事跡[35]。

崇禎六年（1633），亦即《詩源辯體》三十八卷本完成的第二年年初，許學夷自知年壽將盡，於是將尚未梓行的《詩源辯體》定本及詩稿交付女婿陳所學和外孫陳冠生，囑託二人日後代為刊刻。該年正月，許學夷卒，享年七十一，葬於君山（在江陰縣北）東阜之北。

崇禎十五年（1642），陳所學父子在「貿易遺田」、「節縮脩脯，稱貸拮据」[36]的窘境下，終於將《詩源辯體》的小論三十八卷刻出，許學夷一生的心血結晶，始不致於埋沒千古。

---

[33] 《詩源辯體》，〈凡例〉，頁2。

[34] 「澄江」原為江陰縣之河名，亦以之代稱江陰。《江陰縣志》（道光二十年刊本），卷3，〈山川河港〉云：「澄江河，一名澶河，在澄江門外引東轉河水北行，而西繞邑屬壇，由澄江橋口入黃田港。」見頁376。

[35] 錢錞抗倭死難之事參下文「著作」一節。

[36] 陳所學〈詩源辯體跋〉語。《詩源辯體》，附錄，頁436。

第三節　著　作

　　許學夷的著作並不多，原因自然是他講求專業的治學精神，把一生的精力盡付於《詩源辯體》。除了《詩源辯體》一書後文將陸續探討之外，今將許學夷的其他著述介紹如下：

一、《許山人詩集》

　　許學夷臨終前託負給陳所學父子刊刻之書，除了《詩源辯體》之外，尚有他個人的詩稿。陳所學〈詩源辯體跋〉引錄方志中許學夷的傳記云：

> 著《詩源辯體》三十八卷，自為詩十九卷，謀梓未竟。[37]

陳〈跋〉所引，當據崇禎十三年（1640）所刊的《江陰縣志》，崇禎十三年時，《詩源辯體》的定本確實尚未刻出。另由這段話可得知：許學夷遺留下來的詩稿修訂為十九卷。

　　到了崇禎十五年（1642），三十八卷的《詩源辯體》刊刻完成，陳所學在〈跋〉文的末尾如此附記：

> 先生自詩數千，體無不備，先嚴外翰玄亭先生諱永霑選輯，計詩七百六十二首，嗣鋟。[38]

---

[37] 《詩源辯體》，附錄，頁437。
[38] 同上註。

於此可再獲知:許學夷的詩作原有數千首之多,其中包含了各種的詩體,陳所學的父親陳永霑在這數千首詩中,又為親家許學夷選輯了七百六十二首。這十九卷的七百多首詩,在崇禎十五年《詩源辯體》刻畢之時,是「嗣鋟」的;「嗣鋟」者,「待刻」也。

之後,許學夷的詩集果真得以梓行,《江陰縣續志・藝文志》載錄:

> 《許山人詩集》　許學夷字伯清撰,存。刊本,顧涇陽序。[39]

《江陰縣續志》為繆荃孫纂成於民國九年,則在民國九年時,《許山人詩集》的刊本尚存。今未見此書,無法得悉其確切內容,僅可推測這本書當即是許學夷託付給陳所學的詩稿,在崇禎十五年以後,由陳所學父子或者其他後人刊刻而成。

又此書有顧涇陽的〈序〉,顧涇陽即萬曆年間主持東林書院的顧憲成,顧憲成是許學夷的前輩,曾親自赴江陰訪問許學夷。今查顧憲成的文集《涇皋藏稿》、《顧端文公集》[40],並未收錄此〈序〉,殊為可惜。

---

[39] 《江陰縣續志》,卷19,頁1052。

[40] 《涇皋藏稿》二十二卷,中央圖書館藏有明無錫顧氏原刊本;重刻後名《顧端文公集》,亦二十二卷,中央圖書館藏有崇禎間無錫顧氏家刊本。又除顧憲成外,徐弘祖之族兄徐遵湯(字仲昭)亦曾為許學夷詩集作序,參《詩源辯體》,〈後集纂要〉,卷2,頁431。

二、《許伯清詩稿》

萬曆四十一年（1613）《詩源辯體》初刻完成，友人張嘉孺請許學夷將詩作附於書後共同梓行，許學夷卻言：「評古人而及己之詩，此余素所詆笑，敢蹈此轍耶？」故對張氏的好意予以婉拒。後來張嘉孺把平日所藏錄的許學夷詩私下加以整理付梓，成《許伯清詩稿》一書，書既刻成，諸親友即附之於《詩源辯體》後。在此盛情難卻、木已成舟的情況下，許學夷當然也就無法再予以推辭[41]。

附於《詩源辯體》十六卷本的《許伯清詩稿》，不分卷，僅依詩歌體裁編錄，先古詩後近體，近體則先律詩後絕句，共錄詩二百一十八首，書前有同邑文人李如一所撰的〈小引〉，書後有張嘉孺的〈跋〉。以成書時間斷定，書中的全部作品均寫於許學夷五十一歲以前。

《許伯清詩稿》在臺灣可見者有上海裘盧鉛印本。此本為民國十一年惲毓齡（為惲應翼後人）重印《詩源辯體》三十八卷本時，另從十六卷本將《許伯清詩稿》擷出，附印於三十八卷定本之後，《詩稿》末另錄惲毓齡友人張之純（為張嘉孺族孫）所寫的一篇〈識〉[42]。

---

[41] 《許伯清詩稿》的刊刻經過，參《許伯清詩稿》，張嘉孺〈跋〉。
[42] 附有《許伯清詩稿》的裘盧本《詩源辯體》現藏中央圖書館。惲毓齡重印《詩源辯體》三十八卷本和《許伯清詩稿》的經過，參惲毓齡〈跋〉（人民文學出版社校點本在附錄，頁438-439）。

三、《許伯清遺詩輯補》

清咸豐年間，顧季慈編《江上詩鈔》一書，此書卷三十九錄有許學夷詩八十七首。這八十七首詩中，有十二首可見於張嘉孺所刊刻的《許伯清詩稿》，又有〈贈邱念先時梓澄江詩選〉、〈弔邑侯鶴州錢公〉二詩收錄在道光本《江陰縣志》[43]。

民國十年，惲毓齡預備重印《詩源辯體》，委託江陰友人張之純在當地尋訪許學夷遺詩。後張之純借得《江上詩鈔》，果然從中發現許學夷詩作，之純將《詩鈔》中已見於《許伯清詩稿》和邑志的十四首詩扣除，然後再依詩體重新編排抄錄，成此《許伯清遺詩輯補》。第二年，惲毓齡將《輯補》併附於《許伯清詩稿》，二書合訂為一本，並隨同《詩源辯體》一同印行[44]。故《許伯清遺詩輯補》原本即是《江上詩鈔》卷三十九，只是《輯補》經過一番整理改造，書末又再增附惲毓齡和張之純的〈跋〉各一篇而已。

然張之純搜錄《許伯清遺詩輯補》，實有兩個缺失：其一，漏錄十分重要的〈同徐振之登惠山〉一首詩，使得原應有七十三首詩的《輯補》，事實上只有七十二首；其二，同時見於《江上詩鈔》和邑志的兩首詩並未錄於《許伯清詩稿》，理應

---

[43] 二詩錄於《江陰縣志》（道光二十年刊本），卷26，〈藝文・詩〉，頁2652-2655。

[44] 《許伯清遺詩輯補》的惟一版本即是裘廬本，其輯補經過參書末的惲毓齡〈跋〉、張之純〈跋〉。

收於《輯補》,但張之純卻將之除去,這就使得「輯補」不夠周全。因此,欲讀此許學夷遺詩,不如直接參閱《江上詩鈔》卷三十九。

四、《澄江詩選》

《澄江詩選》為許學夷和友人邱維賢(字念先)共同編選,是江陰地區最早的地方性詩歌總集,後來《江上詩鈔》的編纂,即曾輯錄其中詩作。顧季慈在《江上詩鈔》的〈採錄諸書〉中如此評介:

> 《澄江詩選》 明萬曆中詩人許學夷選,邱維賢傾囊付梓。計三十七卷,卷各一家,餘一、二首統為〈後集〉二卷,既選後謝世者,復為〈續集〉三卷。識力既精,去取慕慎,允推巨眼。[45]

可說是對《澄江詩選》的選詩眼光相當推崇。然在內容卷數方面,《江上詩鈔》卷三十九引錄邑志許學夷傳記卻云:

> 與邱維賢訂《澄江詩選》三十七卷、〈後集〉三卷、〈續集〉二卷。[46]

兩處所說的〈後集〉、〈續集〉之卷數恰恰相反,恐有一處誤倒。再看《江陰縣續志‧藝文志》的著錄:

---

[45] 《江上詩鈔》,〈採錄諸書〉,頁1。
[46] 《江上詩鈔》,卷39,頁1。

《澄江詩選》三十七卷〈後集〉五卷〈續集〉二卷　許學夷、邱維賢同輯，存。適園陳氏藏有趙曦明乾隆甲子鈔本六冊。[47]

所云〈續集〉卷數雖同於《詩鈔》引邑志的「二卷」之說，但〈後集〉的卷數竟又別為一種，諸說愈趨混淆。適園陳氏所藏的趙曦明鈔本《澄江詩選》，在民國二十年時尚存[48]，今其書未見，〈後集〉和〈續集〉的確實卷數尚無法斷言。

《澄江詩選》雖然未見，幸而許學夷的〈澄江詩選序〉現仍保存於道光本《江陰縣志》，再加上許學夷的〈贈邱念先社兄時梓澄江詩選〉一詩，我們可從中了解此書的選輯經過和內容梗概：原先編錄江陰諸家之詩者，有許、邱二人的前輩王淡泉，他花費十餘年的光陰廣搜博採，但歿後所輯之詩卻毀於回祿。後邱維賢繼之而起，亦勤奮搜羅江陰諸名家詩作，殫竭心力於採擇取捨之間，歷時五、六年而成此《澄江詩選》，最後由許學夷為之損益詮次以定稿。是書取元、明兩代江陰詩人之詩合為一帙，計有繆鑑、王逢、許恕等三十七位，人各一卷，故共有詩三十七卷；書既刻刊，又另取所遺宋元諸公之詩合為一帙，是為〈後集〉。許學夷贈邱念先詩提到：「殘編滿案時

---

[47] 《江陰縣續志》，卷19，頁1052。所云「適園」，在江陰縣城南，為陳式金所建造，參《江陰縣續志》，卷25，〈雜識〉。

[48] 民國二十年陶社刊本的《江上詩鈔》為謝鼎鎔所校，《江上詩鈔》採錄《澄江詩選》的部分，謝氏曾取趙曦明鈔本以校之。參《江上詩鈔》，謝鼎鎔〈校刊例言〉，頁2。

刪述,盡掃浮華歸雅正。江鄉文獻待君傳,千古風騷此其盛。慚予廿載探詩源,世人抵掌爭笑喧。……」由此可知《澄江詩選》的成書是在《詩源辯體》的十六卷本完稿之後,亦即晚於萬曆四十年(1612)[49]。

需辨明者:許學夷在〈澄江詩選序〉中並未提及〈續集〉,此當是〈續集〉乃錄「既選後謝世者」之詩,成書尚晚於許學夷此〈序〉。又顧季慈言《澄江詩選》是「許學夷選,邱維賢傾囊付梓」,說法並不完全正確,《澄江詩選》的成書實是邱維賢出力最多,許學夷僅功在最後的修訂與題序。

五、《倭變時事》

邑志許學夷傳記言及,許氏曾編刻錢錞(錢忠愍)死難之事,此殆指《倭變時事》而言。約與許學夷同時的江陰詩人趙繹熙有〈閱許伯清所輯倭變時事有感殉義諸賢口占三絕〉之詩,詩云:

> 幾多廟貌似桐鄉,未必遺思去後長。沒世不忘慈父母,荒庭頹宇寄蒸嘗。錢侯。

> 力捍孤城氣獨雄,一時忠勇讓曹公。功成纔識奇男子,

---

[49] 本段論述參許學夷〈澄江詩選序〉及〈贈邱念先社兄時梓澄江詩選〉。〈澄江詩選序〉見《江陰縣志》(道光二十年刊本),卷25,〈藝文・序〉,頁2414-2421;〈贈邱念先社兄時梓澄江詩選〉見《江上詩鈔》,卷39,頁5-6,另見《江陰縣志》(道光二十年刊本),卷26,〈藝文・詩〉,頁2652-2655。文中提及的王淡泉,即王懋昭,詩見《江上詩鈔》卷29。

出沒風塵下吏中。曹公。

投戈鼠竄亦編氓,何自甘心獨殺身?不有野人修野史,誰知廝役是忠臣?楊成、陳裕。[50]

知許學夷所輯的《倭變時事》,除編錄錢錞抗倭死難之事外,尚論及曹公(曹廷慧)、楊成、陳裕諸人。

錢錞(1525-1555),字鳴叔,號鶴洲,鍾祥(今湖北鍾祥)人。嘉靖二十九年(1550)進士,嘉靖三十一年(1552)授江陰知縣,上任時倭寇已熾。嘉靖三十三年(1554)倭人大舉入犯,錢錞迎戰退敵。次年(1555),倭寇再度肆掠江陰,錢錞率狼兵與寇戰於九里山,時風雨大作,狼兵潰散,僅餘錢錞與義勇楊成、陳裕等五十餘人與寇惡鬥,錢錞戰死,楊成、陳裕諸人亦護衛錢錞而犧牲。時曹廷慧任江陰主簿,邑令錢錞死後,倭人復圍江陰城,廷慧奮勇守城,後敵退,因功擢升為蘇州府通判[51]。

許學夷以隱者身分所修的野史,當即記錄此事原委,惜《倭變時事》一書未見,亦未聞有著錄者,恐已亡佚。

---

[50] 《江上詩鈔》,卷43,頁11。
[51] 錢錞、曹廷慧、楊成、陳裕等人的抗倭事跡參:一、《明史》,卷290〈忠義二・錢錞傳〉,頁7437-7438。二、《江陰縣志》(道光二十年刊本),卷15,〈名宦〉,頁1523-1526。三、《江陰縣志》(道光二十年刊本),卷16,〈人物・忠義〉,頁1666。

第四節 交　遊

　　許學夷一生「不客五侯，不遊五嶽」[52]，然而交遊卻仍算廣闊，這是因為他在當時略有詩名之故。惲應翼在〈許伯清傳〉中言及：

> 君不習湖海遊，而湖海之士引領相慕，投詩寄訊者几案常滿，夫豈虛聲以相召者耶！[53]

今以許學夷保留於《許伯清詩稿》和《江上詩鈔》的近三百首詩而論，詩中所提及的友人已多達一百餘位。在許學夷的諸多友人中，同其過從最密者，自然是滄洲詩社的社友，此外，其交遊尚包含：賞識其詩才的前輩、江陰當地的文士、慕名相訪的詩友以及佛僧道士等等。下文僅舉許氏友朋中聲名較著或與其關係較密切者述之。

一、顧憲成

　　顧憲成（1550-1612），字叔時，別號涇陽，無錫（今江蘇無錫）人。萬曆八年（1580）進士，授戶部主事。廢官後主持東林書院，講學之餘並議論時政，裁量人物，時天下士大夫多遙相應和，終釀成朋黨之禍。著有《小心齋箚記》、《涇皋藏

---

[52] 李如一語。《許伯清詩稿》，李如一〈小引〉，頁1。
[53] 《詩源辯體》，附錄，頁434。

稿》等書[54]。許學夷有〈顧涇陽先生數寄訊招余余未敢赴今歲庚戌訪余江上別後寄此謝之〉一詩,知顧憲成嘗聞許學夷詩名,除曾去信招其相見外,更在萬曆三十八年(庚戌歲,1610)親自前往江陰訪之。許學夷此詩云:

> 幸逢九方歅,千里來相求。欣然一剪拂,跣足臨道周。[55]

以「九方歅千里尋求良馬」比喻這次的會面,可見顧憲成對許氏之器重。許學夷的《許山人詩集》一書,顧憲成曾為之題〈序〉,惜序文未見。

---

[54] 見《明史》,卷231,〈顧憲成傳〉,頁6029-6033;〔清〕黃宗羲:《明儒學案》(臺北:里仁書局,1987年),卷58,〈東林學案一〉,頁1376-1379。

[55] 《許伯清詩稿》,頁16。《莊子・徐無鬼》:「子綦有八子,陳諸前,召九方歅曰:『為我相吾子,孰為祥?』」成玄英疏:「九方歅,善相者也。」然《淮南子・道應訓》有「九方堙」,卻是善相馬者:「秦穆公謂伯樂曰:『子之年長矣,子姓有可使求馬者乎?』對曰:『良馬者,可以形容筋骨相也。相天下之馬者,若滅若失,若亡其一。若此馬者,絕塵弭轍。臣之子皆下材也,可告以良馬,而不可告以天下之馬。臣有所與供儋纏采薪者九方堙,此其於馬,非臣之下也。請見之。』」《列子・說符篇》所記與此大致相同,惟「九方堙」作「九方皋」。分見〔清〕郭慶藩集釋:《莊子集釋》(臺北:華正書局,1991年),卷8中,頁856;〔漢〕高誘注:《淮南子》(臺北:世界書局,1984年),卷12,頁198;楊伯峻集釋:《列子集釋》(臺北:華正書局,1987年),卷8,頁255-256。

二、史孟麟

史孟麟，字際明，號玉池，宜興（今江蘇宜興）人。萬曆十一年（1583）進士，官至太常寺少卿。師事顧憲成，善論理學，亦參與當時東林書院的講會。著有《亦為堂集》[56]。許學夷詩作〈贈史玉池先生〉，自注：「余未及識先生而先生數問及余。甲辰歲，先生訪余江上，別後賦贈二章。」又有詩〈史玉池先生見訪維摩室中兼惠芥茗為余手瀹坐同徵庵習池賦〉[57]。可知史孟麟亦聽聞許學夷之名，萬曆三十二年（甲辰，1604）赴江陰訪問過他，並曾送給許學夷芥茗（茶葉名），親自為其煮茶。由許學夷贈予史孟麟的詩作來看，史孟麟相當器重許氏，兩人曾共同析談妙理，論交甚篤。

三、惲應翼

惲應翼，字飛卿，號愚谷，武進（今江蘇武進）人。萬曆二十三年（1595）因貢選而任安定（今甘肅定西）知縣，為治明惠，有文名。曾纂修《安定縣志》[58]。許學夷有詩〈贈惲愚谷先生〉，自注：「先生博學精鑑，以歲篤受安定尹，嘗知余於

---

[56] 傳見《明史》，卷231，〈史孟麟傳〉，頁6045-6046；《明儒學案》，卷60，〈東林學案三〉，頁1473。

[57] 二詩分見《許伯清詩稿》，頁9，頁17。

[58] 參〔明〕惲應翼纂修：《新修安定縣志》（中央圖書館藏，萬曆二十五年刊本），卷2，〈人志・知縣〉，頁5；〔清〕張爾常、〔清〕曹晟等纂修：《安定縣志》（臺北：成文出版社，1970年，康熙十九年抄本），卷6，〈人物・名宦〉，頁79。

弱冠，多為延譽。」[59]知惲翼應是另一位賞識許學夷的長者。他其為許學夷所作的〈許伯清傳〉，對許學夷的人格風範和生平事跡有翔實的論述，是欲了解許學夷其人最珍貴的一篇資料。

四、沈嗣光

沈嗣光，字伯章，號鵝江，江陰人。為諸生，博學工詩，敦尚氣誼。曾編《印衣錄》記錢錞死倭難事，另著有《真鑑》[60]。許學夷有詩〈弔沈鵝江先生〉，自注：「先生博學宏才，為邑諸生。嘗遊燕數載而歸，海內名士多所結納，余少學詩嘗蒙指授。」[61]知沈嗣光曾指點許學夷作詩，許學夷所輯《倭變時事》，可能是受到沈氏《印衣錄》一書的影響。

五、夏樹芳

夏樹芳（1551-1635），字茂卿，號習池，又號冰蓮道人，江陰人。萬曆十三年（1585）舉人，因母老不赴公車，隱居於昆山（在江陰縣南）東麓數十年。著有《消暍集》、《冰蓮集》等書[62]。許學夷有〈維摩室臥病寄懷冰蓮上人〉、〈夏日過冰蓮方丈〉、〈贈冰蓮上人出關得城字〉等多首詩與夏樹芳有關

---

[59] 見《許伯清詩稿》，頁10。
[60] 傳見《江陰縣志》（道光二十年刊本），卷17，〈人物・文苑〉，頁1748；《江上詩鈔》，卷26，頁15。
[61] 見《許伯清詩稿》，頁5。
[62] 傳見《江陰縣志》道光二十年本，卷16，〈人物・鄉賢〉，頁1607；《江上詩鈔》，卷36，頁1。

，知二人往來密切，而從「道人」、「上人」、「方丈」的稱呼，可知夏氏乃深研佛理者。夏樹芳除了曾為《詩源辯體》題序之外，在許學夷維摩室築成後，還曾作〈維摩室記〉一文，旨在鼓勵許氏探求佛法，俾其無負「維摩」之命意[63]。

六、李如一

李如一（1557-1630），字貫之，江陰人。為諸生，厭棄帖括，敦尚理學。其家自祖父李栩以來藏書日多，如一能讀能行，學行廣受當時名儒所稱述。編有《得月樓書目》、《藏說小萃》等書[64]。萬曆四十一年（1613）張嘉孺代許學夷刻《許伯清詩稿》時，許學夷曾推讓不敢，後張嘉孺請來李如一代為說服。故《許伯清詩稿》的刊成，除了以張嘉孺出力最多之外，李如一亦有促成之功，書成之後，李如一並為《詩稿》撰寫了一篇〈小引〉[65]。

七、郁庭芝

郁庭芝，字元禎，江陰人。萬曆二十八年（1600）舉人，嘗從顧憲成參究理學。性好書畫、山水，晚年建別業於君山麓

---

[63] 〈維摩室記〉，見〔明〕夏樹芳：《冰蓮集》（中央圖書館藏，萬曆間江陰夏氏遠清樓刊本，卷1，頁5-8。
[64] 傳見《江陰縣志》（康熙二十二年刊本），卷14，〈人物傳・未仕人物〉，頁8；《江陰縣志》（道光二十年刊本），卷17，〈人物・儒林〉，頁1733；《江上詩鈔》，卷34，頁13。
[65] 參《許伯清詩稿》，李如一〈小引〉。

，栽松剔石，結構幽絕[66]。許學夷生前曾過訪郁庭芝山莊，愛其環境之幽雅，郁氏亦揣知許學夷的心意，遂同意他百年之後蛻骨於此。至崇禎六年（1633），許學夷卒，而郁庭芝已先許學夷亡故，庭芝有子六人，皆善繼父志，即以地贈予許氏為墓園[67]。故許學夷所葬君山東阜之北，其地原是郁庭芝的別業，此中因緣，亦可謂佳話。

八、滄洲詩社諸子

許學夷與滄洲詩社友人唱和贈答、尋幽訪勝之詩，在其現存詩歌作品中為數甚多，藉由這些詩作，可以揣知滄洲詩社諸子是與許學夷交誼最深的一群朋友。以下列舉數人：

徐益，字仲謙，號酉望。其家貧，不事干謁，能詩並善書畫，山水仿沈周。萬曆年間，許學夷創滄洲詩社，當時徐益年歲最高，故被眾人推為社長，實與許學夷同為詩社領袖[68]。

張嘉孺，字元禮。早遊太學，品行端方，好作詩，書法仿趙孟頫。事母極盡孝道，道光木《江陰縣志》列入〈孝弟傳〉[69]

---

[66] 傳見《江陰縣志》（康熙二十二年刊本），卷14，〈人物傳‧未仕人物〉，頁8-9；《江陰縣志》（道光二十年刊本），卷17，〈人物‧文苑〉，頁1752。

[67] 參上註及陳所學〈詩源辯體跋〉。

[68] 傳見《江陰縣志》（康熙二十二年刊本），卷14，〈人物傳‧未仕人物〉，頁9；《江陰縣志》（道光二十年刊本），卷18，〈人物‧隱逸〉，頁1858；《江上詩鈔》，卷40，頁14。

[69] 傳見《江陰縣志》（康熙二十二年刊本），卷14，〈人物傳‧未仕人物〉

。曾為許學夷刊刻《許伯清詩稿》，保留其詩作二百餘首。

黃繼元，字志善。早遊太學，後入滄洲詩社。其父黃道，兄黃繼立，子黃毓祺、黃毓礽，均為詩人[70]。許學夷有〈寄黃志善〉、〈登黃志善池中假山得松字〉等十餘首相過從之作。

袁士雅，字爾振。工繪染，著有《天游草》[71]。許學夷〈贈袁爾振〉一詩云：「袁生磊落真無敵，拔俗高標數千尺。臨風把袂共翩躚，玉樹亭亭暎瑤席。」[72]對其文采風流，極為讚賞。

鄧汝舟，字弘載。其先為交阯人，汝舟世襲鴻臚寺序班，崇禎四年（1631）晉陞鴻臚寺少卿，著有《賸住庵集》[73]。許學夷曾有〈寄懷鄧鴻臚弘載〉、〈紫騮歌送鄧鴻臚弘載北上〉諸詩相贈。

吳元良，字善夫，號貞齋。書法學二王，晚年又學黃山谷，得其蒼勁之致。家貧好遠遊，後竟客死他鄉，詩稿多散失[74]。夏樹芳為《詩源辯體》十六卷本所題之〈序〉，即是由吳元良手書[75]。

，頁10；《江陰縣志》（道光二十年刊本），卷16，〈人物・孝弟〉，頁1715；《江上詩鈔》，卷52，頁21。

[70] 傳見《江上詩鈔》，卷32，頁4。

[71] 傳見《江上詩鈔》，卷22，頁15。

[72] 《許伯清詩稿》，頁21。

[73] 傳見《江上詩鈔》，卷45，頁12-13。

[74] 傳見《江陰縣志》（道光二十年刊本），卷18，〈人物・藝術〉，頁1883；《江上詩鈔》，卷35，頁11。

[75] 參《詩源辯體》，附錄，頁441。

邱維賢，字念先。性蕭疏，好吟詠。曾與許學夷共同編選《澄江詩選》，並著有《舒臆漫稿》、《秣陵硎劍稿》，二書又合為《半禪龕集》[76]。

九、徐弘祖

徐弘祖（1586-1641），字振之，號霞客，江陰人。好遠遊，遍歷四方名山佳水，著有《徐霞客遊記》[77]。徐弘祖為許學夷之「館甥」，曾為許學夷傳《詩源辯體》至江蘇各地。許學夷有〈雨夜宿徐振之齋中〉、〈同徐振之登惠山〉二詩[78]，兩人同登惠山（在太湖北）之年，當即徐弘祖娶許氏女為妻的萬曆三十五年（1607）。這次的登覽，對於不遊五嶽的許學夷來說，已算是一番壯遊，但對徐弘祖而言，卻只是他旅遊生涯的一個開端，許學夷和徐弘祖代表生命情調截然對比的兩類文人。

十、黃毓祺

黃毓祺，字介子，號大愚，江陰人。即許學夷滄洲詩社友人黃繼元之子。為貢生，慷慨負奇氣，於學無所不窺，同其弟毓礽並知名於當世。順治二年（1645）江陰城被圍，毓祺與其門人舉兵，以應城內，城破逸去，另圖機會復明。至順治五年

---

[76] 傳見《江陰縣志》（道光二十年刊本），卷17，〈人物‧文苑〉，頁1752-1753；《江上詩鈔》，卷44，頁1。

[77] 詳〈徐霞客年譜〉，《徐霞客遊記》，附錄。

[78] 二詩分見《許伯清詩稿》，頁30；《江上詩鈔》，卷39，頁12。

（1648）被捕，後死於獄中。著有《古杏堂集》、《大愚老人集》。《明史》有傳[79]。許學夷在萬曆二十八年（1600）喪子，黃毓祺曾作詩安慰之。又《詩源辯體》中有許學夷和黃毓祺共同論詩的記載兩條：一為與黃介子伯仲論李攀龍《唐詩選》，一為與黃介子論何景明、李攀龍的七言古詩[80]。許學夷和黃毓祺兄弟的詩歌見解是頗為相契的。

小　結

從許學夷的名和字來看，「學夷」的命名之義當是「學伯夷」。許學夷一生安守貧賤，孜孜矻矻於論詩作詩，其行跡可說已近於伯夷之「清」，並無負其名。邑志傳記總評許學夷的人格風範即云：「行若繇、夷，真無愧矣！」[81]

在許學夷宛若許由、伯夷的一生活動中，最重要的一件事，即是完成了《詩源辯體》。雖然因為許學夷人微言輕，《詩

---

[79] 黃毓祺傳記及抗清經過參：一、《明史》，卷165，頁7101。二、《江陰縣志》（道光二十年刊本），卷16，〈人物・忠義〉，頁1670-1672。三、《江上詩鈔》，卷46，頁1。四、〔清〕陳貞慧：《山陽錄》（臺北：藝文印書館，1971年，《叢書集成三編》影印《常州先哲遺書》本），頁6-7。五、〔清〕祝純嘏：《孤忠後錄》，附於《江上孤忠錄》（臺北：臺灣銀行，1968年），頁23-29。六、〔清〕吳山嘉：《復社姓氏傳略》（北京：中國書店，1989年），卷3，〈南直・常州府〉，頁19-20。

[80] 分見《詩源辯體》，卷36，頁368；〈後集纂要〉，卷2，頁414。

[81] 陳所學〈詩源辯體跋〉引。《詩源辯體》，附錄，頁437。

源辯體》一書在當時並不受重視,但許學夷相信:

> 惟貧賤無顯譽之人,人得指其瑕疵,造詣未成,則困心橫慮,日就月將,無虛聲而有實得,是以窮者多工耳。此予身試而實驗者。[82]

「此予身試而實驗者」一語,雖然是指詩歌創作而言,卻也無妨視為兼指《詩源辯體》的寫作。誠然,有其人方有其書,《詩源辯體》確實是許學夷「窮而後工」的心血所凝。

---

[82]《詩源辯體》,卷34,頁326。

第二章 《詩源辯體》的成書

　　《詩源辯體》的寫作時間是從萬曆二十一年（1593）至崇禎五年（1632），共歷時四十年；許學夷在前二十年完成了十六卷小論的初本，後二十年又將之擴寫、修改，成為三十八卷的定本。在探究許學夷這部傾畢生精力所寫就的論詩著作之前，本章擬先對《詩源辯體》成書的相關問題作一說明，除《詩源辯體》的寫作經過已在上文論許學夷生平時述及外，在此需要闡釋的問題尚包括：許學夷寫作《詩源辯體》當時的文學環境如何？寫作此書的動機和目的又何在？其書的內容究竟涵蓋了哪些層面？又有哪些版本流傳於世？

　　下文即分成「寫作背景」、「寫作宗旨」、「內容概況」、「版本流傳」四節，分別論述之[1]。

第一節　寫作背景

　　許學夷寫作《詩源辯體》的四十年間，是屬於明代晚期。晚明的時代特色約有下列數端：在政治方面，因明神宗的荒怠，造成國本腐朽，內憂外患接連不斷；在社會方面，江、浙沿

---

[1] 自本章起，凡徵引《詩源辯體》文句者，均依北京人民文學出版社的校點本，逕於正文標示：卷數／頁碼，不再另作附註。

海等地的經濟繁榮,商人及士大夫們紛紛陷溺於物慾的享受;在思想方面,陽明心學大為風行,「良知」的追求使得個體的自由精神特別受到重視[2]。

然「杜門絕軌」的許學夷向來不問政治,過的是「絕炊忍凍」[3]的貧苦生活,他好談詩、談禪,卻少論理學,生命型態與時代環境似不相應。許學夷之詩集雖名為《許山人詩集》,「山人」者,乃明季特殊的文人類型,但許氏生前並未以「山人」自居,且他一生的行徑也與善作清言小品、販鬻詩文書畫為生、悠遊山水林園卻又出入王公權貴之門的晚明山人,如陳繼儒、董其昌,並不相同[4]。對於這樣一位只關心詩歌發展而與外在世界疏離的人,我們實在不易推斷政治、社會、思想的時代因素,究竟對他寫作《詩源辯體》曾產生了怎樣的影響。

故欲論《詩源辯體》的寫作背景,應將討論重心移至許學

---

[2] 參陳萬益:《晚明性靈文學研究》(臺灣大學中文研究所博士論文,1977年),第一章〈晚明性靈文學思想的時代背景〉;馬美信:《晚明文學新探》(中壢:聖環圖書公司,1994年),第一章〈「天崩地裂」的時代——晚明文學的社會背景〉、第二章〈掀翻天地的思想狂飆——晚明文學的思想基礎〉。

[3] 陳所學〈詩源辯體跋〉引方志:「許學夷,字伯清,蚤謝帖括,惟文史是耽,即絕炊忍凍,纂訂不少懈。」見許學夷:《詩源辯體》(北京:人民文學出版社,1987年),附錄,頁437。《江陰縣志》(康熙二十二年刊本)亦有此語。

[4] 關於明代的「山人」,可參龔公:〈談明季山人〉,《古今》合訂本(香港:龍門書店,1969年),第15期,頁17-19;陳登原:《國史舊聞》(臺北:明文書局,1984年),卷46,「山人與道號」條,頁1417-1420。

夷寫作此書當時的詩壇動向。

有明一代的詩歌理論是以「復古」為主流，推動此復古運動的代表人物是李夢陽、何景明為首的前七子和李攀龍、王世貞所領導的後七子[5]，然論其起源，則可上溯至南宋嚴羽的《滄浪詩話》。《滄浪詩話‧詩辨》云：

> 夫學詩者以識為主：入門須正，立志須高；以漢魏晉盛唐為師，不作開元天寶以下人物。[6]

「以漢魏晉盛唐為師」，這即是詩歌復古的論調。

明初，貝瓊、高啟、林鴻諸人，也都曾提出師古或宗盛唐之說[7]，而對復古思潮的形成具有更大的推動力量者，是稍後於

---

[5] 前七子是：李夢陽、何景明、徐禎卿、邊貢、康海、王九思、王廷相；後七子是：李攀龍、王世貞、謝榛、宗臣、梁有譽、徐中行、吳國倫。

[6] 〔宋〕嚴羽著，郭紹虞校釋：《滄浪詩話校釋》（臺北：里仁書局，1987年），頁1。

[7] 如貝瓊〈乾坤清氣序〉力主盛唐之音：「詩盛於唐，尚矣！盛唐之詩，稱李太白、杜少陵而止。」見〔明〕貝瓊：《清江貝先生文集》（臺北：臺灣商務印書館，1979年，《四部叢刊》本），卷1，頁14。又如高啟〈獨菴集序〉云：「詩之要，有曰格、曰意、曰趣而已。格以辯其體，意以達其情，趣以臻其妙也。體不辯則入於邪陋，而師古之義乖；情不達則墮於浮虛，而感人之實淺；妙不臻則流於凡近，而超俗之風微。」「辯體」、「師古」即是復古派的主要論點之一。見〔明〕高啟：《高青丘集》（上海：上海古籍出版社，1985年），《鳧藻集》，卷2，頁885。林鴻之論則見高棅《唐詩品彙‧凡例》所引：「先輩博陵林鴻，嘗與余論詩：『上自蘇李，下迄六代：漢魏骨氣雖雄，而菁華不足；晉祖玄虛，宋尚條暢；齊梁以下，但務春華，殊欠秋實。唯李唐作者，可謂大成。然貞觀尚習故陋，

三人的高棅。高棅所編之《唐詩品彙》,以詩歌選集的形式,具體分析出唐詩初、盛、中、晚四期的演變發展,並特別肯定了盛唐詩的高度成就,其詩論可視作是嚴羽到前後七子之間的過渡[8]。

至明成祖永樂(1403-1424)以後,數十年間,明代文壇是由館閣學士所主持,形成了「臺閣體」的文風。臺閣作家的領導者是楊士奇、楊溥、楊榮,三楊的詩文創作以自然醇正、雍容典雅之風格為準的,然而卻不免流於萎靡平弱[9]。其後李東陽入主內閣,成為文壇領袖,所著《懷麓堂詩話》雖仍帶有臺閣色彩,但論點多本嚴羽之說,強調辨體、重唐輕宋,已呈現出復古的轉向,對前後七子的興起亦有啟迪之功[10]。

神龍漸變常調;開元天寶間,神秀聲律,粲然大備,故學者當以是楷式。」予以為確論。後又採集古今諸賢之說,及觀滄浪嚴先生之辯,益以林之言可徵,故是集專以唐為編也。」此乃宗盛唐之說。見〔明〕高棅編:《唐詩品彙》(上海:上海古籍出版社,1988年,明汪宗尼校訂本),頁14。

[8] 上註引高棅語:「及觀滄浪嚴先生之辯,益以林之言可徵。」可見《唐詩品彙》和《滄浪詩話》有傳承關係。又《四庫全書總目》論《唐詩品彙》云:「厥後李夢陽、何景明等摹擬盛唐,名為崛起,其胚胎實兆於此。」指出《唐詩品彙》為前七子之先聲。見〔清〕紀昀等:《四庫全書總目》(臺北:藝文印書館,1989年),卷189,〈集部・總集類四〉,頁3929。

[9] 參簡錦松:《明代文學批評研究》(臺北:臺灣學生書局,1989年),第二章〈臺閣體〉;廖可斌:《復古派與明代文學思潮》(臺北:文津出版社,1994年),第三章〈江西派與臺閣體〉。

[10] 李東陽所著之詩話,《詩源辯體》、《千頃堂書目》、《四庫全書》均作《懷麓堂詩話》,另有作《麓堂詩話》者,如丁福保輯《歷代詩話續編》。雖然前七子亦曾對李東陽表示不滿,但卻不能因此忽略了他對李、何諸

經過明代前期的一番醞釀,至弘治(1488-1505)末年,李夢陽、何景明等前七子崛起,正式展開風起雲湧的詩文復古運動,其聲浪大盛於正德(1506-1521)一朝;到了嘉靖(1522-1566)中葉,李攀龍、王世貞等後七子繼之再起,將復古思潮推向另一高峰,聲勢則持續四十餘年,至萬曆(1573-1620)中期方才衰減[11]。前後七子的詩歌理論若一言以蔽之,即為「詩必盛唐」[12],然此語實不甚精確,詳細而論,復古派的詩歌取法對象應是「《詩經》、《楚辭》、漢魏古詩樂府、盛唐近體歌行」。而七子一派主張「師古」,亦絕非一味的模擬,復古派文人是在面對龐大的詩歌遺產和當前的創作困境之後,重新思索個人與傳統的關係,進而提出詩歌傳統與個人創造彼此融合的

子的啟發,胡應麟即言:「成化以還,詩道旁落,唐人風致,幾於盡隳。獨李文正才具宏通,格律嚴整,高步一時,興起李、何,厥功甚偉。是時中、晚、宋、元諸調雜興,此老砥柱其間,故不易也。」見〔明〕胡應麟:《詩藪》(上海:上海古籍出版,1979年),〈續編〉,卷1,頁345。

[11] 參廖可斌:《復古派與明代文學思潮》,第六章〈復古運動第一次高潮興起的歷史條件及發展過程〉、第十章〈復古運動第二次高潮興起的歷史條件及發展過程〉;王貴苓:〈明代前後七子的復古〉,《中國古典文學論文精選叢刊》(臺北:幼獅文化公司,1980年),頁235-238。

[12] 此語出自《明史·文苑傳》,〈文苑二·李夢陽傳〉云:「夢陽才思雄鷙,卓然以復古自命。弘治時,宰相李東陽主文柄,天下翕然宗之,夢陽獨譏其萎弱。倡言文必秦漢,詩必盛唐,非是者弗道。」見〔清〕張廷玉等:《明史》(臺北:鼎文書局,1975年),卷286,頁7348。又〈文苑三·王世貞傳〉云:「世貞始與李攀龍狎主文盟,攀龍歿,獨操柄二十年。……其持論,文必西漢,詩必盛唐,大曆以後書勿讀,而藻飾太甚。」見同書,卷287,頁7381。

理想。

　　許學夷生於嘉靖四十二年（1563），正是後七子主盟文壇之時，許氏所居之江陰與王世貞的家鄉太倉，分屬常州和蘇州二府，蘇、常又僅一地之隔；時間和地理的因緣，都使得他的詩歌生命順理成章的在復古思想的薰陶下成長。萬曆十八年王世貞（1526-1590）卒時，許學夷已二十八歲，其復古的詩學理念當也趨於成熟，之後三年（1593），《詩源辯體》的撰寫工作於焉展開。

　　王世貞卒後，詩歌復古之論可謂略衰而未滅，「末五子」中的胡應麟（1551-1602）繼續以復古派後勁之姿，縱橫文壇[13]。胡應麟的論詩專著《詩藪》，在王世貞過世的萬曆十八年已刊刻問世[14]，此書可謂復古派詩論的集大成之作[15]，對許學夷的影響至深，許學夷在《詩源辯體》中，即曾以胡應麟的繼起者自居。許學夷僅比胡應麟小十二歲，胡應麟卒於萬曆三十年，當時許學夷四十歲，《詩源辯體》的寫作已進行了十年。

　　在許學夷寫作《詩源辯體》的四十年間，明代文壇又有反

---

[13] 末五子是指：趙用賢、李維楨、屠隆、魏允中、胡應麟。參〔明〕王世貞：《弇州山人續稿》（臺北：文海出版社，1970年），卷3，〈末五子篇〉，頁581-584。李維楨和屠隆的詩論雖亦可觀，但對於復古派理論的繼承和發揚，均不如胡應麟《詩藪》。

[14] 上海圖書館藏有明萬曆十八年胡氏少室山房原刊本的《詩藪》殘卷，參上海古籍出版社本《詩藪》的〈出版說明〉。

[15] 胡震亨云：「吾嘗謂近代談詩，集大成者，無如胡元瑞。」見〔明〕胡震亨：《唐音癸籤》（臺北：木鐸出版社，1982年），卷32，頁333。

對前後七子復古理論的公安、竟陵二派相繼興起。

公安派以袁宗道（伯修）、袁宏道（中郎）、袁中道（小修）兄弟為首，三袁之中，又以中郎的理論最為重要，此派最活躍的時間約在萬曆二十三年至二十八年（1595-1600），亦即許學夷寫作《詩源辯體》的初期。公安派反對前後七子之復古，主張詩歌的創作應「獨抒性靈，不拘格套」[16]，這樣的理論以許學夷的話來說，就是「廢古師心」[17]。雖然後來袁中郎和袁小修皆曾對廢古師心所造成的輕率浮淺之弊提出修正，且公安派的聲勢不久也歸於沉寂[18]，但直到崇禎五年（1632）許學夷定稿《詩源辯體》時，對袁中郎的批評仍然不假恕辭。

在晚明真能與七子一派爭衡者，並非公安，而是以鍾惺、譚元春為首的竟陵派。竟陵派的成軍約可定在《詩歸》編成的萬曆四十三年（1615）[19]，然其流風所及，至清初仍然未歇[20]，

---

[16] 袁宏道〈敘小修詩〉論其弟之詩：「大都獨抒性靈，不拘格套，非從自己胸臆流出，不肯下筆。」見〔明〕袁宏道著，錢伯城箋校：《袁宏道集箋校》（上海：上海古籍出版社，1981年），卷4，《錦帆集》之二，頁187。

[17] 《詩源辯體》云：「大都中郎之論，意在廢古師心。」見《詩源辯體》，卷36，頁370。

[18] 公安派之發展和文學理論可參陳萬益：《晚明性靈文學研究》，第三章〈公安派的文學思想〉；周質平：《公安派的文學批評及其發展——兼論袁宏道的生平及其風格》（臺北：臺灣商務印書館，1986年）；龔鵬程：《晚明思潮》（臺北：里仁書局，1995年），第四章〈死生情切：袁中郎的佛教與文學〉。

[19] 譚元春〈退谷先生墓誌銘〉云：「萬曆甲寅、乙卯間，取古人詩與元春商定，分朱藍筆，各以意棄取，鋤薈除礫，笑哭由我，雖古人不之顧，世所

許學夷寫作《詩源辯體》的第二個二十年，正是竟陵詩風大熾之時。竟陵派論詩乃各取七子與公安之長以矯二派之短，所云「引古人之精神以接後人之心目」[21]，是融合了「學古」與「性靈」而發展出來的新說。但基於鍾、譚兩人的性格與偏好，其所謂的古人精神實是偏於「幽情單緒」、「孤懷孤詣」[22]一類，所選之詩風格自亦有偏。對於《詩歸》這樣的選詩方式，許學夷指為「借古人之奇以壓服今人」[23]，自然對之無法認同，竟陵

傳《詩歸》是也。」萬曆乙卯即萬曆四十三年。見〔明〕譚元春：《譚友夏合集》（臺北：偉文出版社，1976年），卷12，頁564-565。《詩歸》編成於萬曆四十三年，刊行則在兩年之後，今中央圖書館藏有萬曆四十五年《詩歸》刊本。

[20] 關於竟陵詩風在明末清初之盛行，參錢鍾書：《談藝錄》（北京：中華書局，1993年），頁417-425；敏澤：《中國文學理論批評史》（長春：吉林教育出版社，1993年），頁861。

[21] 鍾惺〈詩歸序〉：「選古人詩而命曰《詩歸》，非謂古人之詩以吾所選為歸，庶幾見吾所選者以古人為歸也。引古人之精神以接後人之心目，使其心目有所止焉，如是而已矣。」見〔明〕鍾惺、譚元春編：《詩歸》（中央圖書館藏，萬曆四十五年刊本），〈詩歸序〉，頁1；另可見〔明〕鍾惺：《隱秀軒集》（上海：上海古籍出版社，1992年），卷16，頁235。

[22] 鍾惺〈詩歸序〉：「真詩者，精神所為也。察其幽情單緒，孤行靜寄于喧雜之中，而乃以其虛懷定力，獨往冥遊於寥廓之外。」見《詩歸》，〈詩歸序〉，頁3；另見《隱秀軒集》，卷16，頁236。譚元春〈詩歸序〉：「夫人有孤懷，有孤詣，其名必孤行於古今之間，不肯遍滿寥廓，而世有一二賞心之人，獨為之咨嗟傍皇者，此詩品也。」見《詩歸》，〈序〉，頁4；另見《譚友夏合集》，卷8，頁330。

[23] 《詩源辯體》云：「鍾譚之選，在借古人之奇以壓服今人耳。」見《詩源辯體》，卷36，頁370。

派也就成為《詩源辯體》所欲駁斥的另一對象[24]。

　　綜合論之，許學夷是在復古思潮的影響下建構他的詩學觀，而在他寫作《詩源辯體》的這段期間，詩壇主流的復古派受到了公安、竟陵二派的強力挑戰。這樣的背景下，《詩源辯體》的撰寫一方面繼承、發展了復古詩論，一方面又對公安、竟陵的主張作一反撲。故以詩歌批評史的眼光來看，《詩源辯體》一書的誕生實具有重要的意義。

第二節　寫作宗旨

　　《詩源辯體》是有為而作的，許學夷在全書卷首即清楚的說明自己寫作此書的緣由：

> 詩自三百篇以迄於唐，其源流可尋而正變可考也。學者審其源流，識其正變，始可與言詩矣。古今說詩者無慮數百家，然實悟者少，疑似者多。鍾嶸述源流而恆謬，高棅序正變而屢淆，予甚惑焉。於是三百篇而下，博訪古今作者凡若干人，詩凡數千卷，蒐閱探討，歷四十年。（一／1）

許學夷相信詩歌的源流正變可以探尋考知，但鍾嶸《詩品》「

---

[24] 竟陵派的詩歌理論可參邵紅：〈竟陵派文學理論的研究〉，《臺灣大學文史哲學報》第24期；陳萬益：《晚明性靈文學研究》，第四章〈竟陵派的文學思想〉。

述源流而恆謬」，高棅《唐詩品彙》「序正變而屢淆」[25]，因不滿意古今說詩者所論，所以他以四十年的時間寫作《詩源辯體》，親自來完成這項「尋源流、考正變」的任務。

　　自宋代以來的詩話著作，內容除了評論、鑒賞詩歌之外，有關創作的問題更是詩學論究的重心，且詩話作者每每愛以詩歌創作的「指導者」自居，故所論經常出現「學者須如何如何」之句[26]。如張戒《歲寒堂詩話》：「學者須以次參究，盈科而後進，可也。」[27]或如嚴羽《滄浪詩話》：「學者須從最上乘，具正法眼，悟第一義。」[28]同樣的，許學夷的《詩源辯體》亦不例外，所言「學者審其源流，識其正變，始可與言詩矣」，話語中就表露出指導別人學詩的立場。於此可知《詩源辯體》之「尋源流、考正變」，背後有其特定的意圖，即是要藉此來處理詩歌創作的問題。

　　許學夷言：

> 予作《辯體》，於漢、魏、六朝、初、盛、中、晚唐，既詳論之矣，而於元和諸公以至王、杜、皮、陸，亦皆反覆懇至，深切著明，正欲分別正變，使人知所

---

[25] 許學夷對鍾嶸「述源流」的批評詳見《詩源辯體》，卷35，頁332；對高「序正變」的批評詳見同書，卷36，頁364。

[26] 參簡錦松：〈胡應麟詩藪的辨體論〉，《古典文學》第1集（臺北：臺灣學生書局，1979年），頁330-331。

[27] 〔宋〕張戒：《歲寒堂詩話》，《歷代詩話續編》（臺北：木鐸出版社，1988年），卷上，頁451。

[28] 《滄浪詩話校釋》，頁11。

趨向耳。（三四／317-318）

「正欲分別正變，使人知所趨向」，意即欲從歷代詩歌的演變，指出正體以作為學者創作的典範。再如下條所記：

> 或問：「先輩論詩，多稱其所長，諱其所短，如永叔之於聖俞、子瞻之於魯直是也。今子於國朝諸名家必欲長短盡見，無乃太傷刻乎？」曰：「此編以開導後學為主，不直則道不見。」（後二／396）

此處則更明白表示：《詩源辯體》的寫作是以「開導後學為主」。我們可以這麼說：對於鍾嶸、高棅等前人論詩著作的不滿，是許學夷寫作《詩源辯體》的一個動機，寫作此書的積極目的在於考察詩歌的源流正變，以指導學者從事詩歌的創作。

然《詩源辯體》的著書宗旨亦非如此單純，我們從《詩源辯體》的寫作背景來著眼，可以知道許學夷此書的用意還在於總結復古詩論，並批駁公安、竟陵二派論詩的流弊。

先看許學夷以復古派的傳人自許：

> 試觀六朝人論詩，多浮泛迂遠，精切肯綮者十得其一，而晚唐、宋、元，則又穿鑿淺稚矣。滄浪號為卓識，而其說渾淪，至元美始為詳悉。逮乎元瑞，則發竅中窾，十得其七。繼元瑞而起者，合古今而一貫之，當必有在也。（三五／348）

此繼嚴滄浪、王元美、胡元瑞而起，合古今而一貫之者，指的是許學夷本人。顯然許學夷寫作《詩源辯體》是有意上承《滄

浪詩話》、《藝苑卮言》及《詩藪》的理論,以通論古今,集詩學之大成。而嚴羽為明代復古派的遠祖,王世貞為後七子的領袖,胡應麟則是七子後學的第一大家,許學夷欲繼胡應麟之後而起的撰述之旨,實質上正是試圖對明代復古派的詩論作一鎔合與統整。

再看許學夷把擯斥袁宏道、鍾惺的論詩之謬攬為己任:

> 仲尼曰:「中庸其至矣乎!民鮮能久矣。」後進言詩,上述齊梁,下稱晚季,於道為不及;昌穀諸子,首推〈郊祀〉,次舉〈鐃歌〉,於道為過;近袁氏、鍾氏出,欲背古師心,詭誕相尚,於道為離。予《辯體》之作也,實有所懲云。(自序/1)

後輩論詩,好稱述齊梁及晚唐,此流於綺靡纖麗,於中庸之道為不及;徐禎卿之《談藝錄》則推舉〈郊祀歌〉、〈鐃歌〉[29],太重質直蒼勁之氣,於中庸之道為過。不及與太過,均當矯之,可見許學夷於復古派論詩過度之處,仍然加以修正,並非全盤接受。除了後進與昌穀諸子外,許學夷《詩源辯體》所欲懲定的對象,主要還是針對袁氏與鍾氏。蓋不及或者太過,與中庸之道的差別只是「程度」上的不同,而袁宏道論詩「背古師心」,鍾惺選詩「詭誕相尚」,二氏皆「於道為離」,這就與

---

[29] 許學夷既云「昌穀諸子」,則所指應不只徐禎卿一人,但許學夷並未明指所謂「諸子」究竟包含了哪些人,故此處僅以徐禎卿為代表。又許學夷對徐禎卿《談藝錄》的批評詳見《詩源辯體》,卷35,頁343-344。

中庸之道有著「本質」上的截然差異,更應該極力斷絕。

　　由此看來,許學夷《詩源辯體》的寫作既欲有所立,亦欲有所破,其欲貫通古今而論之,為學者指示一條康莊大道的撰作宗旨,可說是理想遠大而氣魄不凡。

第三節　內容概況

　　《詩源辯體》的寫作在前二十年初次完稿之後,許學夷又再以二十年的時間加以增修,這前後完成的兩種《詩源辯體》,內容自然有所差異。歷二十年時間寫就的初本,計有小論十六卷,共七百五十則;選詩三十卷,共若干首。費時四十年才完成的定本,則為小論、選詩各三十八卷,其中又可析為前、後集,〈前集〉三十六卷,共有小論九百五十六則,選詩四千四百七十四首;〈後集纂要〉二卷,小論原二百六十餘則,許學夷又擇其要為一百五十九則,選詩是六千三百六十二首[30]。茲以表格彙整之:

---

[30] 參《詩源辯體》,〈自序〉,頁2;〈凡例〉,第27條,頁5;卷1,頁1;〈後集纂要〉,頁375;陳所學〈跋〉,頁436;十六卷本〈自序〉,頁443。惟三十八卷定本的〈前集〉選詩,許學夷說是「共詩四千四百七十四首」,陳所學則云「所選詩,自唐溯周,手錄四千四百七十五首」,二說差了一首,今以許學夷的說法為準。

項目\本別	小論 卷數	小論 則數	選詩 卷數	選詩 首數
初本	16	750	30	?
定本前集	36	956	36	4474
定本後集	2	159	2	6362
定本總計	38	1115	38	10836

以「詩論」和「詩選」的形式共同組成的《詩源辯體》，原本既是詩文評，也是詩總集。然《詩源辯體》十六卷初本和三十八卷定本的兩次刊刻，均無力刻出選詩，致使其後的印本只餘留小論部分，所選之詩並無法得見，其書成為純粹的詩文評。幸而，這對於許學夷詩歌理論的完整性影響並不大。

現今欲探究《詩源辯體》的理論體系，自然以許學夷最後的定稿的三十八卷本之小論為據。此書之〈前集〉三十六卷，論三百篇至五代之詩[31]；〈後集纂要〉二卷，論宋、元、明之詩，許學夷說明了作前、後集之分的用意：

> 予作《詩源辯體》，先論次三百篇至五季，為〈前集〉，業既有成，乃復采宋、元、國朝，為〈後集〉。然漢、魏、六朝、唐人以世次定其盛衰，而宋、元、國朝則否者，蓋漢、魏、六朝、唐人之變，順乎風氣

---

[31] 此蓋泛稱，事實上〈前集〉之卷三十五、卷三十六乃評論歷代詩論和詩總集，內容性質與前三十四卷並不相同。

> 之自然,故可以世次定其盛衰;宋人多學元和,元人多學中、晚,國朝人漢、魏、六朝、初、盛、中、晚各隨其意而學,故未可以世次定盛衰也。(後一／375)

知《詩源辯體》的〈前集〉、〈後集〉之區分,除了寫作時間上的先後不同外,主要更是取決於許學夷特殊的詩學觀念:三百篇至五代之詩可以世次定其盛衰,宋代以後之詩則否。

在〈前集〉之正文前,許學夷尚撰有〈自序〉、〈凡例〉與〈世次〉。〈自序〉旨在揭示《詩源辯體》一書基本的詩學觀點,並略述此書的寫作經過。〈凡例〉共二十七條,在於說明小論及選詩的編寫原則,從所述的嚴謹體例中,可以窺知許學夷著書的審慎態度。〈世次〉則分列了西漢至五代各帝王的年號及在位時間,並將各詩人繫於其所處之時代[32],清晰的展現出「史」的脈絡。

以下列表略示《詩源辯體》全書內容的安排:

---

[32] 周、楚不列世次,原因是:「蓋三百篇多無名氏,且諸國不一,難以分次;楚辭偏屬於楚,故亦無次焉。」見《詩源辯體》,〈世次〉,頁1。

卷　次	卷　名	內　　容
一	周	論《詩經》
二	楚	論《楚辭》
三	漢魏總論 漢	論漢詩、魏詩之同，論漢詩
四	漢魏辯 魏	論漢詩、魏詩之別，論魏詩
五、六	晉	論兩晉詩
七	宋	論南朝宋詩
八	齊	論南朝齊詩
九	梁	論南朝梁詩
十	陳	論南朝陳詩
十一	隋	論隋詩
十二至十四	初唐	論初唐詩
十五至十九	盛唐	論盛唐詩
二十至二九	中唐	論中唐詩
三十至三二	晚唐	論晚唐詩
三三	五代	論五代詩
三四	總論	總結前三十三卷
三五	總論	評歷代詩論
三六	總論	評歷代詩總集
後集纂要一	未標示	論宋、元詩
後集纂要二	未標示	論明詩

其書論述範圍之廣大,系統之井然,於表格中可見一斑。這總計三十八卷的內容,如果以文學理論的性質來加以劃分,應包含兩大部分:其書卷一至卷三十四論述《詩經》至五代的詩歌並加以總結,〈後集纂要〉二卷論宋、元、明三朝之詩,此是屬於「詩歌批評」的範疇;而從許學夷「尋源流、考正變」、「合古今而一貫之」的探究方式來看,這〈前集〉三十四卷、〈後集纂要〉二卷,實質上已連貫成一部詳盡完整的「詩歌史」。其書卷三十五評歷代詩論,卷三十六評歷代詩總集,則是屬於「詩歌批評的批評」的範疇;這一部分是許學夷論究「詩歌史」之餘的輔助說明,所述較為簡略,但其通論古今的內容,實際上也可以視作簡單的、初具雛形的「詩歌批評史」。

　　前文述及許學夷寫作《詩源辯體》的主要目的是指導學者創作詩歌,此乃就《詩源辯體》中的「詩歌史」部分立論。而既然《詩源辯體》亦旁及了「詩歌批評的批評」,則可以推知許學夷撰作此書當另有一個隱約的意旨,即:指導論詩者如何評論詩歌。據此,我們可以將《詩源辯體》全書的內容架構配合其寫作宗旨,以圖示作一綜合的解析:

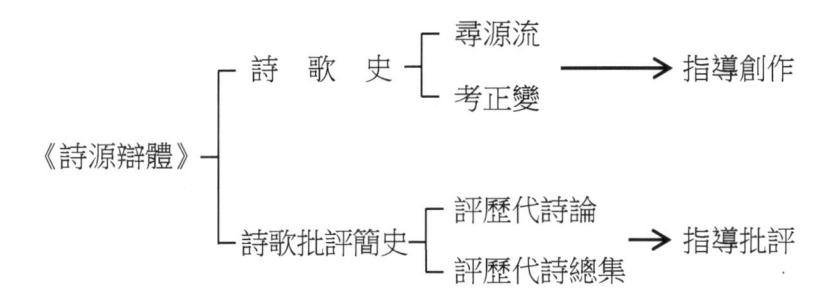

```
                    ┌─ 尋源流
         ┌─ 詩 歌 史 ─┤           ─→ 指導創作
         │          └─ 考正變
《詩源辯體》─┤
         │              ┌─ 評歷代詩論
         └─ 詩歌批評簡史 ─┤           ─→ 指導批評
                        └─ 評歷代詩總集
```

第四節　版本流傳

說明了《詩源辯體》的內容概況後,接下來介紹其版本流傳的情形。若以內容來作區分,《詩源辯體》可以分作十六卷本、三十八卷本兩種,從晚明到現在的傳刻印行,其三十八卷本又有含手稿本在內的四種本子,故《詩源辯體》的版本可得五種。茲依成書次第分述如後:

一、萬曆四十一年刻本

《詩源辯體》的初本完稿於萬曆四十年(1612),其中十六卷的小論部分在隔年(1613)刻成。此萬曆四十一年刻本,書前有夏樹芳所撰的〈詩源辯體序〉及惲應翼寫的〈許伯清傳〉,書後並附張嘉孺代許學夷刊刻的《許伯清詩稿》一卷。

此本最早著錄於黃虞稷《千頃堂書目》,「總集類」載:

> 許學夷《詩源辯體》十六卷　字伯清,江陰人。[33]

依照《千頃堂書目》的體例,這十六卷的《詩源辯體》既未刻選詩,理當歸為「文史類」為是,但黃氏卻將之納入「總集類」,顯然失當。後王鴻緒《明史稿・藝文志》、張廷玉《明史・藝文志》皆沿《千頃堂書目》所記,把此書派入「總集類」

---

[33] 〔明〕黃虞稷編:《千頃堂書目》(上海:上海古籍出版社,1990年),卷31,〈總集類〉,頁768。「字伯清,江陰人」諸字為盧文弨所補。

中[34]。此外，金武祥《江陰藝文志》和繆荃孫《江陰縣續志‧藝文志》兩種地方性的書目，又分別依據《明史‧藝文史》，載錄了這本書[35]。

今此刻本存於北京圖書館，《北京圖書館古籍善本書目》載：

> 《詩源辯體》十六卷《許伯清詩稿》一卷　明許學夷撰
> 明萬曆四十一年刻本　四冊　十行二十字白口四周單邊[36]

從書目記錄之版式略可想見此書的大貌。

二、崇禎五年手稿本

北京中華書局印行之《李白資料彙編》一書，其中錄有《詩源辯體》評論李白詩之語，書前的〈引用書目〉記載了參考的版本：

> 《詩源辯體》三十六卷　明許學夷撰　明崇禎五年手稿本[37]

---

[34] 分見〔清〕王鴻緒：《明史稿》（臺北：文海出版社，1985年），第2冊，〈志〉第77，頁435；《明史》，卷99，頁2497。

[35] 分見〔清〕金武祥編：《江陰藝文志》（臺北：新文豐出版公司，1989年，《叢書集成續編》第2冊），卷上，頁291；陳思等修，繆荃孫等纂：《江陰縣續志》（臺北：成文出版社，1970年，民國九年刊本），卷19，頁1052。

[36] 北京圖書館編：《北京圖書館古籍善本書目》（北京：書目文獻出版社，1987年），頁2890。

[37] 裴斐、劉善良編：《李白資料彙編》（北京：中華書局，1994年），〈引

崇禎五年（1632）正是《詩源辯體》三十八卷本定稿之年，此云「三十六卷」，則此稿本似缺〈後集纂要〉二卷。另同為北京中華書局所出版的《陶淵明研究資料彙編》、《陶淵明詩文彙評》二書[38]，亦曾參用此《詩源辯體》手稿本。

三、崇禎十五年陳所學刻本

許學夷在崇禎六年（1633）臨終前，將《詩源辯體》三十八卷定本交託女婿陳所學、外孫陳冠夫，至崇禎十五年（1642），陳氏父子終於將是書的小論部分刻出。此崇禎十五年陳所學刻本，有〈前集〉三十六卷，〈後集纂要〉二卷，書前仍收入惲應翼〈許伯清傳〉，書末附有陳所學〈跋〉。

上文所舉《千頃堂書目》等書所載錄的《詩源辯體》，均標明為「十六卷」，並無作「三十八卷」者，這當是黃虞稷未見此陳所學刻本，後世書目又沿襲黃氏所錄之故。

今此本亦存於北京圖書館，其版式也可藉著《北京圖書館古籍善本書目》得見一二：

《詩源辯體》三十六卷〈後集纂要〉二卷　明許學夷撰
明崇禎十五年陳所學刻本　八冊　十行二十二字白口左右雙邊[39]

用書目〉，頁20。
[38] 此二書可參臺北明倫出版社的翻印本（1970）。
[39]《北京圖書館古籍善本書目》，頁2890。

四、民國十一年上海聚廬鉛印本

民國十年,惲應翼之裔孫惲毓齡先後購得《詩源辯體》三十八卷、十六卷兩種刻本,次年並以三十八卷定本為據,在上海用仿宋聚珍字重新排印,成此聚廬鉛印本。此本共一函八冊,除了有崇禎十五年陳所學刻本的全部內容外,惲毓齡於書末又再作一〈跋〉,並將十六卷本的夏樹芳〈詩源辯體序〉、許學夷〈自序〉集為附錄。此外,書後另收原附於《詩源辯體》十六卷本的《許伯清詩稿》以及惲氏友人張之純從《江上詩鈔》輯出的《許伯清遺詩輯補》。

民初書商兼目錄學家孫殿起曾經經手此書,其所編《販書偶記續編》著:

> 《詩源辯體》三十六卷〈後集〉二卷附《許伯清詩稿》一卷《輯補》一卷　明江陰許學夷撰　崇禎間刊　民國十一年上海聚廬以古宋字排印本[40]

此版本原為臺灣所無,至一九九三年,中央圖書館運回原置於烏拉圭中國國際圖書館的藏書,其中包含了一部上海聚廬鉛印本的《詩源辯體》,之後,在臺灣方得以見到此書。

五、一九八七年北京人民文學出版社校點本

郭紹虞早年擁有一部聚廬本《詩源辯體》,一九七八年,

---

[40] 孫殿起編:《販書偶記續編》(臺北:漢京文化公司,1984年),卷20,頁318。

郭氏又將書贈予杜維沫。後杜維沫即以此本作為底本，予以標點，並用北京圖書館所藏的十六卷刻本和三十八卷刻本校之，校點後交由北京人民文學出版社於一九八七年排版印行[41]。此校點本除了未收《許伯清詩稿》、《許伯清遺詩輯補》外，內容和裴廬本相同，惟將惲應翼〈許伯清傳〉及陳所學、惲毓齡的〈跋〉一併移至附錄，並另綴〈校點後記〉一篇。

對於上述諸種《詩源辯體》版本蒐羅最詳盡的書目，當推陳伯海、朱易安編撰的《唐詩書錄》，是書第四編記載：

《詩源辯體》十六卷　（明）許學夷撰
明萬曆四十一年（1613）刻本（附《許伯清詩稿》一卷）

《詩源辯體》三十六卷〈後集〉二卷
明崇禎五年（1632）刻本
明崇禎十五年（1642）陳所學刻本（附《許伯清詩稿》一卷《輯補》一卷，北圖藏）
1922年上海裴廬排印本[42]

所著錄已包含了《詩源辯體》的四種版本，僅校點本未收入。然陳、朱二氏的記錄卻有兩處差誤不可不辨：其一，崇禎五年的本子是手稿本，並非刻本，手稿本僅三十六卷，應未附〈後集〉；其二，附有《許伯清詩稿》和《輯補》者，不是崇禎十

---

[41] 參《詩源辯體》，杜維沫〈校點後記〉，頁448-449。
[42] 陳伯海、朱易安編：《唐詩書錄》（濟南：齊魯書社，1988年），頁618。

五年陳所學刻本,而是上海褧廬的排印本。

《詩源辯體》的版本雖然不少且現今均保存於世,但事實上除了晚近的校點本外,其他諸種版本都相當罕見,故其書的流傳並不廣。本文的寫作所能見及的,亦只有臺灣藏有的上海褧廬鉛印本以及人民文學出版社校點本二種。

小　結

《詩源辯體》在書名上即明白揭示全書的寫作旨趣與內容大要:這是一部探究詩歌的源流發展,辨析詩歌的體製正變之著作。許學夷如此介紹自己所撰之書:

> 既代分以舉其綱,復人判而理其目。諸家之說,實悟者引證之,疑似者辯明之。反覆開闔,次第聯絡,積九百五十六則,凡十二易稿而書始成。爰自三百,下至五季,采其撰論所及有關一代者一百六十九人并無名氏,共詩四千四百七十四首,以盡歷代之變,名曰《詩源辯體》。宋、元、皇明,別為論次。孟子曰:「予豈好辯哉!予不得已也。」後之學者於此而詳覈焉,庶幾弗我罪耳。(一／1)

許學夷自覺處於詩學衰微、邪說並起的時代,故有同於孟子不得不辯的苦衷。其論詩、選詩,以豐富的論述窮盡詩歌的歷代之變,為的是要讓後之學者「於此詳覈」。

《詩源辯體》一書的出現,實寓有文學批評史上的特殊含

意並寄託了許學夷個人的崇高理想,其書內容的周密龐大,隱然展現出一部論詩「大作」所具有的特質。不過,許學夷自我期許甚高,他自認為所見宋、元二代詩集有限,故《詩源辯體》的〈後集〉仍不能算真正的完成,其云:

> 聞武進庠生項永貞有宋詩一百本,意諸家皆全,求借不與,〈後集〉不成,始此。(後一／388)

> 元稱虞、楊、范、揭,待諸集出定論。(後一／393-394)

這是身為「荒江老儒」[43]的許學夷撰述條件比作為藏書家的胡應麟不利之處,也因為這樣的緣故,《詩源辯體》的〈後集纂要〉論宋、元二代之詩不免稍簡。

---

[43] 惲毓齡〈跋〉語。見《詩源辯體》,附錄,頁438。

第三章　詩史觀——詩歌演變歷史的詮釋

「詩歌史」屬於「歷史」的一部分。所謂「歷史」，應包含了「歷史本體」與「歷史認識」兩種意義，「歷史本體」乃指超越認知主體而客觀獨立的存在，是永恆不變的歷史真實；「歷史認識」則是指認知主體所認定的歷史現象，它會因人因時而有所差異。理論上，「歷史本體」可以真的存在，但絕對客觀的「歷史本體」並無被認知的可能，經由我們探索考察而得知的歷史，莫不是根據史料所建構出來的「歷史認識」。「歷史認識」雖然與「歷史本體」只能有某種程度的相近，不可能完全等同，然而其中卻蘊涵了知識的價值[1]。

《詩源辯體》稱得上是一部詩歌史，其內容可說是許學夷搜閱研討四十年所成的有系統之「詩歌史認識」，而非「詩歌史本體」。研究《詩源辯體》這部論詩著作，最重要的在於掌握許學夷詮釋詩歌演變歷程所持的「詩史觀」。本章正式剖析許學夷的詩歌理論，即由此入手，分成五節論述：首節「『詩史觀』釋義及形成」，先對「詩史觀」一詞作一界說，並略述「詩史觀」的形成概況；第二至第五節則把討論重點移至《詩源辯體》本身，分別探究許學夷「詮釋詩史的價值標準」及其

---

[1] 本段論述參陶東風：《文學史哲學》（鄭州：河南人民出版社，1994年），頁3-9。

對「詩歌演變之因素」、「詩歌演變之現象」、「詩歌演變之規律」所提出的論點。

第一節 「詩史觀」釋義及形成

何謂「詩史觀」？簡而言之，即：對詩歌演變歷史的一套看法。既為「一套看法」，則知「詩史觀」並不是詩歌史料的排比，而是採取某種價值標準，對詩歌的演變過程提出說明與解釋。

如龔鵬程〈試論文學史之研究——以劉大杰「中國文學發展史」為例〉一文言：

> 歷史研究，是詮釋的科學（hermeneutic science），而詮釋必由某一觀點展開，故所謂意義的了解，基本上即是詮釋者與被詮釋者的一種融合（fusion）。若無一套價值觀，只能稱為史料或史纂，不能稱為歷史或史學，這便是史觀的重要性。[2]

龔鵬程的見解乃受到新批評學者韋勒克和華倫（Wellek & Warren）《文學論》（*Theroy of Literature*）一書的啟發，此書〈文學與歷史〉一章提到，避免把歷史進展過程簡化為許多不相干事件的集合的解決之道，在於：

---

[2] 龔鵬程：《文學散步》（臺北：漢光文化公司，1993年），附錄二，〈試論文學史之研究〉，頁244。

> 把歷史的進展過程和價值或標準連接在一起,只有如此,那些顯然無意義的事件系列始可分割為主要的和非主要的部分。亦唯如此,我們說到歷史的進化時,始不至損及單獨事件的個性。把一個個別的事實和一般價值聯結到一起時,我們並不是把個體貶降到僅僅是一般觀念的一個樣品,相反的,我們要賦與這個體以意義。[3]

透過以上兩則引文,我們對「史觀」的意涵當可略有認識,「詩史觀」一詞的意義則可進一步界定為:以某種價值觀念,對詩歌演變的歷史賦予意義的詮釋。

然而更深入的追問:面對詩歌演變的客體,研究者又應如何來進行「意義詮釋」的工作呢?具體來說,此「意義詮釋」的賦予,應當從說明下面兩件事情來著手:

1. 詩歌為何演變?
2. 詩歌如何演變[4]?

前一項問題,在於解釋影響詩歌演變的因素何在。後一項問題,則可再細分成兩個部分:其一為探討詩歌演變的現象,其二為分析詩歌演變之現象所展現的規律;雖然這兩者應是密切關

---

[3] 韋勒克、華倫(Wellek & Warren)著,王夢鷗、許國衡譯:《文學論》(*Theory of Literature*)(臺北:志文出版社,1990年),頁433。

[4] 陳國球《胡應麟詩論研究》一書言及:「由此可知胡應麟很重視文學演變的問題。這個問題可以分成兩個部分:1.文學為何演變?2.文學怎樣演變?」見陳國球:《胡應麟詩論研究》(香港:華風書局,1986年),頁19。

連的。

　　故所謂「意義的詮釋」，必須以某種價值標準為前提，其內涵則至少應包含了：詩歌演變因素的解釋、詩歌演變現象的探討、詩歌演變規律的分析等三個要項。這即是本章論究許學夷《詩源辯體》的「詩史觀」之重點所在。

　　確定了「詩史觀」的意義後，接著對「詩史觀」在明代發展的情形稍作說明。日本學者前野直彬所主編《中國文學史》一書，在明代部分所探討的第一個主題即為「文學史觀的萌芽」，文章云：

> 明代文人對於中國文學史所作透視觀點明確化了。當然，任何時代的文人也都會學習過去的作家與作品，而由其中攝取養分，於是，傑出的文人對過去文學的演變就會有大致的理解。但在其理解上，可見到連接幾個點畫成一線的情形；即以詩言，歷來文人對漢魏詩、南朝詩、唐詩、宋詩等，以其各時代的詩為面所作的總體性把握，都不夠充分。[5]

詩歌為中國文學之主流，這段引文亦舉證詩歌來作說明，可知「文學史觀的萌芽」，主要即是指「詩史觀的萌芽」。

　　如前野直彬所云[6]，歷代的文人都會學習過去的作家、作品

---

[5] 前野直彬主編，連秀華、何寄澎譯：《中國文學史》（臺北：長安出版社，1979年），頁212。

[6] 此《中國文學史》為日本學者的集體創作，因未詳本章的實際作者，故暫且冠於主編名下。

，而對文學的演變有大致的了解。我們試以中國文學批評的雙璧《文心雕龍》和《詩品》為例，《文心雕龍》的〈明詩〉篇就是一篇詩歌簡史，《詩品》的〈總論〉也論及的五言詩的發展情形，二書對詩歌演變的了解已頗為深入。然畢竟在南朝時，詩歌的律體未成、七言初興，古典詩的發展仍處於生機蓬勃的階段，詩歌傳統的積累亦未夠豐沛，「以各時代的詩為面作總體性的把握」之時機實未成熟，劉勰和鍾嶸所述，都只能算是詩歌演變的「概況」。再歷經唐、宋，詩歌的體裁風格逐漸粲然大備，而唐代的詩格、詩句圖以及宋代的詩話，對於詩歌史的探究依然未見詳悉，故「詩史觀」完整而全面的形成，不得不待之明代。惟前野先生所說的「文學史觀的萌芽」，「萌芽」二字的使用似乎太過，因「文學史觀」雖至明代始為具體，但謂明代以前之文人皆不具備「文學史觀」則非[7]。

「詩史觀」至明代才顯得具體而完備，主要即是在復古派文人的詩論中逐步建構完成的，此因一則明代累積了豐富而龐大的詩歌遺產，為「詩史觀」的形成提供了足夠的準備；二則明代復古派文人面對詩歌創作的困境，回顧傳統、學習傳統的意識，遠較其他朝代、其他派別的文人更為強烈。

---

[7] 目前已有多位學者曾發表過與「劉勰的文學史觀」相關的論文，如張文勛：《劉勰的文學史論》（北京：人民文學出版社，1984年）；陳思苓：《文心雕龍臆論》（成都：巴蜀書社，1988年），〈內篇‧文學史觀第三〉；岑溢成：〈劉勰的文學史觀〉，中國古典文學研究會主編：《文心雕龍綜論》（臺北：臺灣學生書局，1988年）。

我們以復古派為考察對象,「詩史觀」在明代發展的次第大略是:前七子中,李夢陽和何景明相互駁難詩法[8],徐禎卿的《談藝錄》專論古詩[9],此時復古派文人已對詩歌傳統投注了高度的關切。至後七子時代,謝榛的《詩家直說》[10]、王世貞的《藝苑巵言》[11]、王世懋的《藝圃擷餘》[12],皆為出色的論詩著作,在探究詩歌演變的廣度和深度上都超越了前七子。再至胡應麟的《詩藪》,更以較為完整的論詩系統完成中國第一部詩歌通史[13],復古派的「詩史觀」於焉完整的形成。而許學夷所著《

---

[8] 參〔明〕李夢陽:《空同先生集》(臺北:偉文出版社,1976年),卷61,〈駁何氏論文書〉、〈再與何氏書〉,頁1735-1743;〔明〕何景明:《大復集》(鄭州:中州古籍出版社,1989年),卷32,〈與李空同論詩書〉,頁575-577。

[9] 徐禎卿《談藝錄》共二十四則,專論古詩而不及近體,可參《歷代詩話》本(臺北:漢京文化公司,1983年)。

[10] 《詩家直說》為原名,《歷代詩話續編》本(臺北:木鐸出版社,1988年)作《四溟詩話》。然以《四溟山人全集》中的《詩家直說》和《歷代詩話續編》的《四溟詩話》相校,《四溟詩話》在首卷中比《詩家直說》少了七則。此七則見〔明〕謝榛:《四溟山人全集》(臺北:偉文出版社,1976年),卷20,頁1137-1139。

[11] 《藝苑巵言》正文八卷論歷代詩文,附錄四卷論詞曲書畫,《歷代詩話續編》收其前八卷。另可參〔明〕王世貞:《弇州山人四部稿》(臺北:偉文出版社,1976年),卷144-155。

[12] 王世懋為王世貞之弟,雖未列名七子,但詩論仍屬後子七一派。《藝圃擷餘》可參《歷代詩話》本。

[13] 早在王世貞已指出《詩藪》的詩歌史性質,其〈胡元瑞傳〉云:「至勒成一家之言,若所謂《詩藪》者,則不啻遷史之上下千古,而周密無漏勝之

詩源辯體》,則是站在《詩藪》的高度上,對詩歌的源流演變再作另一番細微深入的探索[14]。

第二節 詮釋詩史的價值標準

從前文的說明已知:對詩歌史進行「史觀」的研究,必須牽涉到一套價值標準。這套價值標準的設定,既然出自研究者的思考,則必定要與研究者的哲學信仰緊密相連,而研究詩歌史所憑藉的「詩歌史哲學」,又不免要牽涉到兩類哲學的領域:一是賦予詩歌審美評價的「詩歌哲學」,亦即「美學」[15];另一則是觀照歷史發展的「歷史哲學」[16]。

,其刻精則董狐氏、韓非子也。」見〔明〕王世貞:《弇州山人續稿》(臺北:文海出版社,1970年),卷68,頁3412。另可見〔明〕胡應麟:《詩藪》(上海:上海古籍出版社,1979年),王世貞〈石羊生傳〉,頁7。又蔡鎮楚《詩話學》一書言:「真正意義上的通史研究,到明代詩話才得以成熟,其詩話代表之作當推胡應麟的《詩藪》。」見蔡鎮楚:《詩話學》(長沙:湖南教育出版社,1992年),頁327。

[14] 本段論述參陳國球:《唐詩的傳承——明代復古詩論研究》(臺北: 臺灣學生書局,1990年),頁310-326。

[15] 「文學的哲學基礎便是美學」(龔鵬程語),同理,詩歌的哲學基礎亦是美學。參龔鵬程:《文學散步》,〈試論文學史之研究〉,頁262。

[16] 「美學」和「歷史哲學」皆涵攝於「價值哲學」的範疇內,故此二種哲學可以構成詮釋詩歌史的「價值標準」。參鄔昆如:《哲學概論》(臺北:五南出版公司,1991年),第三部〈價值哲學——人道論〉,〈緒論〉,頁339-345。

許學夷在《詩源辯體》的〈前集〉最末一則論述中,對於自己的著作有如下的總結:

> 然予所論,皆古今自然之理,中正之路,非一人之私智、曲士之偏識,則人同此心,心同此理,終不能以好惡亂其真耳,又安能必其不行乎?(三六/373-374)

文中提及的「自然之理」、「中正之路」,就是許學夷探究詩歌演變歷史所遵循的價值標準。許氏所指的「自然之理」,是把詩歌的演變過程視為「理勢之自然」的合理現象,此種對於歷史發展所持的觀點乃屬於「歷史哲學」。又所指的「中正之路」,是以「中和」的審美價值觀來評斷歷代詩歌的優劣正變,這則涉入了「詩歌哲學(美學)」的範疇。「中正之路」和「自然之理」二者相互配合,於是構成了《詩源辯體》一書的「詩歌史哲學」。

以下即從「中和的美學觀」和「理勢自然的歷史觀」兩方面,對許學夷詮釋詩歌史的價值標準作一析論。

一、中和的美學觀

《詩源辯體・自序》開宗明義即言:

> 仲尼曰:「中庸其至矣乎!民鮮能久矣。」後進言詩,上述齊梁,下稱晚季,於道為不及;昌穀諸子,首推〈郊祀〉,次舉〈鐃歌〉,於道為過;近袁氏、鍾氏出,欲背古師心,詭誕相尚,於道為離。予《辯體》之作也,實有所懲云。嘗謂:詩有源流,體有正變

，於篇首既論其要矣，就過不及而揆之，斯得其中。
（自序／1）[17]

許學夷把孔子有關「中庸」的言論置於自序的開端，並非偶然，當是具有提綱挈領的用意存在。因後進論詩於道不及，徐禎卿等人論詩又於道為過，袁宏道、鍾惺更是於道為離，是故許學夷作此《辯體》，「就過不及而揆之，斯得其中」。許學夷另曾標舉：

予作《辯體》一書，乃大中至正之門戶。（三四／313）

由此不難窺知：「中庸」之道對於《詩源辯體》一書而言，實具有規範性的作用。

許學夷以「中」的態度言詩之處極多，略摘三例為證：

屈原之忠，忠而過，乃千古定論。今但以其辭之工也，而謂其無偏無過，欲強躋之於大聖中和之域，後世其孰信之？此不足以揚原，適足以累己耳。（二／34）

公幹詩，聲詠常勁；仲宣詩，聲韻常緩；子建正得其中。（四／82）

太白〈鸚鵡洲〉擬〈黃鶴樓〉為尤近，然〈黃鶴〉語無不鍊，〈鸚鵡〉則太輕淺矣。至「煙開蘭葉香風暖

---

[17] 引孔子語，見《禮記》（臺北：藝文印書館，1989年，《十三經注疏》本），卷52，〈中庸〉，頁880。〈中庸〉此言又出自《論語·雍也》篇，見《論語》（《十三經注疏》本），卷6，頁55。

，岸夾桃花錦浪生」，下比李赤，不見有異耳。以三
　　詩等之，〈龍池〉為過，〈鸚鵡〉不及，〈黃鶴〉得
　　中。此過不及，專主氣格言，與高、岑、李、杜不拘律法者不同
　　。（十七／171）[18]

從這些例證可更確定，《詩源辯體》鑑賞詩歌的哲學基礎，乃得自於「中庸」思想。然「中庸」畢竟是屬於「道德哲學」的範疇，以「道德哲學」來評斷詩歌，將不免失效，故許學夷雖以「中庸」為其論詩的哲學基礎，但在實際批評時，已將此「道德哲學」轉換為評賞詩歌的「美學」了；更確切的說，此「道德哲學」的「中庸」，在評論歷代詩歌的演變時，已轉換成為一種「中和」的「審美價值觀」。

　　此種從「中庸」哲學轉變而成的審美價值觀，由來已久，自孔子以來，「中和」便成為儒家傳統的美學原則[19]。這樣的審美價值觀，可名之曰：「中國古典審美理想」[20]。

---

[18] 李白〈鸚鵡洲〉見〔唐〕李白著，瞿蛻園等校注：《李白集校注》（臺北：里仁書局，1981年），卷21，頁1245。崔顥〈黃鶴樓〉見彭定求等編：《全唐詩》（北京：中華書局，1992年），卷130，頁1329。〈龍池篇〉為沈佺期所作，見《全唐詩》，卷96，頁1041-1042。李赤為中唐詩人，詩見《全唐詩》，卷472。

[19] 參李澤厚、劉綱紀主編：《中國美學史》（北京：中國社會科學出版社，1987年），第1卷，頁135-151；袁濟喜：《和──中國古典審美理想》（北京：中國人民大學，1989年），頁18-24。

[20] 袁濟喜《和──中國古典審美理想》一書，書名即使用「中國古典審美理想」一詞。

廖可斌《復古派與明代文學思潮》一書指出：「古典審美理想」乃是明代復古派詩文創作亟欲追求的目標[21]。書中更仔細分析後七子的文學理論，從其中得出四項「古典審美理想」的特徵：

1.美與善的統一。
2.情與理的統一。
3.意與象的統一。
4.詩與樂的統一。[22]

許學夷的詩歌理論乃承七子一派而來，這四項「古典審美理想」的特徵，對於《詩源辯體》同樣適用。如上文所舉許學夷以「中和」的美學觀評詩之三則實例，第一則是以「美與善的統一」論屈原之忠，忠而太過，其辭雖美而未盡善，故不得躋於大聖中和之域；第二則是以「詩與樂的統一」論劉楨、王粲之詩一勁一緩，曹植之詩正得其中；後一則可說是以「意與象的統一」論沈佺期〈龍池篇〉太過，李白〈鸚鵡洲〉不及，崔顥〈黃鶴樓〉適得其中。《詩源辯體》論「情與理的統一」，亦可得而說：

> 五言古、七言歌行，太白以興為主，子美以意為主。然子美能以興御意，故見興不見意。元和諸公，則以巧飾意，故意愈切而理愈周。此正變之所由分也。（十

---

[21] 參廖可斌：《復古派與明代文學思潮》（臺北：文津出版社，1994年），第一章〈中國古典審美理想和古典詩歌的發展變遷〉。
[22] 《復古派與明代文學思潮》，頁381-397。

八／194）

「興」者近情,「意」者近理。杜甫詩「以興御意」,正是「情與理之統一」,而元和詩人「以巧飾意」、「意愈切而理愈周」,理實勝於情。此所以杜詩為正,元和諸公之詩為變。

在許學夷的心目中,最符合「古典審美理想」的標準之詩歌實是「漢魏古詩」與「盛唐律詩」:

> 古詩以漢魏為正,太康、元嘉、永明為變,至梁陳而古詩盡亡。律詩以初、盛唐為正,大曆、元和、開成為變,至唐末而律詩盡敝。(一／1)

> 漢魏古詩、盛唐律詩,其妙處皆無跡可求。但漢魏無跡,本乎天成;而盛唐無跡,乃造詣而入也。(三／48)

> 古詩至於漢、魏,律詩至於盛唐,其體製、聲調,已為極至,更有他途,便是下乘小道。(三四／321)

許學夷往往以「漢魏古詩」並稱,然他對魏詩的評價實不如漢詩;又「初、盛唐律詩」亦偶並稱,而初唐律詩也不及盛唐:

> 漢、魏古詩由天成以至作用,故魏為降於漢。初、盛唐律詩由升堂而入於室,故盛為深於初。(十七／179)

概括而論,「漢魏古詩」並稱為多,「盛唐律詩」則大多獨稱。這兩類詩歌,許學夷評之為「正」、為「無跡可求」、為「極至」,他詩與之相較,則為「變」、為「亡」、為「敝」、為「下乘小道」,可見許學夷乃將「漢魏古詩」、「盛唐律詩」視為評價詩歌的理想準則,其他的古詩、律詩均需以此為參

照的基準。這兩個評價基準的提出，可說是自嚴羽《滄浪詩話》以降，明代復古派文人的共同體認[23]。

漢魏古詩和盛唐律詩雖然一「本乎天成」，一由「造詣而入」，但兩者皆可臻「無跡」之境，許學夷亦每以「無跡」來形容這兩個評詩基準，除上文所引之例外，再如：

> 漢魏五言，聲響色澤，無跡可求。（三／48）
>
> 唐人律詩，沈、宋為正宗，至盛唐諸公，則融化無跡而入於聖。（十七／179）

此「無跡」之意，當是指完美、中和、雅正、統一、均衡的作品風格，換言之，即是許學夷所認定的「古典審美理想」之特徵總合[24]。

二、理勢自然的歷史觀

史學是許學夷的家學，學夷本人也曾經花了十年的光陰專注於治史。《詩源辯體》的〈總論〉中，許學夷揭示了寫作此書所依據的歷史觀：

---

[23] 《滄浪詩話・詩辨》提到：「論詩如論禪：漢魏晉與盛唐之詩，則第一義也。……漢魏尚矣，不假悟也。謝靈運至盛唐諸公，透徹之悟也；他雖有悟者，皆非第一義也。」已標舉出漢魏、盛唐之詩，後明代復古派文人亦多有類似之論。見〔宋〕嚴羽著，郭紹虞校釋：《滄浪詩話校釋》（臺北：里仁書局，1987年），頁11-12。

[24] 《滄浪詩話・詩辨》：「盛唐諸人惟在興趣，羚羊掛角，無跡可求。」此或許學夷「無跡」之論所本。見《滄浪詩話校釋》，頁26。

> 孟子曰:「天下之言性也,則故而已矣。所惡於智者,為其鑿也。」予作《辯體》一書,其源流、正變、消長、盛衰,乃古今理勢之自然,初未敢以私智立異說也。子張問:「十世可知乎?」孔子曰:「其或繼周者,雖百世可知也。」蓋亦識理勢之自然耳。(三四/313)[25]

這段話重複提及了「理勢之自然」,可探知許氏有意以此作為觀照詩史的標準。現今學者多注意到王夫之「理勢」之說的歷史思想[26],然許學夷此論更早於王船山。

「理勢之自然」一詞在《詩源辯體》中頻頻出現,為了探察其中的意蘊,我們列舉幾處許學夷的說法:

> 予嘗謂:漢魏五言如大篆,元嘉顏、謝五言如隸書。米元章云:「書至隸興,大篆古法大壞矣。」猶予謂詩至元嘉而古體盡亡也。此理勢之自然,無足為怪。(七/108)[27]

---

[25] 引《孟子》、《論語》之語,分見《孟子》(《十三經注疏》本),卷8下,〈離婁下〉,頁152;《論語》(《十三經注疏》本),卷2,〈為政〉,頁19。

[26] 王夫之論「理勢」的歷史思想,可參羅光:《歷史哲學》(臺北:臺灣商務印書館,1983年),頁54-57;勞思光:《新編中國哲學史》(臺北:三民書局,1990年),頁757-761。

[27] 引米元章語見〔宋〕米芾:《海岳名言》(臺北:藝文印書館,1965年,《百部叢書集成》影印《百川學海》本),頁4。

第三章 詩史觀——詩歌演變歷史的詮釋 77

> 七言律雖權輿於梁簡文、庾信、隋煬帝,至唐初諸子,尚不多見。七言律之興,實自杜、沈、宋三公始,故未能純美耳。此理勢之自然,無足為異。(十三/148)

> 學者以識為主,以才力輔之。初、盛唐諸公識見皆同,輔之以才力,故無不臻於正。元和、晚唐諸子,識見各異,而專任才力,故無不流於變。嘗聞之先君云:「嘉靖間,考試時義,諸負文望者咸私決其等第,十不失一。今則上下各從所好矣。」蓋盛世尚同,而衰世尚異,亦理勢之自然耳。(三四/318)

另許學夷〈澄江詩選序〉一文也使用了此一「術語」:

> 大抵先輩以質勝,故蒼骨自高,而古體常優;後進以文勝,故秀色爭麗,而律體獨擅。先輩才力寬洪,不事修飾,即不無玷缺,而有傑作可觀;後進資性明敏,更假琢磨,雖較多完善,而無大篇可取。蓋亦理勢之自然耳。[28]

從以上這幾個例子來體會許學夷所謂「理勢之自然」的含義,乃指:歷代詩歌演變的種種現象,莫不是循「理」順「勢」而「自然」發生的。更深入分析,許氏所謂的「理」,是指詩歌的任何流變皆具有之「理」,這個「理」可說是詩歌所以演變

---

[28] 〔清〕陳延恩修,〔清〕李兆洛等纂:《江陰縣志》(臺北:成文出版社,1983年,道光二十年刊本),卷25,〈藝文·序〉,頁2419。另《詩源辯體》有相近之語,見《詩源辯體》,〈後集纂要〉,卷2,頁396。

的道理、根由、原因,也就是詩歌即將變化之時的「客觀條件」;循著此「理」,則有某種「勢」因應而生,借王夫之的話來說,就是「迨已得理,則自然成勢」[29],所謂「勢」,是推動詩歌發展的大勢、趨勢,順勢而行,則詩歌史上的諸種變化皆「自然」產生了[30]。

依此論來,「理勢之自然」的歷史觀是否意味著在客觀的「理勢」成熟、具備之後,歷史的演變發展便具有了相當程度的「必然性」?許學夷確實是這麼認為:

> 五言至太康變至元嘉,乃理之必至,勢之必然。(七/112)

> 然唐詩之所以獨工者,蓋由齊梁漸入於律,至唐而諸體具備,其理勢宜工。唐既盛極,至元和、宋人,其理勢自應入變。(三四/330)

> 劉向、張華學稱博矣,而著述未嘗多。太白、子美詩稱工矣,而文章未嘗富。今元美詩數倍於李、杜,文數倍於韓、蘇,且於天地、人物、文章、政事、釋老、九流以及書畫、工技,靡所不通,而侈言之,此勢之必不能兼,而理之必不能精者。(後二/416-417)

這裡提到的理之「必至」、勢之「必然」、理勢「宜工」、理

---

[29] 〔明〕王夫之:《讀四書大全說》(北京:中華書局,1989年),卷9,頁601。
[30] 本段說明參考羅光對王夫之「歷史哲學」之論述。

勢「自應入變」、勢之「必不能兼」、理之「必不能精」，均表示許學夷誠然相信詩歌的演變是會遵循著「理勢」而有一定的走向，亦即詩歌發展必然會合乎當時的客觀條件、情勢；這樣的觀點，正也表示許學夷相信詩歌史上的一切變化，其實都是合理的、可以解釋的。

然歷史是具有自由意志的人所創造的，人的自由意志帶有著「偶然性」，是故歷史除了受客觀條件左右之外，依然具有它的不確定性。許學夷雖提出「理勢之自然」的歷史觀，強調了歷史發展的「必然性」，但對於「人」這個體在詩歌演變上的重要角色也並未輕忽，此點下節詳述。

第三節　詩歌演變之因素

陶東風《文學史哲學》一書言：

> 文學史作為一個具有內在邏輯聯繫的整體，至少與兩個系統相關。一是文學內部的形式系統，一是文學外部的社會文化系統。[31]

與文學史相關的這兩個系統，正是影響文學演變的兩大因素。文學演變受「內部的形式系統」影響者，或可謂之「內因」；受「外部的社會文化系統」影響者，則可稱為「外因」。

韋勒克和華倫所著之《文學論》在探討文學演化的因素時

---

[31] 陶東風：《文學史哲學》，頁17。

，提及了此內、外二因：

> 文學的變化，在每一情況下都具有不相同的複雜過程；它一部份是內在的，由於厭膩和求變的欲望所促成，另一部份則是外在的，因社會的、思想上的，和其他文化的變動而導致的。[32]

韋勒克所指文學的變化會因「社會的、思想上的，和其他文化的變動而導致」，這樣的論點在我國由來已久，如《禮記‧樂記》言：「是故治世之音安以樂，其政和；亂世之音怨以怒，其政乖；亡國之音哀以思，其民困。聲音之道，與政通矣。」[33]或如〈詩大序〉所言：「至于王道衰，禮義廢，政教失，國異政，家殊俗，而變〈風〉、變〈雅〉作矣。」[34]這皆是文學演變的外因之說，此種認為文學的變遷會受到時代環境的制約，且文學作品會不自覺的反映出當時社會狀況的理論，可稱之為「決定理論」[35]。

另韋勒克所說「由於厭膩和求變的欲望所促成」的內在因素，是指俄國形式主義者提出的「陌生化」（defamiliarization）和「主導要素（dominant）移轉」的理論。「陌生化」意指

---

[32] 韋勒克、華倫著，王夢鷗、許國衡譯：《文學論》，頁449。

[33] 《禮記》（《十三經注疏》本），卷37，頁663。

[34] 《詩經》（《十三經注疏》本），卷1，頁16。又〈詩大序〉中亦有〈樂記〉中的「治世之音安以樂」等言，見頁14。

[35] 參劉若愚著，杜國清譯：《中國文學理論》（臺北：聯經出版公司，1993年），第一章〈導論〉及第三章〈決定理論與表現理論〉。

：「某些文學形式經歷一段時間之後,大家對此過分熟悉,不能再起具體的感受,於是有新體代之而興。由於『新變』的關係,就能喚起新的感受,直至大家過分熟悉而至習焉不察為止。」[36]「主導要素移轉」的觀點則是:「文學作品是一種『動態的體系』,在其中各種要素在前景與背景裡被納入整體結構中。在作品體系中假如某一要素(如古文辭彙)的美學功能說『解消』了,其他的要素就會成為主導(如情節或韻律)。」[37]事實上,這兩個理論又可結合為一,亦即在「陌生化」過程中,文學的「主導要素」也正在進行移轉。

許學夷對詩歌演變因素的體會相當全面,以上述的理論來衡諸《詩源辯體》,並不致於失當。然需注意者,不論是社會環境的「外因」,或是詩體本身的「內因」,其實都無法「直接」作用於詩歌而使之變化,當是由此內、外之因素影響了作者,再由作者的創作進一步促成詩歌的演變。既然詩歌的發展變化少不了「人」的作用,那麼,詩人的創作除了受內在、外在的因素影響之外,是不是應當還有一分獨立於這些因素之外的天賦才能?如布拉格學派的穆卡洛夫斯基(Jan Mukarovsky)所說:

> 所有影響文學的東西都是透過個體這個中介來進行,

---

[36] 引自陳國球:《鏡花水月》(臺北:三民書局,1987年),〈文學結構的生成、演化與接受——伏迪契卡的文學史理論〉,頁142。

[37] 引自Raman Selden著,呂正惠譯:〈俄國形式主義〉,《中國文學批評》第一集(臺北:臺灣學生書局,1992年),頁361。

> 個體是唯一能夠直接與文學接觸的外來發展因素，別的只能透過它這媒介來跟文學進行間接的接觸，這些外來因素都可以包含在個體的範疇裡。[38]

這個非外在、亦非內在的「中介因素」，正也是許學夷在觀察詩歌演化時特別注意到的。

下文擬就「國運治亂的影響」、「詩體的突破或因襲」、「詩人的才能作用」三方面來談，這三方面即分別代表了「外在」、「內在」和「個體」三種影響詩歌演變的因素。

一、國運治亂的影響

《詩源辯體》言：

> 概以二〈雅〉正變之體言之，正〈雅〉坦蕩整秩，而語皆顯明；變〈雅〉迂迴參錯，而語多深奧。是固治亂之不同，抑亦文運之一變也。（一／24）

> 詩文與風俗相為盛衰。齊梁以後，風俗頹靡破敗，故其詩文亦爾。（十一／137）

> 詩道興衰，與國運相若。大抵國運初興，政必寬大；變而為苛細，則衰；再變而為深刻，則亡矣。（三四／328）

---

[38] 穆卡洛夫斯基（Jan Mukarovsky）著，王宏志譯：〈個人與文學發展〉（"The Individual and Literary Development"），《文學史》第一輯（北京：北京大學出版社，1993年），頁375。

這三則引文分別論及「治亂之不同,抑文運之一變」、「詩文與風俗相盛衰」、「詩道興衰,與國運相若」,已闡明外在環境的「治亂」、「風俗」、「國運」對詩歌可能造成的影響。許學夷的觀點乃認為詩歌的盛衰和政治、風俗的良窳是成「正比」的,國家安定,詩歌便「坦蕩整秩」;國家動亂,才使得詩歌「迂迴參錯」;若風俗「頹靡破敗」,詩歌亦隨之「頹靡破敗」。其中第三條所言尤詳,許學夷把詩歌的興、衰、亡三個階段,和國政由寬大轉為苛細、再變為深刻的過程搭配起來,更清晰的表明了詩歌因為國運治亂而產生的連續變化。

不過許氏所謂的「國運」,有時並非專指某一個朝代,而是需要合併若干朝代以觀之:

> 詩文雖與國運同其盛衰,然必盛於始興,衰於末造,故古詩必合漢魏、六朝以為盛衰,唐律則以初、盛、中、晚為盛衰也。(三四/316)

這是說詩歌雖與國運同其盛衰,但必須合漢魏與六朝來作國運盛衰的判斷,方可與古詩的演變相符;至於律詩發展變化,則又當以唐代初、盛、中、晚四期來作觀察。這樣的說法,使得所謂「詩文與國運同其盛衰」的論點不致於僵化,也較切合詩歌史的實際狀況。

二、詩體的突破或因襲

此處「詩體」二字,兼詩歌的形式和風格而言。《詩源辯體》中不乏就詩體自身的內在因素來論詩歌演變之處,如云:

> 五言至靈運,雕刻極矣,遂生轉想,反乎自然。如「水宿淹晨暮」等句,皆轉想所得也。觀其以「池塘生春草」為佳句,則可知矣。(七/109)[39]

> 大曆以後,五七言古、律之詩,流於委靡。元和間,韓愈、孟郊、賈島、李賀、盧仝、劉叉、張籍、王建、白居易、元稹諸公群起而力振之,惡同喜異,其派各出,而唐人古、律之詩至此為大變矣。亦猶異端曲學,必起於衰世也。(二四/248)

> 或問:「唐人七言律,自錢、劉變至唐末,而聲韻輕浮,辭語纖巧,宜也。今觀諸家又多鄙俗村陋,何耶?」曰:「唐人既變而為輕浮纖巧,已復厭其所為,又欲盡去鉛華,專尚理致,於是意見日深,議論愈切,故必至於鄙俗村陋耳。此上承元和而下啟宋人,乃大變而大敝矣。」(三二/308)

這三段文字,除第二則最後的「亦猶異端曲學,必起於衰世也」一語為「決定理論」之外,其餘均在說明因喜新厭舊而造成的詩歌變化。第一則言詩至謝靈運時「雕刻極矣」,靈運「遂生反想」,故有「水宿淹晨暮」、「池塘生春草」等「反乎自然」之句;第二則言大曆以後,詩風流於委靡,於是元和諸公

---

[39] 「水宿淹晨暮」、「池塘生春草」分別為謝靈運〈遊赤石進帆海〉、〈登池上樓〉二詩之句。見〔南朝宋〕謝靈運著,黃節註:《謝康樂詩註》(臺北:藝文印書館,1987年),卷2,頁12;卷2,頁19。

「群起而力振之,惡同喜異,其派各出」;第三則言唐人七律從錢起、劉長卿發展至唐末,變而為「輕浮纖巧」,唐末諸子「已復厭其所為」,所以「又欲盡去鉛華,專尚理致」。凡此,皆表示詩歌發展到某個階段,固定的風格習套已經無法引發人們的審美情感,是故詩人力求突破,轉而創作另種風貌的詩歌,此即「陌生化」之意也。

而許學夷不僅認為詩體的突破會導致詩歌的變化,甚至認為詩體的因襲亦是詩歌變化之因:

> 五言自漢魏至陳隋,自初、盛至晚唐,其變有漸,正由風氣漸衰,習染相因耳。(五/87)

詩歌風氣的「習染相因」亦能使詩歌產生變化,許學夷相信詩歌的變化是必然的、不得不變的[40],不管詩體的突破或因襲,不論是「陌生化」或「習慣化」,同樣都是詩歌變化的因素。

三、詩人的才能作用

許學夷相當注意詩人的才能在詩歌演變過程中所扮演的重要角色,所論:

> 漢魏五言,各有盛衰。東京之於西京也,乃時代不同;正始之於建安也,實功力有異。故東京,張衡而後

---

[40] 「文學結構並非牢固不動的;它只是各種不同的因素和力量在特定時空中形成的一個脆性的均衡狀態(state of fragile equilibrium)。」見陳國球:〈文學結構的生成、演化與接受——伏迪契卡的文學史理論〉,頁142。

，其作用始著；正始，阮籍而外，則散漫無倫。（四／74）

東漢之詩有別於西漢，原因為「時代不同」（此「時代」可涵蓋前文所述的內在、外在兩類因素）；正始詩有別於建安，則是因為「功力有異」。許學夷在此是把「時代」和「功力」並列，如此，便特別突出了「人」的重要性，說明詩歌不是完完全全受時代所控制的。再看以下兩則：

> 漢人五言有天成之妙，子建、公幹、仲宣始見作用之跡。此雖理勢之自然，亦是其才能作用耳。以徐幹、陳琳、阮瑀諸子相比，則知之矣。陸機為太康之英，謝客為元嘉之雄，非有才不足以濟變也。（四／77）

> 高、岑五言不拘律法者，猶子美七言以歌行入律，滄浪所謂「古律」是也。雖是變風，然豪曠磊落，乃才大而失之於放，蓋過而非不及也。（十五／158）

前一條所言「此雖理勢之自然，亦是其才能作用耳」、「非有才不足以濟變」，再次說明了「才能」的重要，這表示：詩歌之變雖為「理勢之自然」，但仍需要詩人的才能相配合，若是詩歌演變的客觀條件已經成熟，而詩人的才能卻不足以掌握詩歌變化的契機，那麼也是枉然。後一條以高適、岑參和杜甫為例，指出高、岑的五言詩不拘律法者及杜甫以歌行入律，皆造成「變風」，是因為「才大」的緣故，為詩人的才能作用影響到詩歌演變的論點提出了實證。

以上分三點敘述，說明了許學夷對詩歌演變因素的解釋。許學夷所提出的外在、內在之因，即可說是「理勢之自然」的「理勢」，詩歌即順著這客觀的「理勢」而「自然」變化；除了此詩歌變化的「必然性」外，許學夷仍不忘強調：「理勢」仍需詩人的「才能」這個「偶然性」因素來配合，才能順利完成詩歌之變。以藝術學家阿諾德・豪塞爾（Arold Hauser）的說法來詮釋，即是：

> 風格歷史的進程是既不能離開心理學的也不能離開社會學的因果關係的。[41]

總體而言，許學夷之論點確實能多方兼顧，可說相當完整。

第四節　詩歌演變之現象

《詩源辯體》一書是以時代為序而編排的，這樣的好處是可以呈現如前野直彬所說的「以其各時代的詩為面所作的總體性把握」。但要掌握詩歌演變的完整現象，以各種詩歌體裁為線的變化軌跡，實亦不可忽略，《詩源辯體》即在各時代、各詩人之中，又細分各類詩體來加以論述，三言、四言、五言、六言、七言、雜言，古詩、樂府、律詩、絕句，許學夷均一一

---

[41] 阿諾德・豪塞爾（Arnold Hauser）著，陳超南、劉天華譯：《藝術史的哲學》（*The Philosophy of Art History*）（北京：中國社會科學出版社，1992年），頁12。

論及。故《詩源辯體》的內容在各個時代面之間，實又貫穿了多條線的發展，這樣線與面的配合，嚴密的交織成一組龐大的論詩系統。

如此龐大的論詩系統，所展現的詩歌演變之現象是相當繁複的，實不易鉅細靡遺的一一竟陳，故本節僅舉其犖犖大者，分成兩部分來討論：第一部分以詩歌體裁為單位來做觀察，是為「線」的追蹤；第二部分則呈現各時代詩歌風格的過渡變化，是為「面」的探討。

第一部分　詩體之演變——以五言古、律為例

此部分所論僅選擇五言古詩、律詩為例，這是因為許學夷對古詩、律詩這兩種體裁最為重視，論述遠較他種詩體為詳，且五言詩在漢魏已臻成熟，其演變脈絡最為清晰。論述分為四個階段：首為「五言之源」，論漢魏五言詩的來源；次為「五言七變」，論五言詩從漢魏至初唐的變化；再依次則分別為「唐代的演變」、「唐代以後的演變」。

一、五言之源

歷來文論家論詩，莫不推《詩經》為詩歌之源，許學夷亦不例外：「但古今說詩者以三百篇為首，固當以三百篇為源耳。」（一／2）《詩經》既為眾詩之源，五言詩當然亦該源出於此，而許學夷更強調漢魏五言為三百篇的「正流」，並且是源出〈國風〉：

三百篇正流而為漢魏諸詩，別出而乃為騷耳。（二／32）

三百篇始，流而為漢魏。〈國風〉流而為漢〈十九首〉、蘇李、魏三祖、七子之五言。（三／44）

因為「屈宋楚辭，本千古辭賦之宗」（三／60），辭賦與詩歌已漸行漸遠，又「歌行本於〈離騷〉」（後二／405），歌行在詩歌傳統中不及五言詩「正統」，所以騷體只能為三百篇之「別出」。而漢魏五言之風格「委婉悠圓，於〈國風〉為近」（三／45），故為三百篇的「正流」。

這樣看來，《詩經》為五言之源，並無問題。令人意外的是，《詩源辯體》卷六專論陶淵明詩，許學夷於卷中提到：

五言自漢魏至六朝，皆自一源流出，而其體漸降。惟陶靖節不宗古體，不習新語，而真率自然，則自為一源也。然已兆唐體矣。下流至元次山、韋應物、柳子厚、白樂天五言古。（六／98）

陶淵明竟在《詩經》、漢魏五言詩的系統之外，另創一源，豈不可怪？推究其原因，應是許學夷發現陶淵明的詩在漢魏六朝之中，獨樹一格，其平淡自然的詩風遠遠超出了他的時代，為了合理的解釋這個現象，故以陶淵明自為一源。這種說法自然不無可議之處，因為沒有任何一位作家可以完完全全的擺脫傳統，但這正也表示：許學夷十分清楚的認識陶淵明在詩歌史上的獨特地位，並且能以特有的文學史眼光來看詩史的流變。

源出陶淵明的五言古詩之流，其演變情形較為簡單，此處先將之表出：陶淵明（真率自然）→元結（聲體盡純，椎朴贛

直）→韋應物、柳宗元（蕭散沖淡，由工入微）→白居易（敘事詳明，議論痛快）[42]。

二、五言七變

漢魏五言為〈國風〉之正流，從漢詩流變到唐代沈佺期、宋之問的五律形成，許學夷認為其中歷經了七次變化。茲以表格臚列如下：

時期	變化情形	代表詩人、作品	特色	源流
漢	五言之宗	十九首、蘇李詩	體皆委婉，而語皆悠圓，有天成之妙	源於國風
建安	初變	曹氏父子、七子	體多數敘，而語多構結，漸見作用之跡	源於國風，下流至陸士衡諸公五言
太康	再變	陸士衡諸公	體漸俳偶，語漸雕刻，而古體遂漓	下流至謝靈運諸公五言
元嘉	三變	謝靈運諸公	體盡俳偶，語盡雕刻，而古體遂亡	下流至謝玄暉、沈休文五言
永明	四變	謝玄暉、沈休文	聲漸入律，語漸綺靡，古聲漸亡	下流至梁簡文、庾肩吾五言
梁	五變	梁簡文、庾肩吾	聲盡入律，語盡綺靡，而古聲盡亡	轉進至初唐王、楊、盧、駱五言
初唐	六變	王、楊、盧、駱	律體未成，綺靡未革，多雄偉之語，氣象風格始見	轉進至沈、宋五言律
初唐	七變	沈佺期、宋之問	體盡整栗，語多雄麗，氣象風格大備，為律詩正宗	轉進至高、岑、王、孟五言律

參：三／44-45，57-59，61-62；四／71；五／87；七／108；八／121；九／127-128；十二／139；十三／146。

---

[42] 參《詩源辯體》，卷6，頁98-107；卷17，頁176-177；卷23，頁239-241；卷28，頁271。

這張表格所呈現的，是從「五言之宗」的漢詩到沈、宋「五律正宗」之間的變化情形。從初變到五變，大致是古詩漸衰的過程，演變的走向為古體、古聲逐漸衰亡，俳偶格律的逐漸興起。其次第則是從了無作用之跡的「天成之妙」依序下流至「漸見作用」、「古體遂漓」、「古體遂亡」、「古聲漸亡」、「古聲遂亡」。對於這樣的層層演化，許學夷以其入微的觀察力和一絲不苟的精密用語，做了相當明晰的描述。

這一系列的變化之中，許學夷認為到了五言五變的蕭綱（梁簡文帝）時，是古詩、律詩轉變的一大關鍵：

> 五言至梁簡文而古聲盡亡，然五七言律、絕之體於此而備。此古、律興衰之幾。（九／129）

五言五變為「古、律興衰之幾」，古詩之衰即是律詩之興，故六變、七變以「律詩」的角度來看，應是詩歌由衰轉盛的時期。雖然從漢詩轉變到唐詩，詩歌中的人為成分持續的增加，但許學夷並非認為人力的作用對詩歌只有「破壞」，他認為不可取的只是處於過渡期間的「非古非律」之詩以及語句的雕刻、綺靡。初唐四傑詩「多雄偉之語」，始見「唐人氣象風格」；再至沈、宋，其詩作更是「體盡整栗，語多雄麗，氣象風格大備」，成為「五律正宗」，這皆是詩歌由衰轉盛的跡象，五言古詩朝向律體的發展於焉達成。

三、唐代的演變

律詩到初唐沈、宋而告完成,但古詩的寫作傳統仍然存在且繼續發展。詩歌體裁的完備,詩人和作品數量的增加,再加上風格的多樣化,都使得唐代的詩歌演變更趨複雜。面對錯綜的詩歌流變現象,用五言八變、五言九變的方式不足以解說清楚,於是許學夷又適時的改以「正宗」、「入聖」、「入神」、「正變」、「小偏」、「大變」這些術語來加以論述[43]。

為以簡御繁,以下的說明仍以表格示之。又五言詩此時已畫分為古詩、律詩,故必須分別討論。先看五古部分:

時期	變化情形	代表詩人、作品	特　　色	源　　流
初唐	始復古體	陳子昂、沈、宋	雜用律句、律體,平韻者猶忌上尾	唐人五古之始
	唐古之宗	薛稷〈陝郊篇〉	聲既盡純,調復雄渾	

---

[43] 高棅《唐詩品彙‧凡例》:「大略以初唐為正始,盛唐為正宗、大家、名家、羽翼,中唐為接武,晚唐為正變、餘響,方外異人等詩為傍流。」許學夷使用的「正宗」、「正變」當得自於此。見〔明〕高棅編:《唐詩品彙》(上海:上海古籍出版社,1988年,明汪宗尼校訂本),頁14。又嚴羽《滄浪詩話‧詩辨》:「詩之極致有一,曰入神。詩而入神,至矣,盡矣,蔑以加矣!惟李杜得之。他人得之蓋寡也。」此又許學夷所謂「入神」之所出。見《滄浪詩話校釋》,頁8。再又王世貞《藝苑卮言》:「五言律、七言歌行,子美神矣,七言律,聖矣。五七言絕,太白神矣,七言歌行,聖矣,五言次之。」許學夷「入聖」一語,或源出於此。見〔明〕王世貞:《藝苑卮言》,《歷代詩話續編》本,卷4,頁1005-1006。

第三章 詩史觀——詩歌演變歷史的詮釋 93

盛唐	正宗	岑參、（高適）	調多就純，語皆就暢，而氣象風格始備	由沈、宋五古而進
	另成一家	元結	聲體盡純，椎朴贛直	上源淵明，下開白、蘇之門戶
	優於聖	李白、杜甫	體多變化，語多奇偉，而氣象風格大備	由高、岑五古而進
中唐	正變	錢、劉大曆諸子	氣象風格頓衰	由高、岑五古流入
	小偏	柳宗元、韋應物	蕭散沖淡，由工入微	源出於淵明
	大變	韓、白元和諸子	如異端曲學，縱恣變幻；白敘事詳明，議論痛快	力振大曆以後之委靡，白源出於淵明
晚唐	大為奇變	杜牧	恣意奇僻，多失體裁	奇僻處多出於元和

參：十三／144-145；十四／151；十五／155-156；十七／176-177；十八／189；二十／223；二三／239-241；二四／248；二八／271；三十／285。

以上是唐代五言古詩演變的大致情況。漢魏古詩歷經了六朝的演變，其中逐漸摻入律句，至初唐，律詩雖然得以完成，但也因為這個緣故，使得古詩已變得體格不純。這時雖有陳子昂始復古體，並有沈佺期、宋之問輔之，不過，陳、沈、宋三公的古詩「雜用律句、律體，平韻者猶忌上尾」，實未符於古體，嚴格說來，初唐五古僅有薛稷〈秋日還京陝西作〉一篇聲調最純[44]，可為「唐古之宗」。因此，唐人五古和漢魏五言是不相同的，許學夷說明它們的差異是：

> 漢魏五言，體多委婉，語多悠圓；唐人五言古，變於六朝，則以調純氣暢為主。（十五／156）

---
[44] 薛稷〈秋日還京陝西作〉，即〈秋日還京陝西十里作〉，見《全唐詩》，卷93，頁1006。

至盛唐，高適、岑參之五七言古體格純正，「調多就純，語皆就暢，而氣象風格始備」，故能晉升為「正宗」；然析論之，高適五古仍於唐古未純，尚未得為正宗，七古方為正宗。此外，元結之五古亦「聲體盡純」，在李、杜、岑參之外另成一家。李、杜二人古詩則「體多變化，語多奇偉，而氣象風格大備，多入於神矣」，惟其五古因體裁所限，只能達到「優於聖」的層次，七古方可「入神」；所謂「優於聖」，是介於「入聖」和「入神」之間，優於「入聖」而稍不及「入神」。至此，唐代的五言古詩可謂發展至最高峰。

　　中唐以後，五言古詩又有明顯的變化，錢起、劉長卿等大曆諸子「氣象風格已衰」，雖變而不離正宗，故為「正變」。韋、柳二人五古源出陶淵明，其「蕭散沖淡」的風格特色與「調純氣暢」的正宗並不相同，可謂處於「正變」和「大變」之間，是為「小偏」。韓愈等元和諸子則「如異端曲學，多恣縱變化」，白居易又「敘事詳明，議論痛快」，因皆遠離了正宗的唐五古，故為「大變」。

　　到了晚唐，杜牧的古詩「恣意奇僻，且多失體裁」，許學夷評其五古〈贈沈處士〉一篇「大為奇變」[45]。至於李商隱的五言古「多用古韻，〈井泥〉一篇[46]，援引議論又似杜牧，但更冗

---

[45] 杜牧〈贈沈處士〉，即〈送沈處士赴蘇州李中丞招以詩贈行〉，見〔唐〕杜牧：《樊川文集》（臺北：漢京文化公司，1983年），卷1，頁12。

[46] 李商隱〈井泥〉，即〈井泥四十韻〉，見〔唐〕李商隱著，〔清〕馮浩箋注：《玉谿生詩集箋注》（臺北：里仁書局，1981年），卷1，頁151。

漫耳」（三十／287），溫庭筠的五七言古則「綺靡妖豔」（三十／290），許學夷雖未明指二人的變化程度，但顯然其與唐代五古之正宗風格亦毫不相及，而「晚唐五言古，溫、李而後」已是「作者絕響」（三一／299）。

許學夷並不否定詩歌「變」的價值，但「大體」說來，「變」還是不如「正」的。因此，從李白、杜甫到中、晚唐，五言古詩的由「正」轉「變」，即可視為是盛極而衰的過程。

接著再看五律部分：

時期	變化情形	代表詩人	特 色	源 流
初唐	正 宗	沈、宋、杜審言	體盡整栗，語多雄偉，而氣象風格大備	轉進至高、岑、王、孟五言律
盛唐	入 聖	高、岑、王、孟	體多渾圓，語多活潑，融化無跡而入於聖	下流至錢、劉諸子五言律
中唐	正 變	錢、劉大曆諸子	體盡流暢，語半清空，而氣象風格亦衰	下流至柳子厚五言律
	正 變	柳宗元	對多湊合，語多粗構，始漸見斧鑿痕	上承大曆，下接開成
	小 偏	賈島、張籍、王建	賈氣味清苦，聲韻峭急，張、王清新峭拔	力振大曆以後之委靡
	大 變	白居易	大入議論，快心自得	力振大曆以後之委靡
晚唐	正 變	許渾	對多工巧，語多襯貼，更多見斧鑿痕	下流至韋莊五言律
	正 變	韋莊	聲盡輕浮，語盡纖巧	五言不可復振矣
	變中之變	杜牧	怪惡僻澀	奇僻處多出於元和

參：十三／146；十五／155；十六／160；十七／179；二十／223；二三／245-246；二四／248；二五／257；二七／268-269；二八／275-276；三十／283、285-286；三二／301-302。

以上所呈現的是唐代五言律詩的演變大要。初唐部分,沈、宋的「五律正宗」是承上文所敘的「五言七變」而來,除了沈佺期、宋之問之外,被列為「五律正宗」的尚有杜審言。

再至盛唐,五律的發展亦到達巔峰,高適、岑參、王維、孟浩然等盛唐諸公,其五律風格「體多渾圓,語多活潑」,均已臻許學夷心目中最理想的審美標準:「融化無跡」,故由「正宗」進而「入聖」。需注意者,此處所指「盛唐諸公」,不含李白、杜甫在內,許學夷對於二人的五律並未明確賦予等級,而是著重於辨析李、杜與盛唐諸公之別:

> 太白才大興豪,於五七言律太不經意,故每失之於放,蓋過而非不及也。(十八/204)

> 盛唐諸公,惟在興趣,故體多渾圓,語多活潑。若子美則以意為主,以獨造為宗,故體多嚴整,語多沉著耳。此各自為勝,未可以優劣論也。(十九/214)

到了中唐,詩風亦開始衰變。錢起、劉長卿等大曆詩人和柳宗元之五律均為「正變」,但兩者「正變」的意義並不一樣:大曆詩人的「正變」是因為「體盡流暢,語半清空」,氣象風格已衰;柳宗元律詩雖上承大曆,但其「正變」則是因為「對多湊合,語多粧構」,人為作用日深。元和詩人中,賈島五律「氣味清苦,聲韻峭急」,張籍、王建二人五律「清新峭拔」,三人可派入「小偏」[47]。至於白居易五律「大入議論」、「

---

[47] 許學夷對賈島五律的判定有所搖擺,云:「島五言律氣味清苦,聲韻峭急

快心自得」，實已開「宋人門戶」，故流為「大變」。

至晚唐，許渾之五律乃上承柳宗元，亦為「正變」，但「其對多工巧，語多襯貼，更多見斧鑿痕」；再下流至韋莊，仍屬「正變」，其五律較之許渾，則又「聲盡輕浮，語盡纖巧，而五言不可復振矣」。晚唐詩人中，被許學夷認為其五律變化得最厲害的是杜牧，評語為「怪惡僻澀」、「變中之變」，這和許學夷批評其五言古詩的情形大約是一致的。

綜觀以上五古、五律在唐代的演變，雖然二者同樣以盛唐為極致，中唐以後為衰降，但整體而論，五律在中、晚唐實以「正變」為多，「大變」為少，未若五古在中唐以後的變化為大。許學夷解釋說：這是因為元和諸子的古詩「萬怪千奇，其派各出」（三二／306），所以使得五言古詩在中唐之後的變化遠較五言律詩劇烈。

四、晚唐之後的演變

《詩源辯體》的〈前集〉論歷代詩歌至五代止，許學夷評述五代之詩僅有寥寥五則，並未深考五言古、律在此一時期的變化。五代之後，則為〈後集纂要〉的宋、元、明三代，許學夷論及了宋、元、明詩與前代的不同：

> 然漢、魏、六朝、唐人以世次定其盛衰，而宋、元、

，在唐體尚為小偏，而句多奇僻，在元和則為大變。」則賈島五律當歸為「小偏」或「大變」便成疑問。今據許氏論張籍、王建之語：「張、王五言清新峭拔，較島小異，在唐體亦為小偏。」定三人皆屬「小偏」。

> 國朝則否者,蓋漢、魏、六朝、唐人之變,順乎風氣之自然,故可以世次定其盛衰;宋人多學元和,元人多學中、晚,國朝人漢、魏、六朝、初、盛、中、晚各隨其意而學,故未可以世次定盛衰也。蓋詩至晚唐,其眾體既具,流變已極,學者無容更變,但各隨其質性而傚之耳。(後一/375)

許學夷認為:宋、元、明三代的詩人已無法再開拓「新」詩體(含體裁、風格),而只能隨個人質性的不同來學習前代的作品,這是因為到了晚唐,詩體的發展已達完備,不容再變。因此許氏論此三代之詩,並不以世次來定其盛衰,不與〈前集〉相混雜。

需要解釋的是:許學夷並不是說晚唐以後的詩歌就不再有任何的發展變化,而是說不論晚唐之後的詩歌如何變化,其實都不能跳脫前代詩體的範疇,只能從前代的詩體中挑選其中幾類,來加以學習、加以發揚光大,這是詩體大備之後的必然現象。其說云:

> 蓋詩之門戶前人既已盡開,後人但七分宗古,三分自創,便可成家。(後二/416)

所言即是此意。又許學夷雖說晚唐之後的詩「未可以世次定其盛衰」,但這只是指:不能再以「詩體」演變的眼光來論其盛衰。事實上,宋、元、明之詩,仍有優劣正變之分,而判別的標準取決於「學習對象的選擇」(七分宗古)和「作者的才力」(三分自創)。

如此說來，宋、元、明三代的五言古、律雖只是後代向前代的學習，並無新體的出現，但因學習對象的不同、詩人的才情不一，其發展狀況仍是有所波動變化的。「宋人多學元和，元人多學中、晚唐，國朝人漢、魏、六朝、初、盛、中、晚各隨其意而學」，這段話是就宋、元、明三代的詩歌整體現象而論，但此整體現象自應涵蓋五言古、律在內，故此言可對五言古詩、律詩在宋、元、明三代的發展作一概括說明。

第二部分　各期詩風之演變

許學夷曾言：

> 古今人論詩，論字不如論句，論句不如論篇，論篇不如論人，論人不如論代。（三四／326）

足見許氏對於各期詩風的整體把握之重視。《詩源辯體》一書以時代為序而編排，正是為了呈現各代詩風的面貌。

欲探究各期詩風的演變，首先必須面臨的是詩史分期的問題。從《詩源辯體》的卷次來看，我們知道許學夷對整個詩歌史的畫分是：周、楚、漢、魏、晉、宋、齊、梁、陳、隋、初唐、盛唐、中唐、晚唐、五代、宋元、明，這樣的詩史分期，名目上與一般歷史的分期並無二致。不同的時代有不同的詩歌，此雖大致不錯，但詩歌的演變實又不可能完全合乎時代的分界，這點，許學夷也已察覺到了：

> 《辯體》編詩與史氏不同，史氏必以其人終仕某朝為

某朝人,《辯體》則以其詩體實合某朝為某朝人。(世次／7)

詩言六朝,謂晉、宋、齊、梁、陳、隋也。白下言六朝,則有吳無隋。(十一／136)

故知許學夷對詩歌史的分期,不是所謂的「極端唯名論」[48],意即為各個時期所下的名目,不是徒為方便而毫無意義的,它代表了與歷史的畫分不盡相同的某種詩風所盛行的一段時期。且許學夷又認為,即使是有意義的詩史分期,也不是對各類詩風的絕對畫分:

初、盛、中、晚唐之詩,雖各不同,然亦間有初而類盛、盛而類中、中而類晚者,亦間有晚而類中、中而類盛、盛而類初者,又間有中而類初、晚而類盛者,要當論其大概耳。(十四／154)

這樣的體認是正確的,論人不如論代,論代則只當「論其大概」。我們不能把某些「極端事實」當作「最有代表性的事實」來看待[49],比如說,陶淵明平淡自然的詩風,就不能視為六朝的

---

[48] 「極端唯名論」意指「認為時代只是一個為著敘述方便而劃分時間所使用的語言學上的名目」、「認為時代是資料上的任意附加物」。見韋勒克、華倫著,王夢鷗、許國衡譯:《文學論》,頁442。

[49] 法國文論家朗松言:「我們在選取代表性的事實上一般總是要犯錯誤的。且不說會使我們誤入歧途的偏愛和偏見,我們通常總有個幻想,總把極端的事實當作最有代表性的事實。」見朗松(Gustave Lanson)著,昂利‧拜爾(Henri Peyre)編,徐繼曾譯:《方法、批評及文學史》(北京:中

代表;或如《詩源辯體》所論「李益、權德輿在大曆之後,而其詩氣格有類盛唐者」(二二/238),李、權二人詩風亦只是時代的旁流,並非時代的主流。

下文將合併「晉、宋、齊、梁、陳、隋」為「六朝」,依序論述各期詩風之特色,以見其間的嬗變。

一、周

周代詩風亦即《詩經》詩風。《詩經》中,許學夷對〈國風〉的論述最詳,因為「風人之詩」乃漢魏五言之源,故論《詩經》的詩風,當以〈國風〉為代表。《詩源辯體》云:

風人之詩,其性情、聲氣、體製、文采、音節,靡不兼善。(一/6)

知《詩經》之風格在於「兼善」,而三百篇的「性情、聲氣、體製、文采、音節」五者之中,許學夷又最強調「性情」。

朱子論詩主張:〈國風〉為里巷歌謠,詩中懷感之詞乃為其人自作,而變〈風〉有邪有正,當中男女相悅之辭即多其人自作的淫奔之詩[50]。許學夷本著「思無邪」的理念,於《詩源辯

國社會科學出版社,1992年),〈文學史方法〉,頁25。

[50] 朱子《詩集傳·序》:「凡詩之所謂『風』者,多出於里巷歌謠之作,所謂男女相與詠歌,各言其情者也。惟〈周南〉、〈召南〉親被文王之化以成德,而人皆有以得其性情之正,故其發於言者,樂而不過於淫,哀而不及於傷,是以二篇獨為〈風〉詩之正經。自〈邶〉而下,則其國之治亂不同,人之賢否亦異,其所感而發者,有邪正是非之不齊,而所謂先王之風

體》中力駁朱子此說,他認為「〈國風〉皆詩人之詩」而「主於美刺」(一／12),有刺淫之詩而無淫奔之詩,三百篇實均出自於「性情之正」[51]。許學夷論云:

> 是〈風〉雖有正變,而性情則無不正也。(一／2)
>
> 風人之詩既出乎性情之正,而復得於聲氣之和,故其言微婉而敦厚,優柔而不迫,為萬古詩人之經。(一／2)
>
> 風人之詩,不特性情、聲氣為萬古詩人之經,而託物興寄,體製玲瓏,實為漢魏五言之則。(一／3)

故周代詩風以〈國風〉為依準,可定為「兼善」、「性情正」。

二、楚

楚之詩風亦即《楚辭》詩風,而《楚辭》的詩風應以屈原、宋玉的作品為代表。許學夷論楚騷時,曾引祝堯《古賦辯體》和胡應麟《詩藪》之言來作說明:

> 祝君澤云:「騷人之賦與詩人之賦雖異,然猶有古詩之義,辭雖麗而義可則。詩人所賦,因以吟詠情性也,騷人所賦,亦以其發乎情也。其情不自知而形於辭,其辭不自知而合於理。情形於辭,故麗而可觀,辭

者,於此焉變矣。」見〔宋〕朱熹集註:《詩集傳》(臺北:臺灣中華書局,1991年),〈詩集傳序〉,頁2。朱子「淫詩」之說,可參〈衛風〉、〈鄭風〉諸詩的註解。

[51] 參《詩源辯體》,卷1,頁8-12。

合於理，故則而可法。」（二／32-33）[52]

胡元瑞云：「四詩典則雅淳，自是三代風範。宏麗之端，實自〈離騷〉發之。」（二／33）[53]

文中分別提到了「麗」和「宏麗」，這主要是就騷辭的文句來說的。許學夷也承祝堯、胡應麟二氏之說，云：

〈離騷〉宏麗，〈九歌〉秀美。（二／36）

《詩源辯體》論《詩經》時提及〈國風〉的「文采」亦在兼善之列，並云風人之詩「文采備美，一皆本乎天成」、「華藻自然，不假雕飾」（一／3），《楚辭》為三百篇之別出，其文辭已由「不假雕飾」轉為「宏麗」、「秀美」。

除了文辭的「宏麗」、「秀美」之外，許學夷以為，騷辭另一個重要特色是在於內蘊的「深永」：

王元美云：「騷辭所以總雜重復，興寄不一者，大抵忠臣怨夫惻怛深至，不暇致詮，亦故亂其緒，使同聲者自尋，修隙者難摘耳。」愚按：騷辭雖總雜重復，興寄不一，細繹之，未嘗不聯絡有緒，元美所謂「雜而不亂，復而不厭」是也。學者苟能熟讀涵泳，於窈冥恍惚之中得其脈絡，識其深永之妙，則騷之真趣乃

---

[52] 原文見〔元〕祝堯編：《古賦辯體》（中央圖書館藏，明刊白口十行本），卷3，〈兩漢體上〉，頁1。

[53] 原文見《詩藪》，〈內編〉，卷1，頁4。

見。後人學騷者，於六義亦未嘗缺，而深永處實少。
此又君澤所未悉也。（二／34-35）[54]

凡讀騷辭，得其深永之妙，一倡三歎而不能自已者，
上也。（二／35）

騷辭在「總雜重復，興寄不一」的宏麗文辭之中，實寓有「深永之妙」，惜後人多未能體會，許學夷甚至認為連論騷賦甚為有得的祝堯亦然。此「深永」即《楚辭》另一特色[55]。

總結《楚辭》的內涵真趣與文辭風格，其詩風可作如此的總結：

屈、宋《楚辭》，為千古詞賦之宗，不特意味深永，
而佳句可摘。然有秀雅之句，有瑰瑋之句。（二／39）

三、漢魏

漢魏五言為〈國風〉之正流，故其詩風與〈國風〉相近，《詩源辯體》曾同樣以「託物興寄，體製玲瓏」來形容風人之詩和漢魏古詩（一／3，三／44）。

許學夷論漢魏五言詩，最常使用「委婉悠圓」一詞：

漢魏五言，本乎情興，故其體委婉而語悠圓，有天成

---

[54] 引王元美語見《藝苑巵言》，卷1，頁962。
[55] 徐禎卿云：「〈離騷〉深永，可以裨其思。」胡應麟云：「〈離騷〉之致，深永為宗。」則二人已發〈離騷〉深永之論。分見〔明〕徐禎卿：《談藝錄》，《歷代詩話》本，頁767；《詩藪》，〈內編〉，卷1，頁1。

> 之妙。五言古，惟是為正。詳而論之，魏人漸見作用，而漸入於變矣。（三／45）

> 漢魏五言，委婉悠圓，於〈國風〉為近，此變之善者。（三／45）

> 漢魏五言，委婉悠圓，雖本乎情，然亦非才高者不能，但有才而不露耳。（三／45）

> 漢魏五言，委婉悠圓，其氣格自在，不必言耳。（三／46）

漢魏五言之詩風，可以「委婉悠圓」稱之，因其「體委婉而語悠圓」，故能有「天成之妙」而「無跡可求」，這正符合了許學夷「中和」的美學觀，因此「五言古，惟是為正」。不過，許學夷仍不忘區分漢魏之異：「詳而論之，魏人漸見作用，漸入於變矣。」

又漢魏五言之詩風雖與〈國風〉相近，然兩者亦有截然不同之處，即「漢魏五言，雖本乎情之真，未必本乎情之正」（三／45），此與〈國風〉的「性情則無不正也」有別。

四、六朝

漢魏五言雖同為「委婉悠圓」，但魏詩已漸見作用之跡，逮及晉、宋，人為作用愈加明顯：

> 至陸士衡諸公，則風氣始漓，其習漸移，故其體漸俳偶，語漸雕刻，而古體遂漓矣。（五／87）

> 至謝靈運諸公，則風氣益漓，其習盡移，故其體盡俳

偶，語盡雕刻，而古體遂亡矣。（七╱108）

「俳偶」、「雕刻」二詞，在《詩源辯體》卷五論晉詩、卷七論宋詩之中頻頻出現，晉、宋兩代詩人幾乎都被冠上這樣的評語。頻繁的以「俳偶雕刻」來形容晉、宋之詩，無疑是以此作為晉、宋兩代所特有的詩歌風格。

晉、宋的「俳偶雕刻」，使得「古體」已亡。至齊、梁、陳、隋，作用之跡再進一步深化，詩風由「俳偶」、「雕刻」轉化為「入律」、「綺靡」，使得「古聲」亦亡：

> 至玄暉、休文則風氣始衰，其習漸卑，故其聲漸入律，語漸綺靡，而古聲漸亡矣。（八╱121）

> 至梁簡文及庾肩吾之屬，則風氣益衰，其習愈卑，故其聲盡入律，語盡綺靡，而古聲盡亡矣。（九╱128）

> 五言自梁簡文、庾肩吾以至於陵、信諸子，聲盡入律，語盡綺靡，其體皆相類，而陵、信最盛稱。（十╱131）

> 盧思道、李德林、薛道衡五言，聲盡入律，而盧則綺靡者尚多。（十一╱135）

以上齊、梁、陳、隋各代均舉一例，除所舉之例外，許學夷以「入律」、「變律」、「綺靡」、「綺豔」論此四代詩之處仍多，故「入律綺靡」可定為齊、梁、陳、隋的詩歌特色。

六朝之詩分而論之，晉、宋詩「俳偶雕刻」，齊、梁、陳、隋詩「入律綺靡」；合而言之，則可以「綺靡」一詞總括：

> 綺靡者，六朝本相；雄偉者，初唐本相也。（十二╱140）

此「綺靡」的詩風，較之漢魏「委婉悠圓」的「天成無跡」，自然是一種衰變。

五、初唐

初唐之本相為「雄偉」，但是由「綺靡」而進至「雄偉」，其改變的過程不是突然的，而是漸進的：

> 五言自漢魏流至陳隋，日益趨下，至武德、貞觀，尚沿其流。永徽以後，王、楊、盧、駱則承其流而漸進矣。四子才力既大，風氣復還，故雖律體未成，綺靡未革，而中多雄偉之語，唐人之氣象風格始見。（十二／139）

初唐四傑之詩雖「綺靡未革」，但因其「才力既大」，已漸進為「多雄偉之語」。四傑而後，陳子昂、沈佺期、宋之問、杜審言諸人繼之，其近體亦語多「雄偉」、「雄麗」者，氣象風格益形完備：

> 子昂五言近體，律雖未成，而語甚雄偉，武德以還，綺靡之習，一洗頓盡。（十三／144-145）

> 五言自王、楊、盧、駱，又進而為沈、宋二公。沈、宋才力既大，造詣始純，故其體盡整栗，語多雄麗，而氣象風格大備，為律詩正宗。（十三／146）

> 審言較沈、宋復稱俊逸，而體自整栗，語自雄麗，其氣象風格自在，亦是律詩正宗。（十三／146）

古詩部分,薛稷之詩亦有「雄渾」之音:

> 初唐古、律混淆,古詩每多雜用律體。惟薛稷〈秋日還京陝西作〉,聲既盡純,調復雄渾,可為唐古之宗。(十四／151)

故知初唐乃是詩風由「綺靡」轉為「雄偉」、「雄麗」、「雄渾」的時期,這樣的轉變可謂「由衰啟盛」,此時詩歌的氣象風格已然具備,正為盛唐的詩歌盛世建立了基礎。

六、盛唐

盛唐詩歌當以李白、杜甫、高適、岑參、王維、孟浩然等人為代表,李、杜、高、岑、王、孟的詩歌雖然各具特色,但許學夷認為他們的詩風仍可歸納出相同之處,諸公之詩均為比「雄偉」更上一層的「造詣極高,興趣實遠」。許學夷言:

> 初唐沈、宋二公古、律之詩,再進而為開元、天寶間高、岑、王、孟諸公。高、岑才力既大,而造詣實高,興趣實遠。(十五／155)

> 王摩詰、孟浩然才力不逮高、岑,而造詣實深,興趣實遠,故其古詩雖不足,律詩體多渾圓,語多活潑,而氣象風格自在,多入於聖矣。(十六／160)

> 開元、天寶間,高、岑二公五七言古,再進而為李、杜二公。李、杜才力甚大,而造詣極高,意興極遠。李主興,杜主意。故其五七言古,體多變化,語多奇偉,

而氣象風格大備,多入於神矣。(十八/189)

因杜甫「主意」,故論李、杜一則將「興趣」改為「意興」,其餘各則均論盛唐諸公之詩「造詣極高,興趣實遠」。

「才力」、「造詣」、「興趣」三個詞彙的使用,許學夷有相當嚴密的畫分:

> 故必至王、楊、盧、駱,始言才力;至沈、宋,始言造詣;至盛唐諸公,始言興趣耳。初唐非無興趣,至盛唐而興趣實遠。(凡例/2)

初唐四傑「才力大」,沈佺期、宋之問「才力大」而「造詣純」,盛唐諸公則又兼具「才力大」、「造詣高」、「興趣遠」三者,其間乃層層遞進。「興趣」一詞,得自嚴羽《滄浪詩話》[56],許學夷定盛唐之詩風為「造詣極高,興趣實遠」,其意義則指:盛唐詩人發揮巨大的才力,得以有極致的創造表現,其作品乃以感興的手法為之,「最能使人從其文字表層進入富涵情意的深層世界,品嘗到無盡的美感滋味」[57]。這樣的詩歌風格,自然是詩歌盛世的象徵。

---

[56] 《滄浪詩話・詩辨》云:「詩之法有五:曰體製,曰格力,曰氣象,曰興趣,曰音節。」見《滄浪詩話校釋》,頁7。

[57] 參黃景進:《嚴羽及其詩論研究》(臺北:文史哲出版社,1986年),頁81-127;李正治:〈文學術語辭典・興趣〉,《文訊》第22期,頁324-328。引號內為李正治先生語。

七、中唐

論中唐詩風,應再分「大曆」、「元和」兩個階段。

許學夷論大曆詩人錢起、劉長卿、郎士元、皇甫冉、皇甫曾諸子詩歌的共同特色是「氣象風格已衰」:

> 開元、天寶間,高、岑、王、孟古、律之詩,始流而為大曆錢、劉諸子。錢、劉才力既薄,風氣復散,故其五七言古氣象風格頓衰,然自是正變。五七言律造詣興趣所到,化機自在,然體盡流暢,語半清空,而氣象風格亦衰矣,亦正變也。(二十/223)

> 中唐諸子,才力既薄,風氣復散,其氣象風格宜衰,而意主於清空流暢,則氣格益不能振矣。(二一/234-235)

大曆諸子「才力既薄,風氣復散」,故古詩「氣象風格已衰」;其律詩雖仍「造詣所到,化機自在」,但「清空流暢」同樣是「氣象風格」的一種衰退。這是唐代詩歌走下坡的開始。

至元和時期,詩人力矯大曆以後的委靡詩風而其派各出,概而論之,可以韓愈、白居易為兩大詩派的代表:韓愈一派主「奇險」,白居易一派主「流便」。此二派雖然有對立之處,然亦有相近的詩歌風格:

> 五言古,退之語奇險,樂天語流便,雖甚相反,而快心露骨處則同。就其所造,各極其至,非餘子所及也。(二八/273)

韓、白二派詩風之相同處在於「快心露骨」,所謂「快心露骨

」,是指韓、白諸子的詩歌表現皆肆意痛快,都無含蓄之美。然元和詩又何以會呈現「快心露骨」的風格?再看許學夷以下這幾則論述:

> 退之五言古,如「屑屑水帝魂」、「猛虎雖云惡」、「駑駘誠齷齪」、「雙鳥海外來」、「失子將何尤」、「中虛得暴下」等篇,鑿空構撰;「木之就規矩」,議論周悉;「此日足可惜」,又似書牘,此皆以文為詩,實開宋人門戶耳。(二四/252)[58]

> 東野五言古,不事敷敘而兼用興比,故覺委婉有致。然皆刻苦琢削,以意見為詩,故快心露骨而多奇巧耳。(二五/255)

> 白樂天五言古,其源出於淵明,但以其才大而限於時,故終成大變。其敘事詳明,議論痛快,此皆以文為詩,實開宋人之門戶耳。(二八/271)

知元和詩人好「以文為詩」、「以意見為詩」,開啟了宋詩門戶,正因為以詩歌來議論敘事,淆亂了詩文的界線,破壞了詩

---

[58] 「屑屑水帝魂」見〈譴瘧鬼〉,「猛虎雖云惡」見〈猛虎行〉,「駑駘誠齷齪」見〈駑驥贈歐陽詹〉,「雙鳥海外來」見〈雙鳥詩〉,「失子將何尤」見〈孟東野失子〉,「中虛得暴下」見〈病中贈張十八〉,「木之就規矩」見〈符讀書城南〉,「此日足可惜」見〈此日何足惜一首贈張籍〉,分見〔唐〕韓愈著,錢仲聯集釋:《韓昌黎詩繫年集釋》(上海:上海古籍出版社,1984年),卷3,頁264;卷12,頁1215-1216;卷1,頁115;卷7,頁836;卷6,頁675;卷1,頁63;卷9,頁1011;卷1,頁84-85。

歌委婉蘊藉之美,故許學夷評為「快心露骨」。這不獨古詩為然,白居易的近體亦復如是:

> 樂天五七言律、絕,悉開宋人門戶,但欠蒼老耳。(二八/275)

此開宋人門戶的「快心露骨」、「以文為詩」,即可定為元和詩風。

以「大曆」、「元和」兩個時期相較,許學夷認為大曆之詩為「正變」,元和之詩多入「大變」。這一方面表示盛唐詩風在元和時期的轉變比大曆時期更大,但另一方面也意味著元和詩人的創造力亦較大曆詩人為強。

八、晚唐

晚唐詩風大致有兩個走向:其一為承大曆詩風而來,但氣象風格轉衰,流於輕浮纖巧;其二為承元和詩風而來,專尚理致,好發議論。《詩源辯體》云:

> 開成七言絕,許渾、杜牧、李商隱、溫庭筠,聲皆瀏亮,語多快心,此又大曆之降,亦正變也。中間入議論,便是宋人門戶。(三十/292)

此云許渾諸人七絕風格乃大曆之降,但「中間入議論」,這便成為大曆、元和兩種詩風的混合。然大體言之,晚唐的大曆餘風盛行在前,元和餘風盛行在後,試看許學夷所論:

> 或問:「唐人七言律,自錢、劉變至唐末,而聲韻輕

浮，辭語纖巧，宜也。今觀諸家又多鄙俗村陋，何耶？」曰：「唐人既變而為輕浮纖巧，已復厭其所為，又欲盡去鉛華，專尚理致，於是意見日深，議論愈切，故必至於鄙俗村陋耳。此上承元和而下啟宋人，乃大變而大敝矣。」（三二／308）

此則正為晚唐的詩風變化做了最好的說明：先是以錢起、劉長卿等大曆諸子而降的「輕浮纖巧」之詩為盛，後因過度的「習慣化」，又轉以上承元和詩風的「專尚理致」之詩為盛。

關於晚唐這兩派詩風的代表詩人，「輕浮纖巧」者，可得五律、七律「正變」的許渾、韋莊、鄭谷、李山甫、羅隱諸子；「專尚理致」者，有唐末的薛逢、李山甫、高駢、杜荀鶴、顏萱等人，另杜牧的「怪惡僻澀」，皮日休、陸龜蒙的「怪惡奇醜」，亦可歸於此元和餘風一派。李山甫在兩種詩風中同時並列，是因為其不同的作品分別具有兩種不同的風格之故。而李商隱、溫庭筠、于武陵、劉滄、趙嘏諸人律詩「正變而稍偏」，詩風則在二者之間。（參三十／285-286；三一／297-299；三二／306-309）

九、五代

許學夷對五代的論述非常簡略，無甚可述。大抵此時之詩風或為晚唐之餘調，如張泌（三三／310）；或「清新峭拔」，乃「賈島、張（籍）、王（建）之餘」，如李建勳、伍喬、劉昭禹、卞震、曹松、廖凝等人的若干詩句。（三三／311-312）

十、宋元

　　《詩源辯體》以宋、元二代同列為一卷,故此處宋、元同論。許學夷認為,宋初雖有譚用之、胡宿、林逋及九僧之徒的律絕尚多唐調,又有楊億、錢惟演等人學李商隱,號為「西崑體」,但這都不足以代表宋代的詩風。至梅聖俞出,「始欲自立門戶,故多創為奇變」,才奠定了宋詩「好奇」的風格(後一/378)。《詩源辯體》云:

> 宋人五七言古,出於退之、樂天者為多,其構設奇巧,快心露骨,實為大變。(後一/376)

> 宋人古詩、歌行多出於退之、樂天,體雖大變,而功力恆有過之。律詩雖多出子美,然得其粗而遺其精,明於變而昧於正,故非枯槁拙澀則鄙朴淺稚,如杜之沉雄含蓄、渾厚悲壯者有一語乎?(後一/377)

宋人古詩出於韓愈、白居易,有「構設奇巧,快心露骨」之風,律詩則得杜詩之變,特色為「枯槁拙澀,鄙朴淺稚」,此乃宋詩的大貌。許學夷所指的這些風格特色,事實上是針對宋人「以文為詩」的寫作特性而發:

> 嚴滄浪云:「近代諸公作奇特解會,遂以文字為詩,以才學為詩,以議論為詩。夫豈不工?終非古人之詩也。」此論最為公平,庶幾有兼識者。(後一/377)[59]

---

[59] 引嚴滄浪語見《滄浪詩話校釋》,〈詩辨〉,頁26。

> 宋主變,不主正,古詩、歌行,滑稽議論,是其所長,其變幻無窮,凌跨一代,正在於此。(後一／377)

許學夷贊同嚴羽所云宋人「以文字為詩」、「以才學為詩」、「以議論為詩」,甚至認為宋人之所長正在於「滑稽議論」,這即是宋詩流變為「構設奇巧,快心露骨」、「枯槁拙澀,鄙朴拙稚」的緣故。如此看來,詩歌從中、晚唐演變至宋代,詩風可謂愈變愈偏離了「中正之路」。

許學夷對宋詩的論述並不多,對元詩的分析更少,所論只有金末元初的元好問以及趙孟頫、薩天錫、楊維楨四家而已,並無法得知許氏對元詩風貌的整體看法。今姑以「元人多學中、晚」(後一／375)、「元人律詩亦多出於中、晚正派」(後一／376)二語,定為許學夷所認知的元代詩風。

十一、明代

許學夷說:「國朝人漢、魏、六朝、初、盛、中、晚各隨其意而學。」(後一／375)明代詩人各隨其意學習各代詩歌,此時詩風可謂「各體兼備」。

明初詩人中,許學夷最稱述高啟,明初之外,所推崇的便是弘治、嘉靖七子。許學夷認為李夢陽的歌行、何景明的七律、徐禎卿的五律、嘉靖七子的七律,均已達盛唐的水準:

> 成化以還,詩歌頗為率易,獻吉、仲默、昌穀矯之,為杜,為唐,彬彬盛矣。(三四／324)

> 王元美論李、何諸子云:「長歌取裁李、杜,近體定

> 軌開元。天地再闢，日月為朗。」此見元美及李、何諸子所見、所造皆歸於正。（後二／407）[60]

> 嘉靖七子七言律，碩大高華，精深奇絕，譬之吾儒，乃是正大高明之域。（後二／426）

知在「各體兼備」的明詩之中，許學夷認為前後七子的作品是明代詩歌返回盛唐正大之域的代表。以前後七子的成就而論，宋代「大變」的詩風，已在明代返之於「正」。

以上分成「詩體」和「各期詩風」兩個部分，大致勾勒出《詩源辯體》所述的詩歌演變之現象。綜之，許學夷的見解可以作如下的總結：

> 統而論之，以三百篇為源，漢、魏、六朝、唐人為流，至元和而其派各出。析而論之，古詩以漢魏為正，太康、元嘉、永明為變，至梁陳而古詩盡亡；律詩以初、盛唐為正，大曆、元和、開成為變，至唐末而律詩盡敝。（一／1）

面對歷代詩歌變化，許學夷所賦予各詩體、詩風的「正」與「變」或「盛」與「衰」之評價，即是以其「中和」的審美價值觀來作判斷的依據。這樣的演變現象若納入許學夷的歷史觀中，則可謂一切的變化其實都是「理勢之自然」的合理存在。

---

[60] 引王元美語見《藝苑卮言》，卷5，頁1024。

第五節　詩歌演變之規律

　　對《詩源辯體》所述詩歌演變之現象的討論已如上述，此節則更深一層探究：面對這些紛紜的演變現象，許學夷又從其中紬繹出怎樣的規律？

　　歷來對於文學演化之規律所持的看法，大致上可以分成三種類型：

　　一、退化論：認為文學的準則確立之後，文學的演變便一代代不斷的退化。這可以張戒《歲寒堂詩話》的言論為例：

> 鄒員外德久嘗與余閱石刻，余問：「唐人書雖極工，終不及六朝之韻，何也？」德久曰：「一代不如一代，天地風氣生物，只如此耳。」言亦有理。[61]

張戒引述和鄒德久的談話，目的是在藉書法的「一代不如一代」來比喻詩歌之變，此即是文學退化之論。

　　二、進化論：認為文學能隨著時代的發展而不停的進步。如葛洪《抱朴子‧鈞世》篇論文章今勝於古：

> 且夫古者事事醇素，今則莫不彫飾，時移世改，理自然也。至於麗錦麗而且堅，未可謂之減於蓑衣；輣軒妍而又牢，未可謂之不及椎車。……若舟車之代步涉，文墨之改結繩，諸後作而善於前事，其功業相次千

---

[61] 〔宋〕張戒：《歲寒堂詩話》，《歷代詩話續編》本，頁464。

> 萬者,不可復縷舉也。世人皆知之快於曩矣,何以獨
> 文章不及古邪?[62]

或如蕭統在〈文選序〉中所言:

> 若夫椎輪為大輅之始,大輅寧有椎輪之質?增冰為積
> 水所成,積水曾微增冰之凜,何哉?蓋踵其事而增其
> 華,變其本而加其厲。物既有之,文亦宜然;隨時變
> 改,難可詳悉。[63]

葛洪和蕭統的論點相似,二人都是把文章詩歌比附於其他的事物,認為衣著、舟車、文字等人類文明既隨著時代而進步,則文學亦當宜然。這樣的說法可視為文學進化論[64]。

三、循環論:認為文學在歷史上的盛衰起伏大致是呈現循環的過程。王世貞和胡應麟嘗有此說,如王世貞云:

> 吾故曰:「衰中有盛,盛中有衰,各含機藏隙。盛者
> 得衰而變之,功在創始;衰者自盛而沿之,弊繇趨下
> 。」又曰:「勝國之敗材,乃興邦之隆幹;熙朝之佚
> 事,即衰世之危端。此雖人力,自是天地間陰陽剝復

---

[62] 〔晉〕葛洪:《抱朴子》(臺北:世界書局,1979年),〈外篇〉,卷30,頁156。

[63] 〔南朝梁〕蕭統編,〔唐〕李善注:《文選》(臺北:華正書局,1984年),頁1。

[64] 有關文學進化論可參陳慧樺:《文學創作與神思》(臺北:國家出版社,1976年),〈文學進化論的謬誤〉。

之妙。」[65]

再如胡應麟言：

> 中古享國之悠遠，莫過於夏、商、周。近古享國之悠遠，莫過於漢、唐、宋。中古之文，始開於夏，至商積久而盛徵，至於周而極其盛。近古之文，大盛於漢，至唐盛極而衰兆，至於宋而極其衰。周，秦之餘也，泰極而否，故有焚書之禍。元，宋之閏也，剝極而坤，遂為陽復之機。此古今文運盛衰之大較也。[66]

王、胡二氏在這裡所講的，都是文運盛衰相遞的「陰陽剝復」之理，這正是文學循環論的例證[67]。

在這三種理論之中，許學夷的見解又是屬於何者？第一個可以排除的當然是「進化論」，明代復古派文人最強調向傳統學習，並不認為文學是一代一代進步的。那麼，許學夷是否為文學的「退化論」者？《詩源辯體》之中，我們似乎可以找到支持的證據：

> 古今詩賦文章，代日益降，而識見議論，則代日益精。詩賦文章，代日益降，人自易曉；識見議論，代日

---

[65] 《藝苑卮言》，卷4，頁1008。
[66] 《詩藪》，〈外編〉，卷1，頁125。
[67] 文學演變規律的問題可另參衛姆塞特、布魯克斯（William K. Wimsatt & Jr. Cleanth Brooks）著，顏元叔譯：《西洋文學批評史》（Literary Criticism A Short History）（臺北：志文出版社，1987年），頁482-489。

益精，則人未易知也。試觀六朝人論詩，多浮泛迂遠，精切肯綮者十得其一，而晚唐、宋、元，則又穿鑿淺稚矣。滄浪號為卓識，而其說渾淪，至元美始為詳悉。逮乎元瑞，則發竅中窾，十得其七。繼元瑞而起者，合古今而一貫之，當必有在也。蓋風氣日衰，故代日益降；研究日深，故代日益精，亦理勢之自然耳。（三五／348）

「古今詩賦文章，代日益降」，確實是文學退化之論。然需注意者，此段文字並非專門討論「詩賦文章，代日益降」的問題，而是在於說明「識見議論，代日益精」，亦即此處的文學「退化論」，只是為了「對比」文學批評的「進化論」而發的。且除了此處之外，許學夷並無對「詩賦文章，代日益降」的問題提出進一步說明的文字，因此，這則文字仍不足做為文學「退化論」的「充分」證明，我們還必須旁求其他資料。

事實上，許學夷在更多地方提示學者，論詩不得「虛慕古人」：

漢魏五言及樂府雜言，猶秦漢之文也。李、杜五言古及七言歌行，猶韓、柳、歐、蘇之文也。秦漢、四子各極其至，漢魏、李杜亦各極其至焉。何則？時代不同也。論詩者以漢魏為至，而以李、杜為未極，猶論文者以秦漢為至，而以四子為未極，皆慕好古之名而不識通變之道者也。（十八／190）

五言古，靈運諸子於古體既亡，李、杜二公於唐體為

純。靈運諸子體亡而或以為至,李、杜二公體純而或以為不及,是虛慕古人而不得其實者也。(十八/191)

如初、盛唐諸公,已自妍媸不同,大曆而後,益多庸劣,今例以古人之詩而不敢議,此為古人所恧也。(三四/319)

上述第一條提到:李、杜之詩未必不如漢魏之詩,正如韓愈、柳宗元、歐陽修、蘇軾之文,亦未必不如秦漢之文。第二條又說:李、杜二公之五言古於唐體為純,更勝於謝靈運之古體既亡。第三條再言:雖初、盛唐之詩,亦有妍媸不同,不得因其為古人之作品而不敢疵議。這些實證都明白指出:後人之詩不必不如前人,今人之詩也不必不如古人。故知,許學夷並不支持文學「退化」之論。

關於許學夷的真正觀點,我們再從以下幾則文字來探知:

詩文雖與國運同其盛衰,然必盛於始興、衰於末造,故古詩必合漢魏、六朝以為盛衰,唐律則以初、盛、中、晚為盛衰也。(三四/316)

三百篇而下,惟漢魏古詩、盛唐律詩、李杜古詩歌行,各造其極;次則淵明、元結、韋、柳、韓、白諸公,各有所至;他如漢魏以至齊梁,初、盛以至中、晚,乃流而日卑,變而日降。其氣運消長,文運盛衰,正當以此別之。(三四/317)

然唐詩之所以獨工者,蓋由齊梁漸入於律,至唐而諸

體具備,其理勢宜工。唐既盛極,至元和、宋人,其
理勢自應入變耳。(三四／330)

綜合這幾則文字來看,許學夷的意見應是:詩歌演變必盛於始興,衰於末造,漢魏時古詩始興,故為盛世,至六朝為末造,故而轉衰;從六朝到初、盛唐而律詩初成,故初、盛唐律詩為盛,既已盛極,到了中、晚唐及宋代,又不免轉衰入變。以詩歌盛衰觀點來看,從漢魏、六朝、初盛唐到中晚唐一路演變,其過程為:

漢魏	六朝	初盛唐	中晚唐
盛	衰	盛	衰

我們還可以進一步結合宋、元、明三代而論。許學夷雖認為宋代以後「未可以世次定其盛衰」,但其中實仍有正變高下之分;宋人承元和而為「變」,明代前、後七子則回歸於「正」。故若以正、變觀點視之,從漢魏到明代,詩歌演變過程可延長為:

漢魏	六朝	初盛唐	中唐至宋元	明
正	變	正	變	正

由此看來,許學夷的論點大致上是認為文學演變呈現循環的規律。但是,漢魏之「盛、正」在於古詩,初、盛唐之「盛、正」主要在於律詩,而明代的「正」,則又不限古、律,三者之間的實質內涵並不一樣;同樣的,六朝的「衰、變」,內容也並不等同於中、晚唐的「衰、變」和宋、元的「變」。因

此，許學夷的論點雖近於循環之論，但並不是一種周而復始、重回原點的機械式循環，而是每次的盛衰正變，都重新富涵了新的意義。

我們再看看《詩源辯體》對公安、竟陵二派的這則批評：

> 中郎論詩，鍾、譚選詩，予始讀之而懼，既而喜，蓋物極則反，《易》窮則變，乃古今理勢之自然。三子論詩、選詩，悖亂斯極，不能復有所加，雅道將興，於此而在。孟子曰：「天下之生久矣，一治一亂。」（三六／372）[68]

此言雖是針對袁宏道和鍾惺、譚元春「論詩、選詩」的標準而發，並不是就詩歌流變的現象來談，但這「物極則反」、「《易》窮則變」、「一治一亂」的思想，正可為許學夷所提出的文學演變之規律下一註腳。

綜合來看，許學夷對文學演變規律的認識，可總結為以下三點：

1.詩歌盛於某種體裁初興之時，衰於詩體沿用既久之時。但一旦詩歌體裁變化窮盡，則可透過學習古人的方式來重返詩歌盛世。

2.詩歌的盛衰正變之現象是相互循環的。

3.詩歌的盛衰正變雖是循環的，但每一回的盛、衰、正、變，其實質的意義都在改變。

---

[68] 所引孟子語見《孟子》，卷6下，〈滕文公下〉，頁117。

以下試繪曲線圖表示此一演變規律：

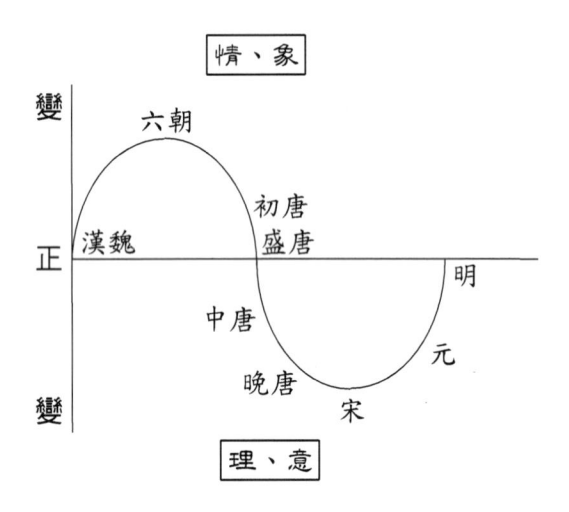

```
         情、象
變│   六朝
 │  ╱    ╲    初唐
 │ ╱      ╲  盛唐
正├漢魏─────╲─┬──────────── 明
 │            ╲中唐        ╱
 │             ╲晚唐      ╱ 元
變│              ╲____宋__╱
         理、意
```

因許學夷以漢魏五言為「千古五言之宗」（三／44），論正變盛衰亦從漢魏開始，故上圖即以漢魏為曲線的起點，《詩經》及《楚辭》姑不列入。圖中的中線，代表的是「古典審美理想」的「中正」之標準，以許學夷的審美風格求之，即是「無跡」，以實際的詩歌作品而論，則為「漢魏古詩」、「盛唐律詩」，又明代前、後七子之詩歌，亦返之於「正」。基準線的上、下方均代表「變」，上方表示偏重「情」與「象」，六朝的「綺靡」詩風即是；下方表示偏重「理」與「意」，元和及宋代詩人的「以文為詩」即是。

由這樣的曲線圖可以看出：許學夷所掌握的「理勢之自然」的詩歌演變規律，實際上是各朝代詩歌對於「古典審美理想」的趨近或偏離之反覆循環。

小　結

　　《詩源辯體》的「詩史觀」是在明代復古派文人探究詩歌傳統的基礎上建構而成的，然許學夷詩歌史理論的細密與完整，已遠非前後七子所能及，甚至較之胡應麟《詩藪》，亦不遑多讓。堪稱完備的詩歌通史是由《詩藪》首度完成，《詩源辯體》繼之而成為第二部詩歌史，可謂後來居上，其至少有兩大成就是超越《詩藪》的：

　　一、詩歌史意識的清晰明確：《詩藪》以「藪」字命名，知胡應麟撰作的宗旨原不在論「史」，而旨在兼攬綜述與詩歌相關的一切問題，許學夷則是有意的以編寫詩歌史作為一生的職志。許學夷云：

> 詩自三百篇以迄於唐，其源流可尋而正變可考也。學者審其源流，識其正變，始可與言詩矣。（一／1）

學者欲言詩、作詩，必當由審察詩歌之源、辨析詩歌之體入手，這是詩歌史所具有的「指導創作」的意義。因體察了這層意義，於是許學夷以強烈的歷史意圖撰構了《詩源辯體》：

> 詩道興衰，與國運相若。大抵國運初興，政必寬大；變而為苛細，則衰；再變而為深刻，則亡矣。今人讀史傳必明於治亂，讀古詩則昧於興衰者，實以未嘗講究故也。故予編三百篇、楚騷、漢、魏、六朝、唐人詩，類溫公《通鑑》；論三百篇、楚騷、漢、魏、六

> 朝、唐人詩，類溫公《歷年圖・論》。學者苟能熟讀
> 而深究之，則詩道之興衰見矣。(三四／328)

許學夷以《詩源辯體》的詩選部分比為司馬光的《資治通鑑》，以小論部分比為司馬光《歷年圖》之「論」[69]，乃意謂：《詩源辯體》作為一部探究歷代詩道興衰的詩歌史，正如《資治通鑑》和《歷年圖・論》之為考索歷朝國政治亂的史著和史論。許學夷清晰而明確的詩歌史意識於此呈露無遺，其對詩歌史的意義省察與撰寫意圖，顯然要比胡應麟更為深刻。

二、詩歌史系統的周密嚴謹：《詩藪》分為〈內〉、〈外〉、〈雜〉、〈續〉四編，〈內編〉分論古體、近體詩，〈外編〉論周、漢至元代各朝之詩，〈雜編〉論遺逸之篇章、載籍以及北朝、五代、南宋、金代之詩，〈續編〉論明詩，其體例亦大致有序。然若以「詩歌史」的眼光衡之，其或分論各體詩史，或總論各代詩史，或鉤抉詩歌史料，如此的編排就不免略嫌淆亂，顯然不及《詩源辯體》完全以時代為序的詩史脈絡來得井然有序。再就內容而言，《詩藪》的〈外〉、〈雜〉二編多涉典故考證，內容頗為龐雜，許學夷即如此評論《詩藪》：

---

[69] 《歷年圖》為編年體史書，其起迄時間與《資治通鑑》同，算是《通鑑》的簡編，後與《百官公卿表》及三家分晉以前的一段歷史合成《稽古錄》。《歷年圖》在各政權滅亡時，都附有一篇「臣光曰」，即許學夷所指「歷年圖論」，與《通鑑》「臣光曰」的遇事評論不同，乃著重於對各政權的治亂興衰作較完整的評述。參〔宋〕司馬光：《稽古錄》（北京：北京師範大學出版社，1988年），吉書時〈點校前言〉。

> 胡元瑞《詩藪》，自三百篇、騷賦、漢、魏、六朝以至於唐、宋、昭代之詩，靡不詳論，最為宏博，然冗雜寡緒。〈內編〉，十得其七，〈外編〉、〈雜編〉，誇多衒博，可存其半。（三五／348）

許學夷推崇《詩藪》的內容詳論各代，最為宏博，但他也指出：《詩藪》之失在於「冗雜寡緒」，其〈內編〉雖頗為切當，但〈外編〉和〈雜編〉流於衒學，實可汰去一半[70]。故以許學夷的標準來看，《詩藪》恐怕還無法稱得上是「合格」的詩歌史。反觀《詩源辯體》，內容幾不涉及雜事，惟專注於考究歷代詩歌之「變」，精粹的論述內容再配合書中分代而論的詩史結構，全書形成一組周密嚴謹的詩歌史系統，其較之《詩藪》，實於「史」為純。

---

[70] 蔡鎮楚《中國詩話史》論《詩藪》：「可以說，〈內編〉六卷是是書精華之所在，對於我們今天從事中國文學史、文學理論批評史、文體史和美學史的研究，具有重要的參考價值。」亦指出《詩藪》論詩最精純的部分在於〈內編〉。見蔡鎮楚：《中國詩話史》（長沙：湖南文藝出版社，1988年），頁165。

第四章 辨體論——詩歌體裁與家數的辨析

　　許學夷以「辯體（辨體）」作為論詩著作的書名，這是因為他將「辨詩體之正變」視為探究詩歌史的主要內容。《詩源辯體》的寫作雖然以時代為序，「辨體」之語乃散布在各卷之中，但這些穿插於各時代的辨體意見，並非只是零碎的片段，而是能前後相互呼應，組織成為一組論詩系統，故可謂之「辨體論」，本章即以此作為討論的重心。

　　欲論析許學夷「辨體論」的體系，當對「辨體」一詞先有所了解，故下文首節先闡釋「辨體」的意涵，之後，再分四節續作探究：先述「辨體的形成動力與目的」，此節用意是在於說明許學夷對「為什麼需要辨體」的看法；次則分論「體裁之辨」和「家數之辨」，這兩節是以實例來說明許學夷是「如何辨體」的；最末一節論「變體的審美評價」，重點則是剖析許學夷在面臨「變體」的情況下，對詩歌的審美價值作怎樣的取捨判斷。

第一節　「辨體」釋義

　　《詩源辯體》以「辯體」為書名，「辯」即「辨」也，意指「判別」。如《周易・履》：「象曰：上天下澤，履。君子

以辯上下,定民志。」[1]句中的「辯」字即是判別之意,亦即是「辨」。「辯」、「辨」可通,故「辯體」即是「辨體」,二詞同意,作為書名時亦有互用的情形,比如祝堯編撰的《古賦辯體》,《四庫全書》本有時寫作「辯體」,有時卻又作「辨體」,寫法並不一致[2]。又如徐師曾所編的《文體明辯》,中央圖書館藏萬曆刻本作「明辯」無誤,但《四庫全書總目》卻是寫作「明辨」[3]。

「辨體」所辨之體,指的當然是「文體」,以詩而言,則是「詩體」。然「辨」字易解,而「體」字難明,至今學者對「文體」一詞的解釋可說仍未有定論[4]。我們試從較早以「體」

---

[1] 《周易》(臺北:藝文印書館,1989年,《十三經注疏》本),卷2,頁40。

[2] 《四庫全書》本的《古賦辯體》,卷3至卷5中,書名均作《古賦辨體》。見〔元〕祝堯編:《古賦辯體》(臺北:臺灣商務印書館,1986年,《四庫全書》本),第1366冊。

[3] 見〔明〕徐師曾編:《文體明辯》(中央圖書館藏,萬曆十九年吳江刻本)。《文體明辯》在《四庫全書》中僅存目,書名作《文體明辨》,見〔清〕紀昀等:《四庫全書總目》(臺北:藝文印書館,1989年),卷192,〈集部・總集類存目二〉,頁4012。

[4] 徐復觀〈文心雕龍的文體論〉一文認為:「文體」不是「文類」(genre),其含義應是西方文論中所說的「style」;文類(genre)只是客觀的存在,而文體(style)卻必須有人的因素在裡面,故「章表奏議,則準的乎典雅」(《文心雕龍・定勢》)一語中,文體不是指章表奏議等文章體裁,而是指典雅。後龔鵬程亦撰同名文章〈文心雕龍的文體論〉,大力推翻徐復觀先生的說法,他認為:「文體」是指語言文字的形式結構,是客觀存在,不與作者個人因素相關涉之語言樣式,如《文心雕龍》所說的騷體、頌體、傳體、碑體、論體等等,均是文體的類型。徐、龔二人的論點是截

論文的〈典論論文〉看起：

> 夫文本同而末異，蓋奏議宜雅，書論宜理，銘誄尚實，詩賦欲麗。此四科不同，故能之者偏也，唯通才能備其體。[5]

曹丕所說的「唯通才能備其體」的「體」，究竟是指「奏議、書論、銘誄、詩賦」這些文章的「體裁類別」，還是指「雅、理、實、麗」這些文章的「風格樣式」？抑是兼包二義？此點便不易遽下論斷。我們可以先把此處的「體」字和曹丕文章中的「文非一體，鮮能備善」之「體」，均看作是奏議、書論等文章體裁的類型，然〈典論論文〉中尚有「孔融體氣高妙」、「文以氣為主，氣之清濁有體」之句，此二處「體」字便不能不指涉文章的風格[6]。

繼續考察〈典論論文〉以降，魏晉南北朝的文論家對「體

然對立的，之後，又有顏崑陽的〈論文心雕龍辯證性的文體觀念架構〉一文，對徐復觀、龔鵬程的論點再加以辨析，他提出：「文體」是主觀材料、客觀材料與體製、修辭，經過體要的有機統合之後，再整體表現為作品的體貌，然後觀察諸多作品體貌，歸納形成具有普遍規範性的體式。這三篇文章分別收入徐復觀：《中國文學論集》（臺北：學生書局，1974年）；龔鵬程：《文學批評的視野》（臺北：大安出版社，1990年）；顏崑陽：《六朝文學觀念叢論》（臺北：正中書局，1993年）。

[5] 〔南朝梁〕蕭統編，〔唐〕李善注：《文選》（臺北：華正書局，1984年），卷52，頁720。

[6] 「文非一體，鮮能備善」、「孔融體氣高妙」、「文以氣為主，氣之清濁有體」諸句，同見上註。

」、「文體」的用法,可以發現其內涵確實相當豐富。然概略言之,我們可以仿以上對〈典論論文〉「體」字的分析,將之分成「體裁」、「風格」兩大含義。雖然某種「體裁」必有其相應的「風格」要求,故有時這兩種意思並無法完全區隔。

先看「體」、「文體」作為「體裁」之用。摯虞〈文章流別論〉云:

> 古之詩有三言、四言、五言、六言、七言、九言,古詩率以四言為體,而時有一句、二句雜在四言之間。[7]

「古詩率以四言為體」,其中「體」字顯然是就「四言」的詩歌形式而論,其意義應是屬於以格式來畫分的詩歌體裁。

又如蕭子顯《南齊書‧文學傳》言:

> 若子桓之品藻人才,仲洽之區判文體,陸機辨於〈文賦〉,李充論於《翰林》,張眡摘句襃貶,顏延圖寫情興,各任懷抱,共為權衡。[8]

「仲洽」為摯虞的字,摯虞《文章流別集》雖佚,但從嚴可均所輯的〈文章流別論〉來看,其所區判的「文體」,是指頌、賦、詩、七、箴、銘各式文章的體裁。

再如蕭統的〈文選序〉所云:

---

[7] 〔清〕嚴可均輯:《全上古三代秦漢三國六朝文》(臺北:世界書局,1961年),《全晉文》,卷77,頁8。

[8] 〔南朝梁〕蕭子顯:《南齊書》(臺北:鼎文書局,1975年),卷52,頁907。

> 凡次文之體,各以彙聚。詩、賦體既不一,又以類分;類分之中,各以時代相次。[9]

核諸《文選》的編纂,可知蕭統所謂「次文之體」,也是賦、詩、騷、七等各種文章體裁的編次,而「詩、賦體既不一」,正是指詩和賦的體裁有別。

接著,我們再來看「體」、「文體」作為「風格」的另一意義。《文心雕龍・銘箴》篇論及:

> 箴全禦過,故文資確切;銘兼褒讚,故體貴弘潤。[10]

此云「體貴弘潤」,「體」字之意即近於「風格」。然「弘潤」雖是一種風格,但此風格是對應於「銘」這種文章體裁的寫作規範,故可說是由體裁來決定的。

又沈約《宋書・謝靈運傳》云:

> 自漢至魏,四百餘年,辭人才子,文體三變。相如巧為形似之言,班固長於情理之說,子建、仲宣以氣質為體,並標能擅美,獨映當時。[11]

所稱「文體三變」,「文體」之意雖然與文章體裁並非完全無關,但此處的「文體」之變,實不在於說明體裁的變化,而是指整個時代文學風尚的轉移,以指涉時代風格的成分為濃。

---

[9] 《文選》,〈序〉,頁2。
[10] 〔南朝梁〕劉勰著,范文瀾注:《文心雕龍注》(臺北:臺灣開明書店,1993年),卷3,頁2。
[11] 〔南朝梁〕沈約:《宋書》(臺北:鼎文書局,1975年),卷67,頁1778。

再看《隋書‧經籍志》所云：

> 梁簡文之在東宮，亦好篇什，清辭巧製，止乎衽席之間；彫琢蔓藻，思極閨闈之內。後生好事，遞相放習，朝野紛紛，號為「宮體」。[12]

「宮體」之「體」亦有風格之意，此風格用以指稱某種派別的詩風。

至於鍾嶸《詩品》謂王粲詩「在曹、劉間別構一體」，張協詩「文體華浮，少病累」，陶潛詩「文體省淨，殆無長語」[13]，此處的「體」、「文體」，則是指個人作品的風格。而這些隸屬於某時代、流派或詩人的風格，若能形成一特殊的風貌，則可謂之「家數」[14]。

「體」、「文體」的「風格」之意，甚至也可以不專屬某一體裁或家數，僅作純粹的風格歸類，如《文心雕龍‧體性》篇云：

---

[12] 〔唐〕魏徵等：《隋書》（臺北：鼎文書局，1975年），卷35，頁1090。《隋書》雖成於唐代，然「宮體」一詞當在梁代即已有之。

[13] 分見〔南朝梁〕鍾嶸著，陳延傑注：《詩品注》（臺北：里仁書局，1992年），卷上，頁22、頁27；卷中，頁41。

[14] 龔鵬程釋「家數」：「家數，是把家族觀念運用到風格判斷上的用語，凡創作活動，能顯出某種特殊成熟的風貌，就好像一個人已有能力自立門戶一樣，可以自成一家了。因此，家，是個獨立的風格單位，凡風格路數相同、自成一類者，即為一家。」見龔鵬程：《詩史本色與妙悟》（臺北：臺灣學生書局，1993年），〈論本色〉，頁112。

> 若總其歸塗，則數窮八體：一曰典雅，二曰遠奧，三曰精約，四曰顯附，五曰繁縟，六曰壯麗，七曰新奇，八曰輕靡。[15]

這裡所謂的「八體」，也就是文章的八種風格。

由以上的討論看來，雖然學者對「文體」的定義至今仍有爭議，但將「文體」解說為「體裁」和「風格」的傳統論點，仍是有效的。如郭紹虞說：「合形文、聲文、情文三者而文之形式以立。由文之形式言，語其廣義而說得抽象一些，便是風格；語其狹義而說得具體一些，便是體製。」[16]或如羅根澤說：「中國所謂文體，有兩種不同的意義：一是體派之體，指文學的作風（style）而言，如元和體、西崑體、李長吉體、李義山體，……皆是也。一是體類之體，指文學的類別（literary kinds）而言，如詩體、賦體、論體、序體，……皆是也。」[17]兩位前輩學者的意見即是如此。

「辯（辨）」字與「體」字之意已如上述，在此需要進一步深究的是：文體既然有多層的含意，那麼，「辨體」所辨之「體」，究竟是哪一層意思？

「辨體」一詞，較早可見於皎然所著的《詩式》，《詩式》卷一有「辯體一十九字」條，這十九字是分別是：高、逸、

---

[15] 《文心雕龍注》，卷6，頁8。
[16] 郭紹虞：《中國文學批評史》（臺北：文史哲出版社，1990年），頁122。郭氏所謂的「體製」，據後文所述來看，指的就是「體裁」。
[17] 羅根澤：《中國文學批評史》（臺北：學海出版社，1990年），頁155。

貞、忠、節、志、氣、情、思、德、誠、閑、達、悲、怨、意、力、靜、遠[18]。皎然論曰：

> 其一十九字，括文章德體風味盡矣！[19]

知皎然以十九字辨體，事實上是區分詩歌的十九種「德體風味」，亦即是對詩歌的各種「風格」加以歸類。這就近同於劉勰在〈體性〉篇中以典雅、遠奧等八體來作文章風格之分。

然而後世盛行的「辨體」，不再是純粹針對文章或詩歌的風格加以分類，內容不同於皎然所論。「辨體」之論在宋代以後大為盛行，其實質意涵大體有二：一是「體裁之辨」，二是「家數之辨」。茲分述如下。

一、體裁之辨

《四庫全書總目·詩文評類敘》云：

> 文章莫盛於兩漢，渾渾灝灝，文成法立，無格律之可拘。建安、黃初，體裁漸備，故論文之說出焉。[20]

此說明魏晉時期論文之說的興起，極重要的一個原因在於文章的「體裁漸備」，曹丕〈典論論文〉、陸機〈文賦〉、摯虞〈文章流別論〉等文，在這個時候紛紛對各式文章體裁提出風格

---

[18] 見〔唐〕皎然：《詩式》（臺北：藝文印書館，1968年，《百部叢書集成》影印《十萬卷樓叢書》本），頁10-11。
[19] 《詩式》，頁10。
[20] 《四庫全書總目》，卷195，〈集部·詩文評類一〉，頁4077。

規範的要求,即是導因於此。

歷經六朝、唐、宋,文章體裁的增多又遠非魏晉可比,宋人所要處理的問題也不僅僅是體裁之風格規範的確立,面對各式文體之間相互淆亂的情形,更需要一番剖析與辨明[21]。

體裁之辨在宋代被重視的程度,可從祝堯《古賦辯體》中的這段話看出:

> 王荊公評文章,嘗先體製,觀蘇子瞻〈醉白堂記〉,曰:「韓白優劣論爾。」后山云:「退之作記,記其事爾;今之記乃論也。少游謂〈醉翁亭記〉亦用賦體。」「范文正公〈岳陽樓記〉用對句說景,尹師魯曰:『傳奇體爾。』」宋時名公於文章必辨體,此誠古今的論。[22]

---

[21] 參龔鵬程:《詩史本色與妙悟》,頁98-104。

[22] 〔元〕祝堯編:《古賦辯體》(中央圖書館藏,明刊白口十行本),卷8,〈宋體〉,頁1。祝堯所云王荊公評蘇子瞻〈醉白堂記〉之語,可見於黃庭堅〈書王元之竹樓記後〉:「或傳王荊公稱〈竹樓記〉勝歐陽公〈醉翁亭記〉,或曰:『此非荊公之言也。』某以謂荊公出此言未失也。荊公評文章,常先體制而後文之工拙,蓋嘗觀蘇子瞻〈醉白堂記〉,戲曰:『文詞雖極工,然不是〈醉白堂記〉,乃是韓白優劣論耳。』以此考之,優〈竹樓記〉而劣〈醉翁亭記〉,是荊公之言不疑也。」見〔宋〕黃庭堅:《豫章黃先生文集》(臺北:臺灣商務印書館,1979年,《四部叢刊》本),卷26,頁293。又《西清詩話》亦載:「王文公見東坡〈醉白堂記〉云:『此乃是韓白優劣論。』東坡聞之曰:『不若介甫〈虔州學記〉,乃學校策耳。』」見〔宋〕胡仔編:《苕溪漁隱叢話》(北京:人民文學出版社,1993年),〈前集〉,卷35,頁244。所引陳後山語則見《後山詩

蘇軾的〈醉白堂記〉以「論」為「記」,歐陽修的〈醉翁亭記〉用的是「賦體」,范仲淹的〈岳陽樓記〉則以「傳奇體」為之,這些文章都破壞了「記」的記事本色,所以被王安石、秦觀、尹洙諸人提出批評。這是宋代注重體裁之辨的例證。

至明代,體裁之辨更蔚為大觀,吳訥《文章辨體》、徐師曾《文體明辯》、賀復徵《文章辨體彙選》[23],皆以「辨體」作為書名,其所辨之「體」,指的即是文章「體裁」。

二、家數之辨

嚴羽《滄浪詩話·詩法》云:「辯家數如辯蒼白,方可言詩。」[24]「家數」意指不同時代或不同作家流派的文章、詩歌之風格,「辨家數」即是對這些相異風格作出分辨。

話》:「退之作記,記其事爾;今之記乃論也。少游謂〈醉翁亭記〉亦用賦體。」又「范文正公為〈岳陽樓記〉,用對語說時景,世以為奇。尹師魯讀之曰:『傳奇體爾。』〈傳奇〉,唐裴鉶所著小說也。」見〔宋〕陳師道:《後山詩話》,《歷代詩話》(臺北:漢京文化公司,1983年),頁309-310

[23] 吳訥《文章辨體》可參嘉靖三十四年湖州知府徐洛重刊本(中央圖書館藏),另參〔明〕吳訥:《文章辨體序說》(臺北:長安出版社,1978年,與《文體明辨序說》合印)。徐師曾《文體明辯》已見註3,另參〔明〕徐師曾:《文體明辨序說》(臺北:長安出版社,1978年,與《文章辨體序說》合印)。賀復徵《文章辨體彙選》收入《四庫全書》,第1402至1410冊。

[24] 〔宋〕嚴羽著,郭紹虞校釋:《滄浪詩話校釋》(臺北:里仁書局,1987年),頁136。

第四章　辨體論──詩歌體裁與家數的辨析

如嚴羽在〈詩評〉章云：

> 大曆以前，分明別是一副言語；晚唐，分明別是一副言語；本朝諸公，分明別是一副言語。如此見，方許具一隻眼。[25]

此即時代風格之辨也。又云：

> 五言絕句：眾唐人是一樣，少陵是一樣，韓退之是一樣，王荊公是一樣，本朝諸公是一樣。[26]

則除了辨時代風格之外，還兼辨作家個人的風格。

這種家數之辨，亦在宋代以後大盛，原因在於學詩的問題[27]。因為辨家數的目的，並不只是分辨各時代、各作家流派的風格差異而已，更重要的用意，是要透過家數之辨來選擇可資學習的詩歌典範，並以此典範來指導詩歌的創作。因此，《滄浪詩話》的第一章就是〈詩辨〉：

> 夫學詩者以識為主：入門須正，立志須高；以漢魏晉盛唐為師，不作開元天寶以下人物。[28]

這便是以辨家數來指導創作之論。

在以「辨體」為名的著作中，祝堯《古賦辯體》之所辨主

---

[25] 《滄浪詩話校釋》，頁139。
[26] 《滄浪詩話校釋》，頁141。
[27] 參龔鵬程：《詩史本色與妙悟》，頁110-116。
[28] 《滄浪詩話校釋》，頁1。

要即在於家數。《古賦辯體》除了〈外錄〉之外,將歷代之賦依時代風格區分為「楚辭體」、「兩漢體」、「三國六朝體」、「唐體」、「宋體」,祝堯並指出:

> 古今言賦,自騷之外,咸以兩漢為古,已非魏晉以還所及。心乎古賦者,誠當祖騷而宗漢,去其所以淫,而取其所以則,可也。[29]

知其「辨體」,是在於辨時代風格,並期藉由此家數之辨,找出楚辭和兩漢之賦,作為古賦創作的學習對象。

以上將宋代以後的「辨體」意涵區分為二,然需要強調的是:「體裁之辨」和「家數之辨」雖然有別,但彼此之間還是密切相關的。例如,嚴羽之所以標舉「漢魏晉盛唐」為師,其中最主要的原因當是他認為漢、魏、晉、盛唐的詩歌作品,最符合「詩」這種體裁的寫作規範,所以能成為「最上乘」、「第一義」[30]。又祝堯提出「祖騷而宗漢」的主張,也是因為楚騷和兩漢之賦最具有「古賦」體裁的本色,所以能成為取法的對

---

[29] 《古賦辯體》,卷3,〈兩漢體上〉,頁4。

[30] 黃景進言:「嚴羽認為,要詳論一位詩人必先辨明其家數風格,然後才能給予適當的評價。因為辨明其風格之後,才能進一步觀察此種風格是否合乎某類詩的體製要求,如果不合體製要求,則表示此詩人並未掌握到寫作要領,正如一篇文章雖然寫得好但不切題一樣,並不足取。」這即是將「家數之辨」和「體裁之辨」合併觀之的論點。見黃景進:《嚴羽及其詩論之研究》(臺北:文史哲出版社,1986年),頁217。

象。故「體裁之辨」與「家數之辨」雖為辨體的兩大內容,然兩者卻可以結為一體,明乎此,便不難了解為何嚴羽在「辯家數如辯蒼白,方可言詩」一語之下,自己所下的注腳卻是關於體裁之辨的「荊公評文章,先體製而後文之工拙」[31]。

《詩源辯體》所論的「辨體」,同樣包含了「體裁之辨」和「家數之辨」,許學夷對於二者並不加以細分,此亦因「體裁之辨」與「家數之辨」實可視為一事之故。

第二節 辨體的形成動力與目的

事出必有因,研究詩歌需要「辨體」的原因何在?以下試從兩個角度來探求許學夷的見解:其一,從文學的本質和許學夷所處的時代論「辨體」得以形成的推動力量,此點可視為「動力因」;其二,論「辨體」所欲達成的目標、效果,此點則為「目的因」[32]。

一、辨體的形成動力

個別文學作品可能千差萬別,各有獨特的形象,但不論任

---

[31] 《滄浪詩話校釋》,〈詩法〉,頁136。

[32] 「動力因」、「目的因」為亞里斯多德《形上學》一書中「四因說」的二種外在因。參亞里斯多德(Aristotle)著,聖多瑪斯(St. Thomas Aquinas)註,孫振青譯:《亞里斯多德形上學註》(臺北:明文書局,1991年),卷1第4篇,頁43(亞氏原文)及頁45(聖多瑪斯註)。

何一篇文學作品,都必須在一定的成規中來進行創作,詩歌亦然。這種成規或屬於形式的部分,比如五言律詩,必然是八句四十字;或屬於風格的部分,比如詩「言志」,或者詩「緣情而綺靡」。在某種程度之內,類似這樣的遊戲規則是文學所必備而不可或缺的,如同索緒爾(Ferdinand de Saussure)在《普通語言學教程》(*Course in General Linguistics*)一書中所提出的「語言」(la langue)和「言語活動」(la parole)之別:「語言」是一切「言語活動」的表現準則,是社會集團為了使個人能行使「言語活動」所採用的一整套必不可少的規約,「言語活動」必定要受「語言」的規範方才得以進行[33]。

基於這樣的體認,許學夷屢屢強調詩歌「體製」的重要:

聖門論得失,詩家論體製。(一／6)

詩文俱以體製為主。(十一／137)

詩,先體製而後工拙。(十二／142)

故詩雖尚氣格而以體製為先(十四／153)

嘗觀論漢魏五言者,多不先其體製,由不讀三百篇也。(三四／314)

苟不先乎規矩,則野狐外道矣。規矩者,體製、聲調

---

[33] 參索緒爾(Ferdinand de Saussure):《普通語言學教程》(*Course in General Linguistics*)(臺北:弘文館出版社,1984年),頁16-17;及 Graham Hough 著,何欣譯:《文體與文體論》(臺北:成文出版社,1979年),頁27。

之謂也。（三四／323）

學漢魏而下，不先體製而先性情，所以去古日遠耳。
（後一／393）

詩先體製而後氣格。（後二／407）

這些論點都標舉了「體製」為詩歌最重要、最優先的成分，引用龔鵬程的話來說：「這些體製，就是文學之所以為文學、所以為這樣或那樣文學的一些藝術成規，它既屬於形式、也屬於風格。」[34]於此可以再補上一句：這些體製、藝術成規，既可以屬於某種「體裁」，也可以屬於某類「家數」。如許學夷說：

詩文俱以體製為主，唐末語雖纖巧，而律體則未嘗亡；梁陳以後，古體既失，而律體未成，兩無所歸，斷乎不可為法。（十一／137）

這裡言及的「體製」，是指古詩、律詩之體裁的藝術成規而言。又如所云：

予謂：詩先體製而後氣格，仲默、昌穀、君采、用修諸人多學六朝、初唐，似過而實不及也。（後二／407）

其中的「體製」，又可視作是某時代家數的藝術成規了。

詩歌在本質上必須具備某種體製，研究詩歌、創作詩歌，自然不能不對這些體製加以重視。為了探究各式詩歌體製的形

---

[34] 龔鵬程：《詩史本色與妙悟》，頁108。

式風格以及彼此間的差異，為了明白詩歌創作必須遵循的規範要求，「辨體」的工作也就因應而生。故從詩歌本質來論，體製的追求實需藉助「辨體」來加以促成。

然詩文雖以體製為先，但體製的存在並不是先驗的，而是經由文學歷史的沉積逐步形成的。此所以《文心雕龍·明詩》篇以下的二十篇文體論，劉勰在「敷理以舉統」之前，必先「原始以表末」[35]。

體製是依附於體裁、家數的後驗存在，對於實際作品的規範也只是程度上的，而非絕對的，如果有突破傳統的新體裁、新家數產生，新的體製亦必隨之而起。如此說來，文學似乎有不必依循舊成規、舊體製，而自創新成規、新體製的自由，但中國詩歌的發展，到明代已是眾體大備的局面，開創新詩體的困難度亦隨之提高，胡應麟《詩藪》即言：

> 盛唐而後，樂選律絕，種種具備，無復堂奧可開，門戶可立。是以獻吉崛起成、弘，追師百代；仲默勃興河、洛，合軌一時。古惟獨造，我則兼工，集其大成，何忝名世。[36]

這是說詩至明代已無再創新體的可能，故李夢陽、何景明的詩

---

[35] 《文心雕龍·序志》：「若乃論文敘筆，則囿別區分，原始以表末，釋名以章義，選文以定篇，敷理以舉統，上篇以上，綱領明矣。」見《文心雕龍注》，卷10，頁21。

[36] 〔明〕胡應麟：《詩藪》（上海：上海古籍出版社，1979年），〈續編〉，卷1，頁349。

歌創作以「兼工」為上。胡應麟此論受到許學夷的大力肯定，許氏不但將前述《詩藪》的一段話引入《詩源辯體》，並云：「諸家論詩，絓一漏萬，元瑞此論，一舉而備，真後生龜鑒也。」（三四／320）

在《詩源辯體》中，許學夷也有近似之論，如：

> 漢魏六朝，體有未備，而境有未臻，於法宜廣；自唐而後，體無弗備，而境無弗臻，於法宜守。（自序／1）

> 古詩至於漢魏，律詩至於盛唐，其體製、聲調已為極至，更有他途，便是下乘小道。故國朝人取法古人，法其體製、聲調而已，非掩取剽竊之謂也。（三四／321）

這同樣是說唐代以後，詩歌的各種體裁、風格均已窮盡完備，後人的創作只能遵守前人之法，仿其體製聲調，如果想另闢蹊徑，則只是趨於下流罷了。

以胡、許二人的見解來論，詩歌演變至明代，新體裁、新家數的開創已是無望，則新的體製、新的藝術成規當然也無法再繼續產生。時代至此，欲掌握作為詩歌基本要素的「體製」，只有透過前人的詩作來加以分析、學習，這樣的情況之下，辨別詩歌體裁、眾家路數，便是當務之急了。

二、辨體的目的

詩歌的各種體裁、家數各有不同的體製，不同的體製則有不同的詩歌風格，比如許學夷說：

> 漢人樂府五言與古詩,體各不同。古詩體既委婉,而語復悠圓;樂府體既軼蕩,而語更真率。(三/67)

此即是體裁不同所造成的風格之異。又如:

> 漢魏近古,興寄深,故其體委婉;靖節去古漸遠,直是直寫己懷,固當以氣為主耳。(六/103)

這則是不同家數的詩風差別。面對這些體裁、家數各不相同的詩歌作品,讀者必須先區分其中的體製異同,方才能夠領略諸種詩體的特殊風味,從中感受詩歌之美。

《詩源辯體》云:

> 古、律、絕句,詩之體也;諸體所詣,詩之趣也。別其體,斯得其趣矣。康文瑞、張玄超、臧顧渚、程全之既不別詩之體,烏能得詩之趣哉!(三六/370)

「別其體,斯得其趣」,然康文瑞編的《雅音會編》,張玄超編的《唐詩類苑》,臧顧渚編的《古詩所》、《唐詩所》,程全之編的《唐詩緒箋》[37],這些詩歌選集對古、律、絕句等詩歌體裁都無法作妥善的區分編排,故許學夷評之為「烏能得詩之趣哉」!

《詩源辯體》的「小論」和「選詩」之分次情形則是:

> 此編分次:周詩及楚辭為一本;漢魏為一本;六朝本

---

[37] 許學夷對這幾本詩歌選集的評論見《詩源辯體》,卷36,頁365、頁366、頁369、頁370。

宜一本,但篇什較多,今以晉、宋、齊為一本,梁、陳、隋為一本……。共三十八卷,為十二本,皆以類相從,便於觀覽。或必以多寡相配而均分之,則書肆所為,不得詩體之趣矣。(凡例/5)

許學夷分《詩源辯體》為十二本,皆「以類相從」,意即時代家數相近者合為一本,這樣的編次不但便於觀覽,並且可得「詩體之趣」。

據此而論,許學夷認為「辨體」的目的之一,是為了讓詩歌欣賞者領會各種詩歌體裁、家數所具有的不同情趣。

辨體以求得賞詩之趣,這樣的辨體目的是以讀者的審美角度來論,若以創作者的立場來看,更重要的目的是要藉由「辨體」來學習詩歌的創作。許學夷云:

> 予作《辯體》,於漢、魏、六朝、初、盛、中、晚唐,既詳論之矣,而於元和諸公以至王、杜、皮、陸,亦皆反覆懇至,深切著明,正欲分別正變,使人知所趨向耳。宋朝諸公非無才力,而終不免於元和、西崑之流,蓋徒取快意一時而不識正變之體故也。嚴滄浪云:「作詩正須辯盡諸家體製,然後不為旁門所惑。今人作詩,差入門戶者,正以體製莫辯也。」(三四/317-318)[38]

---

[38] 引嚴滄浪語出自〈答出繼叔臨安吳景仙書〉,見《滄浪詩話校釋》,附錄,頁252。

《詩源辯體》對歷代詩歌的探討是為了「分別正變,使人知所趨向」,亦即許學夷是想藉由此書的寫作,來分別歷代詩歌何者為正,何者為變,然後以正體作為詩歌創作的楷式。許學夷並認為:宋人雖有才力,但卻不能以漢魏、盛唐為師,反而效法了韓、白的元和體,或是學李商隱而流為西崑體,這是無法辨體、不識正變之道的緣故。其中引述嚴羽「作詩正須辯盡諸家體製」一段話,即是在於揭櫫:「辨體」為作詩之本。

再舉另外一例:

> 今人知學《選》而不知辯,故其體不純耳。譬之學古帖者,於鍾、王、歐、虞、褚、薛諸子,亦須各辯其體,學鍾不宜雜王,學王不宜雜歐、虞、褚、薛也。故學詩者,苟欲自成其家,必先於古詩定其世代,憲章漢魏,取材六朝,而一歸於自得,庶可集其大成,初非雜用漢、魏、六朝而可集大成也。(三六/353)

這是討論辨體與古詩創作的關係。許學夷指出:學古詩首先要求的是體純,不可雜用各體,正如學古帖不可兼雜鍾繇、王羲之、歐陽詢、虞世南、褚遂良、薛稷諸子之體;因此,學詩必須先辨體、定古詩世代,然後以漢魏正體為學習的典範,待詩體既純後,對於六朝變體則不妨有所取材,最後再對諸體加以鎔裁變化,一歸於創作者之自得而集其大成。

《詩源辯體》的這些意見,強調了「辨體」是詩歌創作的基礎工夫,詩歌創作則是「辨體」所欲輔助達成的目的。

綜上所述，詩歌本質上必然需要有一「體製」，許學夷又認為明代是無法再創新體製的時代，故欲求詩歌的體製成規，只有向古代的作品中去擇優選取，這是「辨體」形成的動力；透過辨體，可體會到各不相同的詩歌之趣，並可識得詩歌的典範體製以學習創作，這則是「辨體」的主要目的。此形成的動力與目的，皆為「辨體」所以需要的原因。

第三節　體裁之辨

論體裁之辨，須一提「本色」之說。《後山詩話》云：

> 退之以文為詩，子瞻以詩為詞，如教坊雷大使之舞，雖極天下之工，要非本色。今代詞手，惟秦七、黃九爾，唐諸人不迨也。[39]

「本色」原指各行業的衣著之特色[40]，施用於文學批評時，則指各式文章體裁（或沿用至家數）所具有的特定風貌。韓愈以文為詩，蘇軾以詩為詞，因破壞了詩、詞這兩種體裁應有的體製成規，故被陳師道評為「要非本色」。

《後山詩話》以後，宋、明文論家談論「辨體」時，便經常使用「本色」一詞，如嚴羽云：「須是本色，須是當行。」[41]

---

[39]《後山詩話》，《歷代詩話》本，頁309。
[40] 參龔鵬程：《詩史本色與妙悟》，頁94-98。
[41]《滄浪詩話校釋》，〈詩法〉，頁111。

又如胡應麟云:「文章自有體裁,凡為某體,務須尋其本色,庶幾當行。」[42]類似的例子甚多,較特別的反倒是《詩源辯體》中,許學夷甚罕提及「本色」一詞[43]。不過,無論是否使用「本色」這一語彙,欲辨析文章體裁,仍要先確定各類體裁所具有的形式和風格特色(即是「本色」),再依據這項特色來區判各種體裁間的差異以及評估作品是否「稱體」,許學夷的辨體方式亦然。以下分兩大點論述《詩源辯體》的「體裁之辨」,先論詩與其他文體之辨,次論不同詩體之辨。

一、詩與其他文章體裁之辨

《詩源辯體》中,許學夷曾針對詩與文以及詩與詞曲的體製差異作過辨析。我們先看分辨詩、文的部分。

詩與文在形式上的判定並不困難,許學夷辨別詩與文之異,是著重於二者的表現風格有所不同:

> 詩與文章不同,文顯而直,詩曲而隱。風人之詩,不落言筌,意在言外。曲而隱也。(一/4)

詩是文學特質最為純粹的文體,文章則不免帶有實用性,所以文章的表現方式當清楚直接,以達意為主,詩的表現方式卻需要曲折隱約,多餘留想像空間給讀者品味。許學夷以〈國風〉為例,認為風人之詩「不落言筌」而多「意在言外」,其風格

---

[42] 《詩藪》,〈內編〉,卷1,頁21。
[43] 僅一見,見《詩源辯體》,卷34,頁318。

特點便符合詩歌「曲而隱」的本色。

然這樣的判別仍嫌不足,因為「曲而隱」只能算是的詩歌的特色之一,而非惟一的特色,故許學夷繼續辨明:

> 趙凡夫云:「詩主含蓄不露,言盡則文也,非詩也。」愚按:風人之詩,含蓄固其本體,若〈谷風〉與〈氓〉,懇款竭誠,委曲備至,則又無不佳。其所以與文異者,正在微婉優柔,反覆動人也。(一/5-6)[44]

風人之詩雖以含蓄為主要風格,但亦有「懇款竭誠,委曲備至」,意思表達清楚者,如〈谷風〉與〈氓〉即是。許學夷認為這樣的作品仍然與文章有別,仍然不失為好詩,因為它們「微婉優柔,反覆動人」,這樣的風格仍在詩歌本色的規範內。

再看此例:

> 楊用修云:「三百篇皆約情合性,而歸之道德,然未嘗有道德性情句也。二〈南〉者,修身齊家其旨也,然其言琴瑟、鐘鼓、荇菜、苤苢、夭桃、穠李,何嘗有修身齊家字?皆意在言外,使人自悟。」愚按:此論不惟得風人之體,救經生之弊,且足以祛後世以文為詩之惑。(一/5)[45]

---

[44] 趙凡夫即趙宧光,著有《彈雅》,可參《詩源辯體》,卷35,頁352。又〈谷風〉一詩見《詩經‧邶風》,〈氓〉一詩見《詩經‧衛風》。

[45] 引楊用修語見〔明〕楊慎:《升庵詩話》,《歷代詩話續編》(臺北:木鐸出版社,1988年),卷11,頁868。

許學夷贊同楊慎的說法，認為詩歌亦可表現「道德性情」、「修身齊家」之理，只是必須透過「意在言外，使人自悟」的隱約方式來表達，不可明說，若一旦清楚明白的議論說理，則不免淪於「以文為詩」。比如韓愈五言古詩有多篇「鑿空構撰」、「議論周悉」、「似書牘」（二四╱252），白居易五言古詩「敘事詳明，議論痛快」（二八╱271），這就破壞了詩歌「曲而隱」、「微婉優柔，反覆動人」的本色，因此許學夷認為韓、白二人混亂了詩、文的界線，其作品「以文為詩，實開宋人門戶耳」（二四╱252，二八╱271）。

再論許學夷所區分的詩與詞曲之別。

詞、曲皆是韻文，是廣義的詩，然古代所謂的「詩」，是指狹義的詩，並不包含詞曲在內。以格律而論，詩與詞曲的差異不難辨析，許學夷的分辨仍是著重於風格規範的不同。

《詩源辯體》論韓翃詩：

> 韓七言古，豔冶婉媚，乃詩餘之漸。如「重門寂寞垂高柳」、「把君香袖長河曲」、「平蕪霽色寒城下，美酒百壺爭勸把」、「朝辭芳草萬歲街，暮宿春山一泉塢」、「殘花片片細柳風，落日疎鐘小槐雨」、「池畔花深鬥鴨欄，橋邊雨洗藏鴉柳」等句，皆詩餘之漸。下流至李賀、李商隱、溫庭筠，則盡入詩餘矣。（二一╱231）[46]

---

[46] 諸詩句均見〔清〕彭定求等編：《全唐詩》（北京：中華書局，1992年）

許學夷論詩主「中和雅正」，韓翃的七言古詩「豔冶婉媚」，這實是「詞」的特色，與詩歌應有的風格不符，故許氏謂之「詩餘之漸」。

韓翃七言古詩，雖帶有「詞」風，不過仍在一「漸」字，再歷經李賀、李商隱、溫庭筠諸人，則逐漸的「盡」入詩餘。我們再看《詩源辯體》對李賀等三人七言樂府、古詩的評語：

李賀樂府七言，聲調婉媚，亦詩餘之漸。（二六／262）

商隱七言古，聲調婉媚，太半入詩餘矣。（三十／288）

庭筠七言古，聲調婉媚，盡入詩餘。（三十／290）

於此皆可見「婉媚」乃是許學夷認定的詞之本色，並不宜融入詩中。從韓翃到溫庭筠，七言古詩的婉媚之風漸漸加重，「詞」的色彩愈加鮮明，距離詩歌的體製也就愈來愈遠。

到了韓偓，七言古詩則更是由「詞」變「曲」：

韓詩淺俗者多，而豔麗者少，較之溫、李，相去甚遠，即予所錄者，十之二三，而亦不能佳也。五言古如「侍女動妝奩，故故驚人睡。那知本未眠，背面偷垂淚」，七言古如「嬌嬈意緒不勝羞，願倚郎肩永相著

，卷243。「重門寂寞垂高柳」為〈送中兄典邵州〉之句，見頁2732；「把君香袖長河曲」為〈送脩縣劉主簿楚〉之句，見頁2730；「平蕪霽色寒城下」為〈別孟都督〉之句，見頁2733；「朝辭芳草萬歲街」、「殘花片片細柳風」為〈贈別王侍御赴上都〉之句，見頁2734；「池畔花深鬥鴨欄」為〈送客還江東〉之句，見頁2729。

」、「直教筆底有文星,亦應難狀分明苦」,七言律如「小疊紅牋書恨字,與奴方便送卿卿」,七言絕如「想得那人垂手立,嬌羞不肯上鞦韆」等句,則詩餘變為曲調矣。(三二/304)[47]

從許學夷所舉之例來看,韓偓詩確實是多「淺俗」者,此「淺俗」則是「曲」的風格。以「淺俗」的曲風寫詩,較之韓翃、李賀、溫庭筠、李商隱帶有詞風的「婉媚」之詩相去更遠,更不能和詩的「雅正」風格相提並論。

許學夷這樣的見解,雖不免帶有鄙視詞曲之意,但所論大體吻合了「詩莊、詞媚、曲俗」的各韻文之本色。

二、詩歌各體裁之辨

詩和文、詞、曲,分別各具本色,彼此不應互相混亂。然即使單單是「詩」,其中仍可細分為各式的小體裁,這些詩體在「詩」的大特色之下,仍具有它們各自的小特色,各種詩歌體裁的不同本色,依然需要加以辨明。

《詩源辯體》中,許學夷對風格容易相雜的各種詩體,分別做了判別的工作,比如:卷一中論述了三百篇的「風雅之辨

---

[47] 諸詩句均見《全唐詩》。「侍女動妝奩」為〈懶卸頭〉之句,見卷683,頁7835;「嬌嬈意緒不勝羞」為〈意緒〉之句,見卷683,頁7837;「直教筆底有文星」為〈南浦〉之句,見卷681,頁7805;「小疊紅牋書恨字」為〈偶見〉之句,見卷683,頁7843;「想得那人垂手立」為〈想得〉之句,見卷683,頁7841。

/25)、「大小雅之辨」（一/23-24）、「雅頌之辨」（一/25、28）；卷二中則有「詩騷之辨」（二/32-33）、「騷賦之辨」（二/41）；卷三又有「樂府和古詩之辨」（三/67）等等。這些辨體的細節，不擬一一具陳，此處僅以許學夷最重視的古詩、律詩二體為例，說明許學夷對於「以律入古」和「以古（歌行）入律」兩種情況所作的辨析。

先論「以律入古」之辨。

五言詩由漢魏演變至唐朝，逐漸趨向於律化，以許學夷的觀點來論，到了初唐沈佺期、宋之問、杜審言，律體才算真正完成。正當律體逐步形成之際，又有陳子昂重返古體，然陳子昂雖然提倡復古，所作的古詩卻只能算是唐人之古，而非漢魏之舊，且這時的古詩是作於律體既成之時，所以不免帶有「以律入古」的現象。許學夷言：

> 唐人五言古，自有唐體。初唐古、律混淆，古詩每多雜用律體。惟薛稷〈秋日還京陝西作〉，聲既盡純，調復雄渾，可為唐古之宗。（十四/151）

初唐古詩雜用律體的情形非僅五古，七古亦然[48]。甚至到了盛唐，五言古詩雜用律體的情形仍然普遍，除李白、杜甫、岑參、元結諸人之外，多位大家皆不能免[49]。

---

[48] 許學夷云：「初唐七言古，句皆入律，此承六朝餘弊。」見《詩源辯體》，卷20，頁224。

[49] 許學夷云：「五言古至於唐，古體盡亡，而唐體始興矣。然盛唐五言古，李、杜而下，惟岑參、元結於律體為純，尚可學也。若高適、孟浩然、李

試看《詩源辯體》對初、盛唐諸公「以律入古」的批評：

蓋子昂〈感遇〉雖僅復古，然終是唐人古詩，非漢魏古詩也。且其詩尚雜用律句，平韻者猶忌「上尾」。（十三／144）

沈佺期、宋之問古詩尚多雜用律體，平韻者猶忌「上尾」，即唐古而未純，未可采錄也。（十三／145）

張九齡五言古，平韻者多雜用律體。（十四／152）

五言古，高、岑俱豪蕩，而高語多麤率，未盡調達；岑語雖調達，而意多顯直。高平韻者多雜用律體，仄韻者多忌「鶴膝」。岑平韻者於唐古為純，仄韻者亦多忌「鶴膝」。（十五／156）

摩詰五言古雖有佳句，然散緩而失體裁，平韻者間雜律體，仄韻者多忌「鶴膝」。（十六／160）

以上舉出五例，此外，許學夷論孟浩然、李頎、崔顥、王昌齡、儲光羲諸人的五古，亦大略同此[50]。

許學夷認為，初、盛唐諸公常以律詩的對句俳體來寫作古詩，破壞了古詩的古樸風貌。至於「上尾」、「鶴膝」，則為沈約「八病說」的兩項，據弘法大師《文鏡祕府論》所釋：

頎、儲光羲諸公，多雜用律體，即唐體而未純，此必不可學者。」見《詩源辯體》，卷17，頁177。

[50] 參《詩源辯體》，卷16，頁163；卷17，頁169、頁170、頁173。

> 上尾詩者，五言詩中，第五字不得與第十字同聲，名
> 為上尾。[51]

意指五言詩的第五字和第十字除非協韻，否則不可同聲，若同聲，則犯了「上尾」之病。又釋「鶴膝」：

> 鶴膝詩者，五言詩第五字不得與第十五字同聲。[52]

意指五言詩的第五字與第十五字同聲，則犯了「鶴膝」之病。忌「上尾」、「鶴膝」，是在律詩形成之前，齊梁詩人作詩的要領，初、盛唐諸公寫作古詩亦遵守此法，固然不是以律詩入古詩，但也是以後起的詩歌格律來約束前代的體製。

古詩的寫作原比律詩自由，初、盛唐詩人受到律詩和八病觀念的影響，在創作古詩時亦不免雜入律體、多忌上尾與鶴膝，故其體格不純。此點正是許學夷所欲辨明澄清的。

再論「以古（歌行）入律」之辨。

歌行原為樂府之一體，唐代七言古詩多以歌行體為之，故七古和歌行常混稱。如胡應麟云：「七言古詩，概曰歌行。」又云：「今人例以七言長短句為歌行，漢、魏殊不爾也。」[53]許學夷自己也說：「歌行總名古詩。」（十五／155）他又曾在「七言古」一詞下自注：「兼歌行、雜言言之。」（十八／189）綜之

---

[51] 〔日〕弘法大師著，王利器校注：《文鏡祕府論校注》（臺北：貫雅出版社，1991年），西卷，頁480。
[52] 《文鏡祕府論校注》，西卷，頁492。
[53] 均見《詩藪》，〈內編〉，卷3，頁41。

，唐代七古和歌行多互稱，然歌行應是指七言古詩中以歌行體為之者，它是唐代七古的大宗。以下所論的「以古入律」，亦即是「以歌行入律」。

首先，我們把焦點移向關於唐人「七律第一」的爭議。嚴羽《滄浪詩話·詩評》云：

> 唐人七言律詩，當以崔顥〈黃鶴樓〉為第一。[54]

此論引起了明代詩論家諸多不同的意見。先是何景明和薛蕙另舉沈佺期的「盧家少婦鬱金堂」為唐人七律第一[55]，後王世貞又認為嚴羽、何景明所舉之二詩固佳，然「沈末句是齊梁樂府語，崔起法是盛唐歌行語」，以辨體的觀點來看，二詩於律體不純，於是他又提出七律第一當自老杜「風急天高」、「玉露凋傷」、「老去悲秋」、「昆明池水」四章中求之[56]。至胡應麟則

---

[54] 《滄浪詩話校釋》，頁197。

[55] 〔明〕楊慎《升庵詩話》：「宋嚴滄浪取崔顥〈黃鶴樓〉詩為唐人七言律第一。近日何仲默、薛君采取沈佺期『盧家少婦鬱金堂』一首為第一。二詩未易優劣。或以問予，予曰：『崔詩賦體多，沈詩比興多。以畫家法論之，沈詩披麻皴，崔詩大斧劈皴也。』」見《升庵詩話》，頁834。「盧家少婦鬱金堂」指沈佺期〈古意呈補闕喬知之〉一詩（或作〈古意〉、〈獨不見〉），見《全唐詩》，卷96，頁1043。

[56] 王世貞的整段話是：「何仲默取沈雲卿〈獨不見〉，嚴滄浪取崔司勛〈黃鶴樓〉，為七言律壓卷。二詩固甚勝，百尺無枝，亭亭獨上，在厥體中，要不得為第一也。沈末句是齊梁樂府語，崔起法是盛唐歌行語。如織官錦間一尺繡，錦則錦矣，如全幅何？老杜集中，吾甚愛『風急天高』一章，結亦微弱；『玉露凋傷』、『老去悲秋』，首尾勻稱，而斤兩不足；『昆明池水』，穠麗況切，惜多平調，金石之聲微乖耳。然竟當於四章求之。

認為〈黃鶴樓〉、「鬱金堂」二詩雖「興會適超」,然「盧家少婦」一詩「頷頗偏枯,結非本色」,〈黃鶴〉一詩「歌行短章耳」,實不如「風急天高」「一篇之中句句皆律,一句之中字字皆律」,於是將古今七律第一推給老杜〈登高〉一詩[57]。

對於唐人「七律第一」這項明代詩論家的紛紜論爭,許學夷排除眾議,亦以辨體的觀點出發而提出新解:

> 崔顥七言有〈鴈門胡人歌〉,聲韻較〈黃鶴〉尤為合律。胡元瑞、馮元成俱謂「〈鴈門〉是律」,是也。《唐音》、《品彙》俱收入七言古者,蓋以題下有「歌」字故耳。然太白〈秋浦歌〉有五言律,〈峨眉山月歌〉乃七言絕也。崔詩〈黃鶴樓〉首四句誠為歌行語,而〈鴈門胡人〉實當為唐人七言律第一。(十七／171-172)[58]

」見〔明〕王世貞:《藝苑卮言》,《歷代詩話續編》本,頁1008。「風急天高」指杜詩〈登高〉,「玉露凋傷」指〈秋興八首〉的第一首,「老去悲秋」指〈九日藍田崔氏莊〉,「昆明池水」指〈秋興八首〉的第七首,四詩分見〔唐〕杜甫著,仇兆鰲注:《杜詩詳注》(臺北:里仁書局,1980年),卷20,頁1766;卷17,頁1484;卷6,頁490;卷17,頁1494。

[57] 胡應麟原語不具引,見《詩藪》,〈內編〉,卷5,頁82、頁95。此「唐人七律第一」的問題,另可參周勛初:《文史探微》(上海:上海古籍出版社,1987年),〈從「唐人七律第一」之爭看文學觀念的演變〉。

[58] 胡元瑞之說見《詩藪》,〈內編〉,卷3,頁51。馮元成之說見〔明〕馮時可:《藝海泂酌》(中央圖書館藏,明萬曆壬寅刊本),〈唐乘〉卷1,頁26。《唐音》為元楊士弘編,可參《詩源辯體》,卷36,頁363。崔

許學夷曾言:「盛唐七言律,多造於自然,而崔顥〈黃鶴〉、〈鴈門〉又皆出於天成。」(十七/172)又:「七言律較五言律為難。五言,盛唐概多入聖。七言,惟崔顥〈鴈門〉、〈黃鶴〉為詣極。」(十七/186)乃認為崔顥〈黃鶴樓〉、〈雁門胡人歌〉二詩在藝術上的成就是相仿的,然〈黃鶴樓〉的前四句:

> 昔人已乘黃鶴去,此地空餘黃鶴樓。黃鶴一去不復返,白雲千載空悠悠。[59]

其中的三、四兩句並不對仗,於律體不合,且這四句流動暢快、一氣呵成,符合了「歌行貴軼蕩」(十八/197)的特色。而〈雁門胡人歌〉雖被楊士弘《唐音》和高棅《唐詩品彙》列入「古詩」,但許學夷並不被「歌」字所惑,指出它是合乎律詩的「純體」:

> 律詩詣極者,以圓緊為正,駘蕩為變。〈黃鶴〉前四句雖歌行語,而後四句則甚圓緊,〈鴈門〉則語語圓緊矣。(十九/218)

在這樣的辨析之下,二詩相較,於體不純的〈黃鶴樓〉自然要將唐人七律第一讓給〈雁門胡人歌〉了。

顥〈雁門胡人歌〉見《全唐詩》,卷130,頁1326。李白〈秋浦歌〉共十七首,許學夷所指之五律為第二首,與〈峨眉山月歌〉分見〔唐〕李白著,瞿蛻園等校注:《李白集校注》(臺北:里仁書局,1981年),卷8,頁534、頁566。

[59] 《全唐詩》,卷130,頁1329。首句或作「昔人已乘白雲去」。

第四章　辨體論——詩歌體裁與家數的辨析　161

除了崔顥〈黃鶴樓〉一詩之外，唐人以歌行入律者，要屬杜甫的作品為多。《詩源辯體》論杜詩七律：

> 子美七言律，如「風急天高」……等篇，沉雄含蓄，是其正體，國朝諸公多能學之，而穩貼勻和，較勝。如「年年至日」……等篇，其格稍放，是為小變，後人無人能學。至如「黃草峽西」、「苦憶荊州」、「白帝城中」、「西嶽崚嶒」、「城尖徑仄」、「二月饒睡」、「愛汝玉山」、「去年登高」等篇，以歌行入律，是為大變，宋朝諸公及李獻吉輩雖多學之，實無有相類者。（十九／218）[60]

許學夷在此將杜詩七律分成三種，完全合律者為「正體」，稍不拘格律者為「小變」，以歌行入律者為「大變」，足見其對以「歌行入律」之詩有極為細密的觀察。我們試看許學夷所舉例中，歌行特色較明顯的〈白帝〉一詩，其詩前四句：

> 白帝城中雲出門，白帝城下雨翻盆。高江急峽雷霆鬥

---

[60] 諸詩均見《杜詩詳注》。「年年至日」指〈冬至〉，見卷21，頁1823；「黃草峽西」指〈黃草〉，見卷15，頁1351；「苦憶荊州」指〈所思〉，見卷10，頁821-822；「白帝城中」指〈白帝〉，見卷15，頁1350；「西嶽崚嶒」指〈望岳〉，見卷6，頁485；「城尖徑仄」指〈白帝城最高樓〉，見卷15，頁1276；「二月饒睡」指〈晝夢〉，見卷18，頁1603；「愛汝玉山」指〈崔氏東山草堂〉，見卷6，頁492；「去年登高」指〈九日〉，見卷12，頁1034。

，翠木蒼藤日月昏。[61]

流露出來的正是氣勢直貫的「軼蕩」本色。仇兆鰲評此詩：

> 杜詩起語，有歌行似律詩者，如「倚江柟樹草堂前，古老相傳二百年」是也。有律體而似歌行者，如「白帝城中雲出門，白帝城下雨翻盆」是也。然起四句一氣滾出，律中帶古何礙？[62]

仇氏雖不以「律中帶古」為意，然這正明白指出杜甫此詩帶有古詩（歌行）之風格，實未盡符律詩本色。

第四節　家數之辨

「體裁之辨」是「家數之辨」的基礎，「家數之辨」則是在「體裁之辨」所建立的基礎上，進一步把辨體的對象擴大為各時代及各作家流派，以便對不同的家數風格加以區分，得出其中的正、變之體。此與詩歌發展歷史密切相關的辨體工作，即是許學夷撰構詩歌史所憑藉的主要方法。

以下各舉實證析論《詩源辯體》進行「家數之辨」的幾種情形：其一，以漢魏五古和唐五古為例，論同一體裁的歷代體製之辨；其二，以風格接近的「正體」和「變體」為對象，區分它們或正或變的差別所在；其三，論許學夷對古今人詩及偽

---

[61]　《杜詩詳注》，卷15，頁1350。
[62]　《杜詩詳注》，卷15，頁1351。

作的區判分別,以窺其辨體工夫的上層境界。

一、同一體裁的歷代體製之辨

同一體裁的歷代體製不可相亂,這是辨體的一項通則。當某一體裁的本色、基準確立以後,對歷代體製的區分自可順利進行,比如:五言古詩定漢魏為正,六朝的雕刻華靡則為變體;律詩以初、盛唐為正,大曆諸子氣象已衰,元和以後又其派各出,則亦屬變體。

然而,這樣的正、變之分,卻在面對唐代的五言古詩時發生了困難。盛唐李、杜及岑參、元結諸人,五古不雜律調,可說是「純粹」的古詩,但他們的作品在風格上卻又與漢魏古詩絕不相類,那麼,當漢魏古詩已成為五言古詩的評價基準時,唐代的五古又應如何看待?

明代復古派詩論家對唐五古有不少的討論,但大多是把它置於漢魏的正統五古之外,給予較低的評價[63],此點到了許學夷則大有突破。《詩源辯體》云:

> 李、杜五言古,正與歌行相匹。今人於歌行知宗李、杜,而於五言古必宗漢魏者,是於唐古無所得也。(十八/191)
>
> 五言古,自漢魏遞變以至六朝,古、律混淆,至李、杜、岑參始別為唐古,而李、杜所向如意,又為唐古

---

[63] 參陳國球:《唐詩的傳承——明代復古詩論研究》(臺北:學生書局,1990年),第四章〈五言古詩與「唐古」〉。

> 之壼奧。故或以李、杜不及漢魏者,既失之過;又或以李、杜不及六朝者,則愈謬也。(十八／192)

許學夷打破前人慣例,正式的把唐五古和漢魏五古並列。

　　許氏以唐五古和漢魏五古同列,並以岑參為唐五古之「正宗」,李、杜則「優於聖」,並不視之為「變」,只是李、杜、岑參這樣的正體,評價的準則已不是來自於漢魏古詩。許學夷論曰:

> 李、杜五言古雖不能如漢魏之深婉,然不失為唐體之正。過此則變幻百出,流為元和、宋人,不得為正體矣。(十八／190)

李、杜五言古為「正」,這種「正」是「唐體之正」,可自成基準而用來衡量盛唐以後各時代、流派的五言古詩。由此可知,許學夷是在同一體裁的不同時代體製之中,立下了兩種規範:一是漢魏五言本色,二是唐五古本色。這兩種不同的五古本色,其差異是這樣的:

> 漢魏五言,深於興寄,故其體簡而委婉。唐人五言古,善於敷陳,故其體長而充暢。(三／47)

> 漢魏五言,聲響色澤,無跡可求。至唐人五言古,則氣象崢嶸,聲色盡露矣。(三／48)

> 漢魏五言,體多委婉,語多悠圓。唐人五言古變於六朝,則以調純氣暢為主。(十五／156)

唐五古的敷陳、體長充暢、氣象崢嶸、聲色盡露、調純氣暢，有別於漢魏五言的深於興寄、體簡委婉、無跡可求、委婉悠圓，但兩者都是正體，都可以成為五古的典範。這麼一來，盛唐以後的詩人在創作五古之時，便有了兩種風格迥異而又同時可資學習的體製。

許學夷的漢魏五言和唐五古之辨，立下一種體裁、兩種本色的論點，見解頗為獨到，雖然許學夷在作如此的家數辨體時，還免不了有些搖擺，比如說：

> 或問：「漢魏詩與李、杜孰優劣？」曰：「漢魏五言，深於興寄，蓋風人之亞也。若李、杜五言古，以所向如意為能，乃詞人才子之詩，非漢魏比也。」（三／48）

> 詩與舉業大略亦相類。古詩如策論，律詩如經書文。盛唐古、律皆工，晚唐則工於律，而古詩亡矣。國朝成、弘、正、靖間，策論、經書文兼工，今則工於經書文，而策論亦亡矣。然盛唐古詩已不及漢魏，向言漢魏、李杜各極其至，各就其所造而言。此言盛唐不及漢魏，乃風氣實有降也……而國朝成、弘、正、靖間策論，亦不及唐宋。（三四／329）

許學夷又認為李、杜五古稍遜於漢魏，與前文所引並不完全一致。然整體而論，許學夷在同一體裁的歷代體製之辨中，確實有新穎之說，這樣的說法也更能切合詩歌演變的過程。

二、正體、變體的釐清

各家數或正或變的判斷,如果在「正體」和「變體」風格迥異的狀況下,辨析自然較易,但如果「正體」和「變體」的風格大致相近只有細微不同,那麼,欲作精密的判別則必須獨具隻眼。我們試從《詩源辯體》所舉的例子入手,來看許學夷如何對詩風接近的「正體」與「變體」作精細的釐清。

先看王維詩與大曆詩之辨:

> 或問:「摩詰五七言律,聲氣或有類大曆者,何耶?」曰:「大曆諸子,時代漸移,而風氣始散。摩詰於禪學有悟,其英氣漸消,聲氣雖同,而風格自異耳。司空圖云:『王右丞澄淡精緻,格在其中。』是也。」(十六/161)[64]

許學夷評王維律詩「入聖」,屬「正體」;大曆諸子詩為「正變」,屬「變體」。所云王維律詩和大曆詩人的「聲氣」相類,是指他們的詩作在聲韻格調上有相似之處,都是偏向於流暢清空。但許學夷認為,這樣的相像只是表面而已,大曆之詩是真的「風氣始散」,盛唐的氣象至此已衰;而王維之詩並非是雄渾風格的衰退,而是「於禪學有悟,英氣漸消」,是一種氣格的「內斂」,不是「衰退」。因此許學夷引了司空圖之語,

---

[64] 引司空圖語出自〈與李生論詩書〉,見〔唐〕司空圖:《司空表聖文集》(臺北:新文豐出版公司,1989年,《叢書集成續編》第183冊),卷2,頁263。

說王維之詩「澄淡精緻,格在其中」,據此以反推大曆諸子的律詩,則當是「其中無格」。

另一個正、變容易相雜的實例是李、杜和元和諸子之詩,許學夷亦明辨其詩作風格的異同:

> 或問予:「子嘗言元和諸公之詩,快心露骨,故為大變。今觀李、杜五言古、七言歌行,實多快心,與元和諸公寧有異乎?」曰:「太白快心,本乎豪放;子美快心,本乎沉著,自是詩歌極致。若元和諸公,則鑿空構撰,議論周悉,其快心處往往以文為詩,方之李、杜,其正與變不待較而明矣。」(十八／196-197)

所謂「快心」,乃指縱心自如、盡情揮灑,這是李、杜及元和諸子詩作的共同特色,其間的差異是在:李白的快心是出於「豪放」,杜甫的快心是出於「沉著」,「豪放」、「沉著」均不違背詩歌本色,反而是「詩歌極致」;元和諸子的快心卻是「鑿空構撰」、「議論周悉」,成為「以文為詩」,這就擾亂詩文的界線,成為「大變」。因此,同樣是快心,同樣是淋漓盡致的發揮,李、杜與元和諸子之詩卻有正、變之分。

許學夷曾單就李白與元和諸子的歌行作一比較:

> 太白歌行,雖大小短長,錯綜無定,然自是正中之奇。元和諸公,雖或通篇七言,而快心露骨,自是大變。學者於此能別,方是法眼。(十八／201)

同樣指出太白詩錯綜無定,雖奇而不失其「正」,而元和詩「

快心露骨」,則為「大變」。二者的不同,仍然繫於一則就詩歌體製的規範來盡情表現,一則已背離詩歌體製。許學夷說「學者於此能別,方是法眼」,正表示區分的不易。

比起李白,杜甫和元和諸子詩歌的差別可能更小,也更難以辨明。許學夷細論杜甫詩與元和詩之別:

> 五言古、七言歌行,太白以興為主,子美以意為主。然子美能以興御意,故見興不見意。元和諸公,則以巧飾意,故意愈切而理愈周。此正、變之所由分也。
> (十八/194)

李白詩以「興」為主,著重的是詩歌的「興發感動」;杜甫詩則以「意」為主,著重的是「意念表達」。然杜甫詩雖以「意」為主,卻能「以興御意」、「見興不見意」,其「意」的表現仍是透過「興」的手法,即「情與理之統一」也。元和諸公的主「意」則不然,他們達「意」的方式是「以巧飾意」,以文字技法來包裝所欲闡發的意念,結果造成「意愈切而理愈周」,使得「理勝於情」。許學夷所云「子美之意深而宋人之意淺也」(十七/184),原因同樣在此,這也正是杜詩與元和詩正、變畫分的界線。

從以上數例來看,可以察知許學夷對正體、變體的區別,所追求的是一絲不苟、涇渭分明。

三、辨古今人詩及偽作

「家數之辨」在於對諸種詩歌家數作出風格之分、正變之

別。各時代的詩歌風格有異,如許學夷云:「予嘗以唐律比閨媛,初唐可謂端莊,盛唐足稱溫惠,大曆失之輕弱,開成過於美麗,而唐末則又妖豔矣。」(三一/298)各作家的詩歌風格亦有異,又如許學夷云:「五言古,太白如天馬長驅,奮迅無前;子美如鑾輿出警,步驟安重。」(十八/197)家數之辨的上乘工夫,即是以這樣的風格區判作為依據,推測某篇詩作所屬的時代,甚至作者。

《詩源辯體・前集》倒數第二則,許學夷以總結語氣說:

> 或問予:「子既能辯古今人詩,又能辯諸家論詩、選詩得失,今試舉古今人詩,果能辯為古人、今人否?」曰:「予弱冠時初讀《唐詩正聲》,後見友人扇錄『東山布衣明古今』一篇,予以為類高達夫詩,既而檢達夫集,得之。後十餘年,略涉宋詩,友人出茶具示予,上有銘云:『春風飽食太官羊,不慣腐儒湯餅腸。搜攪十年燈火讀,令我胸中書傳香。』予曰:『惜哉美器,無是銘可也。然必山谷詩句耳。』既而檢山谷集,良是。此皆予之足自信者。」(三六/373)[65]

許學夷自信有能力辨古今人之詩,這樣的識別工夫,早在嚴羽

---

[65] 《唐詩正聲》為高棅所編,可參《詩源辯體》,卷36,頁364。「東山布衣明古今」為高適〈送蔡山人〉之句,見〔唐〕高適著,孫欽善校注:《高適集校注》(上海:上海古籍出版社,1984年),頁127。「春風飽食太官羊」為黃庭堅〈謝送碾賜壑源揀芽〉之句,見《豫章黃先生文集》,卷3,頁26-27。

已信心滿滿提出其說[66]。辨體至此,可謂法眼獨具,靡不洞悉,然這種辨體能力的可靠性卻值得懷疑。以辨體的理論來說,在某種程度內,對詩歌所屬的時代、作者提出較為合理的推測,確實是可能的,只是辨體的推測只能作大致的判定,不可能一一指實。因為任何時代、任何作家,其作品在某種固定的風格之外,往往會有例外出現,再加上歷代詩人均不乏擬古、學古之作,這使得各種家數的辨析存在著若干不確定性。

對於辨體可能受到的這層限制,許學夷並非沒有體認::

> 初、盛、中、晚唐之詩,雖各不同,然間有初而類盛、盛而類中、中而類晚者,亦間有晚而類中、中而類盛、盛而類初者,又間有中而類初、晚而類盛者,要當論其大概耳。(十四/154)

即指出例外的詩歌風格是隨時存在的。又許學夷對於擬古、學古及不具備特殊詩風的作品,也坦誠它們確實無法辨識:

> 此編凡六朝、唐人擬古等作不錄。蓋此編以辨體為主,擬古不足以辨諸家之體也。(凡例/3)

> 至若國朝高季迪五言古學李、杜,李獻吉五言律學初唐、子美,李于鱗樂府及五言古學漢魏,何仲默、徐昌穀五七言律學盛唐,有逼真者,使予未睹諸家全集

---

[66] 嚴羽〈答出繼叔臨安吳景仙書〉:「不遇盤根,安別利器?吾叔試以數十篇詩,隱其姓名,舉以相試,為能別得體製否?」見《滄浪詩話校釋》,附錄,頁252。

，固不能知為今人之詩。又如大曆以後，集中已多庸劣之句，開成而下，復有村學堂最猥下語，使或摘以為問，予亦安能知為唐人詩耶！（三六／373）

許學夷雖相信辨體的識別力可臻於分辨古今人詩作的境界，但也指出這樣的家數辨析並非是絕對的，在特殊的情況下也可能失效。故其觀點並不陷於執拗僵化，而是在勇於自信中仍流露通達之見。

將此辨古今人之詩的能力靈活運用，則可判定諸家詩集之中是否摻有偽作。如《詩源辯體》辨陶淵明詩：

> 靖節詩有〈王撫軍座送客〉一首，句法工鍊，與靖節不類，疑晉宋諸家所為。又〈五月旦作〉，意雖類陶，而語不類。〈飲酒〉末篇，語意俱類，至「若復不快飲，空負頭上巾」，又疑附會。蓋葛巾漉酒，乃一時乘興所為，非有意也。（六／105）[67]

又如辨李白詩：

> 太白集中偽撰者多，不能遍舉。古詩五言如〈月下獨酌〉，第二首本馬子才詩。七言如〈悲歌行〉、〈笑歌行〉、〈上李邕〉、〈上歌舒大夫〉等，其俗陋不難辨。五言如〈贈新平少年〉，七言如〈草書歌〉、〈通

---

[67] 〈於王撫軍座送客〉、〈五月旦作和戴主簿〉、〈飲酒〉第二十首三詩，分見〔晉〕陶淵明著，逯欽立校注：《陶淵明集》（臺北：里仁書局，1985年），卷2，頁62、頁53；卷3，頁99。

塘曲〉等,庸淺者多不能知。(十八／202)[68]

既然辨古今人詩作只能就常理論其大概,則在沒有確切明證之前,偽作的判別並無法作絕對的認定。許學夷對這幾篇偽作的辨析,有些可能所論不差,如論李白〈悲歌行〉、〈笑歌行〉為偽[69],有些則只能算是因風格不似而作的臆測,如論陶詩。然姑不論其所言是否一一中的,這裡重要的信息是告訴我們:許學夷自我認定最高明的「辨體」法眼,已在判別古今人之詩及偽作之中圓滿達成。

第五節　變體的審美評價

辨體必然涉及了評價。不管是「體裁之辨」或是「家數之辨」,在辨體過程中被判定為「變體」的作品,其藝術價值必在「正體」之下,此點自無疑問。「變不如正」雖可肯定,然在各種情況下所產生的變體,彼此卻有不同的風貌,它們的審美價值是否又有高下之別?又應當如何來加以評斷?

許學夷認為詩歌的演變乃是「理勢之自然」,變體的產生

---

[68] 諸詩均見《李白集校注》。〈月下獨酌〉第二首見卷23,頁1332;〈悲歌行〉見卷7,頁531;〈笑歌行〉見卷7,頁530;〈上李邕〉見卷9,頁660-661;〈述德兼陳情上哥舒大夫〉見卷9,頁630-631;〈贈新平少年〉見卷9,頁650;〈草書歌〉見卷8,頁587-588;〈和盧侍御通塘曲〉見卷8,頁591-592。

[69] 〈悲歌行〉、〈笑歌行〉二詩歷來被認為是偽作,參《李白集校注》,卷7,頁531-532。

是勢不可免的,意指體裁或家數的「規範」現象雖然存在於詩歌的流變過程中,然另一股「反規範」的作用力量卻也是持續進行的[70]。對這些必然出現的各種詩歌變體,許學夷並不是一味的加以排斥,在某些情況之下,他對詩歌之變也給予了適度的肯定,如所云:

> 予嘗謂:三教之理,判若河漢,世之儒者,惑於二教,不敢遽毀先聖,乃欲合而通之,其罪甚於毀儒;當如三家比居,其垣牆門戶,界限分明,庶無混媒之虞。袁中郎謂:「詩至李、杜始大;韓、柳、元、白、歐,詩之聖也;蘇,詩之神也。」此合而通之,且欲以變為主矣。又或心知韓、白、歐、蘇之美,恐妨於李、杜而不敢言,此又不能分別門戶也。苟能於諸家門戶判然分別,則謂韓、白諸子為聖可也,神亦可也。(二四/249)[71]

許學夷認為只要能夠做好辨體的工作,「於諸家門戶判然分別」,則對於韓、柳、元、白、歐、蘇諸人的變體詩作,亦不妨以袁中郎所採取的「變」的角度來評斷,謂之為「聖」、為「神」。再如:

---

[70] 參錢中文:《文學原理——發展論》(北京:社會科學文獻出版社,1989年),頁160-168。

[71] 引袁中郎語出自〈與李龍湖〉一文,見〔明〕袁宏道著,錢伯城箋校:《袁宏道集箋校》(上海:上海古籍出版社,1981年),卷21,《瓶花齋集》之九,頁750。

元和諸公所長，正在於變。（二四／250）

宋主變，不主正，古詩、歌行，滑稽議論，是其所長，其變幻無窮，凌跨一代，正在於此。（後一／377）

同樣肯定了詩歌變體的價值。

以下試從「體裁」和「家數」兩個方面，論述《詩源辯體》對詩歌變體的審美評價。

一、體裁之變的評價

以辨體的立場來論，「以文為詩」和「以詞曲為詩」都非詩歌本色，皆不足取。許學夷對「以詞曲為詩」確實從無好評，但對「以文為詩」的批評卻略有鬆動。

《詩源辯體》指為「入詩餘」的韓翃、李賀、李商隱、溫庭筠之七言古詩、樂府，許學夷所給予的評語是「豔冶婉媚」、「聲調婉媚」，許學夷並不欣賞婉媚之詩，這些評語顯然皆是貶詞。至於「入曲調」的韓偓，許學夷說他的詩「淺俗者多，豔麗者少，較之溫、李，相去甚遠」，知「以曲為詩」更不如「以詞為詩」。

另《詩源辯體》對「以文為詩」的代表詩人——韓愈、白居易的評論則是：

《后山詩話》云：「詩文各有體，韓以文為詩，杜以詩為文，故不工耳。」愚按：退之五言古，如「屑屑水帝魂」……等篇，鑿空構撰；「木之就規矩」，議論周悉；「此日足可惜」，又似書牘，此皆以文為詩

，實開宋人門戶耳。然可謂過巧,而不可謂不工也。(
二四／252-253)[72]

> 白樂天五言古,其源出於淵明,但以其才大而限於時,故終成大變。其敘事詳明,議論痛快,此皆以文為詩,實開宋人之門戶耳。又全集冗漫者多,斷不可讀。(二八／271)

論中雖然批評韓、白二人破壞詩歌體製,但許學夷說韓愈以文為詩者,「可謂之過巧,而不可謂不工也」,仍然承認韓愈這樣的詩是工巧的。又說白居易之以文為詩而成為「大變」,是因為「才大而限於時」的緣故,又對白居易的詩才加以肯定,貶詞中還微帶褒意。

甚至許學夷在總結歷代詩歌的成就時說:

> 三百篇而下,惟漢魏古詩、盛唐律詩、李杜古詩歌行,各造其極;次則淵明、元結、韋、柳、韓、白諸公,各有所至;他如漢魏以至齊梁,初、盛至中、晚,乃流而日卑,變而日降。(三四／317)

韓、白雖「以文為詩」,不得正體,但卻因此成就了「各有所至」的獨特風格,仍被許學夷列入次等好詩,由此亦可窺知許氏對「以文為詩」的批評並不如對「以詞曲為詩」那麼嚴苛。

許學夷對這兩種不合詩歌體製的寫作方式,何以在評價上

---

[72] 引《後山詩話》語原出自黃庭堅,見《後山詩話》,《歷代詩話》本,頁303。

會略有差異?這點牽涉到古代文論家對文章體裁正變雅俗的一套看法。吳承學《中國古典文學風格學》曾提出說明:

> 文體正變高下的觀念,反映了中國傳統文化所積澱的審美理想,這就是推崇正宗的、古典的、高雅的、樸素的、自然的形式,相對輕視時俗的、流變的、繁複的、華麗的、拘忌過多的藝術形式。[73]

這樣的審美觀念和許學夷由中庸思想轉化而來的「古典審美理想」是一致的。我們以此審美價值來衡量詩與詞曲:詩乃是正宗的、古典的、高雅的藝術形式,詞與之相較,則是時俗的、流變的、繁複的藝術形式,曲又更趨流俗,愈變愈下;在「時俗流變」不及「正宗古典」的觀念之下,詩歌漸入詞曲,當然被視為極不可取的一種衰退現象。再以此衡諸詩和文:詩、文的體製雖然不一,但彼此卻無體裁高下的差別,詩、文的源頭一樣古老,都可以是正宗、古典、高雅、樸素的;詩、文二種體裁既無正變高下之分,則「以文為詩」自然比「以詞曲為詩」可以得到較多的容許。

由體裁高下的觀念所形成的審美標準,在許學夷處理「以古入律」和「以律入古」的變體之時,表現更加鮮明。

先看許學夷對「以律入古」的評價:

> 儲光羲五言古最多,平韻者多雜用律體,亦忌「上尾」,仄韻者多忌「鶴膝」,而平韻亦有之,蓋唐人痼

---

[73] 吳承學:《中國古典文學風格論》(廣州:花城出版社,1993年),頁120。

> 疾耳。其〈樵父〉、〈漁父〉等詞,格調雖奇,然既不合古,又不成家,正變兩失。(十七/173)[74]

> 樂天五言古,語既率易,中復間用律句,是厥體中所短。如〈賀雨〉云「歡呼相報告,感泣涕沾胸」,〈朱陳村〉云「孤舟三適楚,羸馬四經秦」等句,皆律句也。學樂天者最宜慎之。(二八/273)[75]

這裡說儲光羲之以律入古是「唐人痼疾」、「正變兩失」,白居易的五古間用律句,則是「厥體中所短」、「學者最宜慎之」,許學夷甚至說「於唐人以律為古者,尤所痛疾」(三四/326),由此可知他對於以律為古的現象是期期以為不可,毫無通融的餘地。

許學夷評論「以古入律」的變體,態度卻大不相同:

> 高、岑五言不拘律法者,猶子美七言以歌行入律,滄浪所謂「古律」是也。雖是變風,然豪曠磊落,乃才大而失之於放,蓋過而非不及也。(十五/158)

> 盛唐高、岑五言,子美七言,以古入律,雖是變風,

---

[74] 儲光羲〈樵父〉、〈漁父〉二詩見《全唐詩》,卷136,頁1373-1374。
[75] 這裡或許會產生一個疑問:許學夷既認為韓、白詩各有所至,可為第二等好詩,那麼,他對白居易「以律入古」的五言古詩,是否並未完全排斥?觀許學夷言「以律入古」是白居易「厥體中所短」、「學樂天者最宜慎之」,顯然是對之徹底摒棄的。〈賀雨〉、〈朱陳村〉二詩分見〔唐〕白居易著,朱金城箋校:《白居易集箋校》(上海:上海古籍出版社,1988年),卷1,〈諷諭一〉,頁1-2;卷10,〈感傷二〉,頁511-512。

然氣象風格自勝。錢、劉諸子五七言，調雖合律，而氣象風格實衰，此所以為不及也。(二十／227)

許學夷認為高、岑和杜甫以古入律的原因是「才大而失之於放」，由這種方式創作出來的「古律」雖然是「變風」，但卻有「豪曠磊落」、「氣象風格自勝」的特色，其成就還高於錢起、劉長卿合律但氣格已衰的五七言律詩。這樣的評價，非但不以「以古入律」為創作所忌，反而大有褒揚之意。

許學夷很清楚自己對「以古入律」和「以律入古」的評價不同，他曾明白的引證前人之論，來說明「古可入律」而「律不可入古」的創作原則：

> 李賓之云：「律猶可間出古意，古不可涉律調。如崔顥『黃鶴一去不復返，白雲千載空悠悠』，乃律間出古，要自不厭。」……愚按：〈黃鶴樓〉，太白欽服於前，滄浪推尊於後，至國朝諸先輩，亦靡不稱服，即元美不無異同，而亦有「百尺無枝，亭亭獨上」之語。(十七／171)[76]

> 王元美謂：「惟近體必不可入古。」李本寧謂：「初、盛唐諸子，啜六朝餘瀝為古選，不足論。」皆得之矣。若今人作散文而雜用四六俳偶，亦是文體之不純

---

[76] 引李賓之語見〔明〕李東陽：《麓堂詩話》，《歷代詩話續編》本，頁1369。

也。（十七／177）[77]

這裡引述了李東陽說的「律猶可間出古意，古不可涉律」，王世貞說的「惟近體必不可入古」，並且表示贊同，這樣的判斷法則，即是許學夷對「以古入律」之作的評價高於「以律入古」的依據。

而我們繼續追問：為何「以古入律」則可，「以律入古」卻不可？箇中原因仍是出於文章體裁的正變高下之別。以詩歌的源流發展來論，古詩的產生比律詩早，律詩乃是古詩的流變，且古詩形式自然樸素，律詩則有許多人工格律之限制。在「古典高於流變」、「樸素自然高於繁複拘忌」的審美標準下，古詩的體裁是高於律詩的，依此通則，「以律入古」會把古詩的格調拉低，此其所以為不可；而「以古入律」雖然有損律詩體製，但卻有助於律詩產生高古的氣格，此其所以為可行。《詩源辯體》明言：

> 古、律之詩雖各有定體，然以古為律者失之過，以律為古者失之不及。（十七／178）

故知古詩、律詩的創作，寧可失之太過，但不得失之不及。

---

[77] 引王元美語見《藝苑卮言》，《歷代詩話續編》本，卷1，頁964。引李本寧語出自〈唐詩紀序〉一文，見〔明〕李維楨：《大泌山房集》（中央圖書館藏，萬曆年間金陵刊本），卷9，頁20。

二、家數之變的評價

許學夷論各家數的詩歌變體,有「正變」、「大變」之別。所謂「正變」,意指變而不失其正;所謂「大變」,則指完全背離正體。如果我們以變不如正的原則來推論,則「正變」距離正體較近,其審美價值理當高於「大變」,然而這項推論卻未必正確。

《詩源辯體》中連續兩則論述頗堪玩味:

> 律詩由盛唐變至錢、劉,由錢、劉變至柳宗元、許渾、韋莊、鄭谷、李山甫、羅隱,皆自一源流出,體雖漸降,而調實相承,故為正變。古詩若元和諸子,則萬怪千奇,其派各出,而不與李、杜、高、岑諸子同源,故為大變。其正變也,如堂陛之有階級,自上而下,級級相對,而實非有意為之。(三二/306)

> 或問:「許渾、韋莊、鄭谷、李山甫、羅隱律詩,較元和諸子古詩,品第若何?」曰:「許渾、韋莊、鄭谷、李山甫、羅隱,譬今世之儒;元和諸子,如老、莊、楊、墨。今世之儒,安可便與老、莊、楊、墨爭衡乎?」(三二/306)

許渾諸子律詩為「正變」,許學夷譬之為「今世之儒」;元和諸子古詩為「大變」,則譬之為「老、莊、楊、墨」。許學夷認為許渾諸子的「正變」並不如元和諸子的「大變」,就好像今世之儒不如老、莊、楊、墨一樣。此種論點揭示出:詩歌的「正體」地位固然最高,然其他詩歌變體距離正體的遠近,並

不是審美惟一的憑據。

面對正體以外的詩歌時,許學夷的評價標準則在於「創造力的大小」。《詩源辯體・自序》中曾揭示詩歌的創作法則:

> 夫體製、聲調,詩之矩也;曰詞與意,貴作者自運焉。(自序／1)

體製、聲調是詩歌體裁的成規,成規須有定則;詞與意則是創作者的自由抒發,實有無限的可能。最理想的作品,自然是體製聲調和詞意兩方面兼具,這樣的作品,即可成為「正宗」,甚至「入聖」、「入神」。許渾諸子律詩「體雖漸降而調實相承」,其體製聲調離「正體」尚不太遠,然他們只能成為今世之儒,因為他們在詞與意的創造上並未見擴展。元和諸子雖破壞了體製聲調上的規範,成為「大變」,但他們在詞與意上的表現,卻能如老、莊、楊、墨等先秦諸子,各自樹立起獨特的風格。在這樣的比較之下,許學夷認為元和諸子具有創造力的「大變」,比許渾諸子墨守成規而風氣已衰的「正變」,更具有藝術的價值。

《詩源辯體》中另有此則論述:

> 韓、白五言長篇雖成大變,而縱恣自如,各極其至;張、王樂府七言雖在正變之間,而實未盡佳。(二七／268)

同樣的,張籍、王建的樂府詩雖在正變之間,比起韓愈、白居易大變的五言長篇,更接近於「正體」,但許學夷認為張、王

的作品實未盡佳,並不如韓、白的「縱恣自如、各極其至」。其中詩歌高下的判定,仍是以詞與意的創造力大小來評論,此獨樹一幟的創造力,許學夷謂之「自立門戶」:

> 五言自漢魏至陳隋,自初、盛至晚唐,其變有漸,正由風氣漸衰,習染相因耳。至李、杜、韋、柳以及元和諸公,方可謂自立門戶也。(五/87)

綜之,許學夷對家數變體的審美評斷,能夠正視各種變體的藝術價值,並顧慮到詩歌在體製以外的其他審美要素,這樣的論點使得「體製」不致於成為決定詩歌價值的惟一條件,也使得《詩源辯體》的「辨體論」顯得更加圓融。

小　結

詩歌辨體之說自宋代興起,到了胡應麟《詩藪》,可謂形成了理論的系統[78]。許學夷《詩源辯體》在《詩藪》之後,繼續發展詩歌辨體之論,體系之精密與完整,實不在《詩藪》之下,甚至於諸多辨體細節的論述,經常有前人所未及的細膩。

《詩源辯體》中,許學夷曾提出「破三關」之說:

> 予之論靈運詩,乃大公至正而無所偏,以漢、魏、晉人詩等第之,其高下自見。胡元瑞謂「五言盛於漢,

---

[78] 胡應麟的辨體理論可參簡錦松:〈胡應麟詩藪的辨體論〉,《古典文學》第1集(臺北:學生書局,1979年),頁327-353。

暢於魏,衰於晉、宋,亡於齊、梁」,是也。國朝人篤好靈運,於其詩便為極至,凡稍有相詆,即為矛盾。故予之論靈運詩為破第一關。學者過此無礙,其他則易從矣。(七/112)[79]

詩,先體製而後工拙。王、盧、駱七言古,偶儷雖工,而調猶未純,語猶未暢,實不得為正宗,此自然之理,不易之論。然不能釋眾人之惑者,蓋徒取其工麗而不識正變之體故也。故予論初唐七言古為破第二關。學者過此無礙,其他不難辯矣。(十二/142)

盛唐律詩,子美信大,而諸家入聖者,亦是詣極。嚴滄浪云:「詩之大概有二,曰:優游不迫,沉著痛快。」此正諸家與子美境界也。又云:「盛唐諸人惟在興趣,羚羊挂角,無跡可求。」云云,則諸家境界,寧復有未至耶?元美必欲以子美為極至,諸家為不及,其說本於元微之及宋朝諸公,開元、大曆不聞有是論也。故予論盛唐律詩為破第三關。學者過此無礙,斯順流而下矣。元瑞實破三關。(十七/183)[80]

---

[79] 引胡元瑞語見《詩藪》,〈內編〉,卷2,頁22。
[80] 引嚴滄浪語見《滄浪詩話校釋》,〈詩辨〉,頁8、頁26。王世貞云:「五言律、七言歌行,子美神矣,七言律,聖矣。」又:「盛唐七言律,老杜外,王維、李頎、岑參耳。李有風調而不甚麗,岑才甚麗而情不足,王差備美。」此當即是許學夷所謂「元美必欲以子美為極至」之論。分見《藝苑卮言》,卷4,頁1005-1007。

此所謂「三關」，是指進行辨體工作時所須突破的三個重要關卡。「破第一關」是分辨謝靈運詩與漢魏詩之別：許學夷認為五言詩至謝靈運時「體盡俳偶，語盡雕刻，而古體遂亡」，此時五言已衰，然世人不察，反以謝靈運雕刻俳偶之詩為極致，故許學夷論此為破第一關。「破第二關」是辨初唐七言古詩不得為正宗：許學夷認為王勃、盧照鄰、駱賓王之七古「偶儷雖工，而調猶未純，語猶未暢」，仍然未脫六朝餘習，故而未能盡符古體之本色。「破第三關」是辨盛唐諸公之律詩融化無跡而入於聖：許學夷反對王世貞以杜甫律詩為極致、盛唐諸家為不及的說法，認為盛唐諸公的「優游不迫」和杜甫的「沉著痛快」均是詣極，不應當有高下之別。而在許學夷的心目中，歷代之詩論家能過此三關者，厥推胡應麟。

既然許學夷所樂道的「三關」已為胡應麟所破，那麼，《詩源辯體》的辨體論除了系統的周密完整外，又有何別於《詩藪》之處？《詩藪》之辨體理論主要表現於分體論述的〈內編〉，其卷次分別為：

卷一　古體上・雜言
卷二　古體中・五言
卷三　古體下・七言
卷四　近體上・五言
卷五　近體中・七言
卷六　近體下・絕句

胡應麟的辨體重心在於從各種詩體的歷代演變之中，找出堪為

模範代表的作品,以確定該種詩歌體裁的「本色」,本色既已求得,再據以指導學者進行詩歌的創作[81]。《詩源辯體》的辨體重點則不限於此,許學夷同樣企圖以辨體來指導詩歌創作,但他辨析歷代詩歌的體製時,主要是著重於研探各家數的正變之區分,然後再據詩歌的正變之別來建構一部詩歌史,呈現了詩歌發展的正變興衰之後,指導學者創作的辨體目的自可達成。《詩藪》與《詩源辯體》二書的此點差異可以表示如下:

　　《詩藪》之辨體　　→探求本色→指導創作
　　《詩源辯體》之辨體→區分正變→建構詩史→指導創作

將辨體理論與詩歌史結合的論點,是《詩源辯體》突出於《詩藪》之處,此種見解更賦予了傳統辨體論以新的價值內涵。

---

[81] 參簡錦松:〈胡應麟詩藪的辨體論〉,以及陳國球:《胡應麟詩論研究》(香港:華風書局,1986年),第四章〈本色的探求與應用〉。

第五章　創作論──復古的創作理論與實踐

　　明代復古派文人對於詩歌理論的探索，莫不是為了解決詩歌創作的問題。許學夷所以要尋詩歌之源流、考詩歌之正變，寫就《詩源辯體》這部詩歌史，最後的目的亦在於此。

　　所謂「創作論」，是指創作者如何創作文學作品的理論，其重心應是落在創作者與創作之作品的交互關係上。然明代復古詩論家所提出的詩歌創作方式是以前代作品為學習的典範，故理論的焦點實際上已由「創作者與創作作品」之間的思考轉移至「創作者與典範作品」之間，意即復古派的詩論家認為：學者只要懂得如何向典範作品學習，創作的問題也就迎刃而解。同樣的，《詩源辯體》的詩歌創作論述，正是著眼於此，下文分成五節探究：首節先述「詩歌復古的理論依據」，以揭示許學夷對「為什麼需要復古」及「復古何以可行」所提出的說明；第二至第四節「復古的對象」、「學者的條件」、「學習的方法」，則是分別從「典範作品」、「創作者」、「創作者與典範作品的關係」三個方面來作討論，藉由此多角度的觀照，闡釋許學夷所主張的復古創作是「如何進行的」；最末一節「理論的自我實踐」，是以許學夷本人的詩作為例，檢視其詩歌創作理論付諸實行的成果。

第一節　詩歌復古的理論依據

　　詩歌的創作自然是出於詩人本身的一種創造，然文學的獨創卻又需要在某種既定的成規之下才得以順利進行，因此，「傳統／個人」或者「習規／獨創」，也就成為文學創作進行時不斷糾纏的兩股力量。阿諾德（Arnold Hauser）《藝術史的哲學》（*The Philosophy of Art History*）一書有言：

> 而我們必定要將每件藝術品，藝術品的每一個部分看作為是獨創性和習規性之間，新奇和傳統之間鬥爭結果的體現。通過對習規形式的欣賞，自發的有生命力的體驗不會傳播出去，也不會引起別人的共鳴；獨創性的體驗只有在已經安放好的習規的軌道上，才會傳播。[1]

任何一位藝術家都是在傳統習規的影響下發展其獨特的藝術生命，其獨特的藝術生命亦惟在與傳統的對照之下，才得以彰顯價值，詩人亦然。如艾略特（T. S. Eliot）〈傳統和個人的才能〉（"Tradition and The Individual Talent"）一文所云：

> 任何詩人，任何藝術的藝術家都不能獨自具備完整的

---

[1] 阿諾德‧豪塞爾（Arnold Hauser）著，陳超南、劉天華譯：《藝術史的哲學》（*The Philosophy of Art History*）（北京：中國社會科學出版社，1992年），頁356。

> 意義。他的意義,他的鑑賞也就是他和過去的詩人和
> 藝術家之關係的鑑賞。[2]

含意即在於此。依據這樣的理論推演下去,傳統習規的不斷累積,勢必會對個人的獨創性造成壓迫,面對持續增多的藝術遺產,後人在傳統束縛下別開生面的困難度也將隨之提高。

中國古典詩發展至明代,即面臨了此一困境,七子派的復古詩論緣此而發。胡應麟《詩藪》所言可為最佳的寫照:

> 詩至於唐而格備,至於絕而體窮。故宋人不得不變而之詞,元人不得不變而之曲。詞勝而詩亡矣,曲勝而詞亦亡矣。明人不致工於作,而致工於述;不求多於專門,而求多於具體,所以度越元、宋,苞綜漢、唐也。[3]

《詩源辯體》曾引述胡應麟此語,許學夷並盛讚「此論千古不易」(三五/350),足見兩人同樣認為唐代以後詩歌的發展已到了「格備體窮」的局面。在詩歌「格備體窮」的情勢下,宋人變而之詞,元人變而之曲,皆不失為通變的方法,然在明代復古派這批傳統文人的心目中,詩歌悍然不可動搖的「正統」地位,絕非詞、曲所能取代,即使是面臨「格備體窮」的境況,

---

[2] 艾略特(T. S. Eliot)著,杜國清譯:《艾略特文學評論選集》(臺北:田園出版社,1969年),頁5。

[3] 〔明〕胡應麟:《詩藪》(上海:上海古籍出版社,1979年),〈內編〉,卷1,頁1。

復古派文人對於詩歌的創作依然抱存希望,此所以胡應麟順應時勢而提出「明人不致工於作,而致工於述;不求多於專門,而求多於具體」的見解,並認為如此即可「度越元宋」、「苞綜漢唐」。

類似胡應麟這樣的理論,許學夷在《詩源辯體》中多所發揮,《詩源辯體・自序》即言:

> 漢魏六朝,體有未備,而境有未臻,於法宜廣;自唐而後,體無弗備,而境無弗臻,於法宜守。(自序/1)

「自唐而後,體無弗備,境無弗臻」,即胡應麟所謂「格備體窮」之意也;又所云「於法宜守」,亦類同胡應麟「致工於述」、「求多於具體」的主張,兩人所指稱的創作方法,一言以蔽之,同樣都是「復古」[4]。再看這段論述:

> 今人作詩,不欲取法古人,直欲自開堂奧,自立門戶,志誠遠矣。但於漢、魏、六朝、初、盛、中、晚唐,果能參得透徹,醞釀成家,為一代作者,孰為不可?否則,愈趨愈遠,茫無所得。如學書者,初不識鍾、王諸子面目,輒欲自成家法,終莫知所抵至矣。況自漢魏以至晚唐,其正者,堂奧固已備開,變者,門戶亦已盡立,即欲自開一堂,自立一戶,有能出古人範圍乎?故與其同歸於變,不若同歸於正耳。(三四/

---

[4] 《詩源辯體》並未使用「復古」一詞,而多用「法古」、「宗古」,本文云其「復古」,是依據學界所慣用的「復古派」一詞而來。

320）

許學夷所指的「今人」，矛頭自然是指向公安一派。這同樣是說：詩至明代，各種正變之體已堂奧備開、門戶盡立，明人的創作實已無法突破前人的藩籬，故僅需參透歷代詩作，醞釀成家，以歸之於正即可。也就是說，「復古」已成為這時候惟一可行的創作方法。

有明一代的詩歌復古理論，自前七子主導文壇的弘治末年算起，到了許學夷寫作《詩源辯體》時，已持續了百年之久，復古運動對於詩歌的發展固然有積極的一面，然其引發的「剽竊模擬」之弊，卻也是顯而易見的。袁宏道〈雪濤閣集序〉一文便如此抨擊：

> 近代文人，始為復古之說以勝之。夫復古是已，然至以剿襲為復古，句比字擬，務為牽合，棄目前之景，摭腐濫之辭，有才者詘於法，而不敢自伸其才，無之者，拾一二浮泛之語，幫湊成詩。智者牽於習，而愚者樂其易，一唱億和，優人騶子，皆談雅道。吁，詩至此，抑可羞哉！[5]

袁中郎此論實不反對復古，但卻反對明代文人「以剿襲為復古」，許學夷欲在復古理論遭受質疑的當時重論舊調，必然要設法排解諸如此類的責難，以圓融復古的詩學理念。《詩源辯體

---

[5] 〔明〕袁宏道著，錢伯城箋校：《袁宏道集箋校》（上海：上海古籍出版社，1981年），卷18，《瓶花齋集》之六，頁710。

・自序》云：

> 論者謂「漢魏不能為三百，唐人不能為漢魏」，既不識通變之道，謂我明諸公「多法古人，不能自創自立」，此又論高而見淺，志遠而識疏耳。今觀夫百卉之榮也，華萼有常，而觀者無厭，然今之華萼，非昔之華萼也，使百卉幻形而為榮，則其妖也甚矣。易曰：「擬議以成其變化。」「神而明之，存乎其人。」嗚呼！安得起元瑞於地下而證予言乎！（自序／1）[6]

這可視作是許學夷針對袁氏之論所提出的反駁[7]。藉由「華萼有常，而觀者無厭，然今之華萼，非昔之華萼」的比喻，許學夷說明取法古人並非代表「不能自創立」，而認為只要「神而明之，存乎其人」，取法古人是可以「擬議以成其變化」的。

再更進一步追問：「法古人」和「自創立」二者，又何以

---

[6] 「擬議以成其變化」、「神而明之，存乎其人」二語，分見《周易》（臺北：藝文印書館，1989年，《十三經注疏》本），卷7，〈繫辭上〉，頁151、頁158。

[7] 許學夷所駁「漢魏不能為三百，唐人不能為漢魏」之論，或是指袁宏道〈敘小修詩〉：「蓋詩文至近代而卑極矣，文則必欲準于秦、漢，詩則必欲準于盛唐，剿襲模擬，影響步趨，見人有一語不相尚者，則共指以為野狐外道。曾不知文準秦、漢矣，秦、漢人曷嘗字字學六經歟？詩準盛唐矣，盛唐人曷嘗字字學漢、魏歟？秦、漢而學六經，豈復有秦、漢之文？盛唐而學漢、魏，豈復有盛唐之詩？」見《袁宏道集箋校》，卷4，《錦帆集》之二，頁188。又所駁謂我明諸公「多法古人，不能自創立」之論，可以上文引袁宏道〈雪濤閣集序〉之語為例。

能夠並行不悖？許學夷尚有更深入的分析：

> 夫體製、聲調，詩之矩也，曰詞與意，貴作者自運焉。竊詞與意，斯謂之襲；法其體製，倣其聲調，未可謂之襲也。（自序／1）

> 古詩至於漢魏，律詩至於盛唐，其體製、聲調已為極至，更有他途，便是下乘小道。故國朝人取法古人，法其體製、聲調而已，非掩取剽竊之謂也。李獻吉〈駁何仲默書〉云：「假令僕竊古意、盜古形、剪截古辭以為文，謂之影子誠可，若以我之情，述今之事，尺寸古法，罔襲其辭，猶班圓倕之圓，倕方班之方，而倕之木非班之木也。此奚不可也？」袁中郎大譏國朝人取法古人，故其為詩恣意奇詭，使繼中郎者更為中郎，則亦為盜襲，若更為奇詭，則必舉世鬼魅而後已耳。（三四／321-322）[8]

蓋許氏所謂的「取法古人」，是指學習古人詩作的「體製、聲調」，而不是竊取前人的「詞、意」，也就是李夢陽所言「尺寸古法，罔襲其辭」之意，因此不可謂之為「襲」、謂之為「掩取剽竊」。「體製聲調」與「詞意」有別：「體製聲調」是詩歌語言的結構形式，是可以向傳統學習的規範法則；「詞意」則是詩歌的實質內容，必須由創作者自出機杼。一首詩的完

---

[8] 〈駁何仲默書〉即〈駁何氏論文書〉，引語見〔明〕李夢陽：《空同先生集》（臺北：偉文出版社，1976年），卷61，頁1736。

成正需要「體製聲調」與「詞意」相互配合，故許學夷深信，「取法古人」與作者的「自我創立」雖為對立的兩股力量，但二者仍可以相輔相成。這就如同阿諾德所說的「獨創性的體驗只有在已經安放好的習規軌道上，才會傳播」。

　　因此，許學夷的詩歌復古之論若以學作古詩來說，只可謂為「學古」，而非「擬古」：

> 擬古與學古不同，擬古如摹帖臨畫，正欲筆筆相類，朱子謂「意思語脈皆要似他的，只換卻字」，蓋本以為入門之階，初未可為專業也。（三／52）[9]

「擬古」為「入門之階」，「學古」方可「擬議以成其變化」，兩者不得混為一談。這樣的復古論點，可說已避免了袁宏道所說的「以剿襲為復古，句比字擬，務為牽合」之弊。

　　《詩源辯體》創作理論的實質內涵是「體製聲調」的法古融合「詞意」的自創，但此二者在詩歌創作中所應佔有的成分並不是完全相等，在詩之「堂奧備開，門戶盡立」的時代，許學夷強調傳統的學習應重於個人的獨創：

> 世多稱獻吉傚顰，于鱗倣古。予謂：國朝人詩，惟二子可稱自立門戶，如獻吉七言古、于鱗七言律是也。

---

[9] 引朱子語見〔宋〕黎靖德編：《朱子語類》（臺北：正中書局，1973年），卷139，〈論文上〉，頁5301。需注意者，許學夷此處所云「擬古」、「學古」之「古」字，若配合《詩源辯體》下兩則論述來看，主要應是指涉「古詩」。

> 蓋詩之門戶前人既已盡開，後人但七分宗古、三分自創，便可成家。中郎一派僅拾唐末、五代涕唾，今人不知，以為自立門戶耳。（後二／416）

> 予嘗謂：漢、魏、唐人，自創立則長，倣古人則短；國朝人，倣古人則長，自創立則短。（三五／350）

「七分宗古、三分自創」的比例分配，「國朝人，倣古人則長，自創立則短」的論點，雖然均不免側重傳統的規範而較輕忽個人的自創，但這實是在「於法宜守」的處境之下，不得不採用的應變措施。

經由以上的說明，我們可為《詩源辯體》的復古創作理念找到兩項理論的依據：其一，復古之論的提出是為了配合時代的需要，在詩歌的體裁、風格均已完備的明代，詩人們已難再另闢新局，故欲重返詩歌盛世，必須透過學習優良傳統的方式才能達至；其二，許學夷所主張的復古是七分取法古人的「體製聲調」，三分出於作者自創的「詞意」，這樣的創作方式並非抄襲模擬、一成不變，在理論上是有其可行性的。

第二節　復古的對象：漢魏古詩，盛唐律詩

許學夷視「漢魏古詩」及「盛唐律詩」為最符合古典審美理想的作品，並以之作為評價歷代其他詩作的基準，所云：「古詩至於漢魏，律詩至於盛唐，其體製、聲調已為極至。」這兩類詩作，自然成為復古創作論中所欲取法的主要對象。

先看許學夷主張古詩當學漢魏之論。胡應麟《詩藪》載：

> 薛考功云：「曰清、曰遠，乃詩之至美者也，靈運以之。『白雲抱幽石，綠篠媚清漣』，清也；『表靈物莫賞，蘊真誰為傳』，遠也；『豈必絲與竹？山水有清音』、『景昃鳴禽夕，水木湛清華』，清與遠兼之矣。」薛此論雖是大乘中旁出佛法，亦自錚錚動人。第此中得趣，頭白祗在六朝窠臼中，無復向上生活。若大本先立，旁及諸家，登山臨水，時作此調，故不啻嘯聞數百步也。[10]

許學夷將《詩藪》的這一大段話引入了《詩源辯體》，並云：

> 愚按：元瑞此論超越諸子，所云「大本先立」，則漢魏是也。（七／111）

薛考功即薛蕙，薛蕙論詩以六朝的「清」、「遠」為至美，胡應麟認為此說「亦錚錚動人」，但卻「頭白祗在六朝窠臼中，無復向上生活」，故學作古詩應當「大本先立」為是。之後，許學夷又讚許胡應麟此論「超越諸子」，並闡釋胡氏所謂的「

---

[10] 《詩藪》，〈外編〉，卷2，頁151。薛蕙所舉「白雲抱幽石」、「表靈物莫賞」為謝靈運〈過始寧墅〉、〈登江中孤嶼〉之句，分見〔南朝宋〕謝靈運著，黃節註：《謝康樂詩註》（臺北：藝文印書館，1987年），卷2，頁68、頁92。「豈必絲與竹」為左思〈招隱詩二首〉其一之句，「景昃鳴禽夕」為謝混〈遊西池詩〉之句，分見逯欽立編：《先秦漢魏晉南北朝詩》（臺北：木鐸出版社，1988年），〈晉詩〉，卷7，頁734；卷14，頁934。

大本先立」是指漢魏古詩。許學夷對「大本先立」的解釋，即是胡應麟的原意，這表示胡、許二人皆認為學作古詩應以漢魏作為最優先的取法對象，大本已立之後，方可再旁及諸家。

再看《詩源辯體》所提出的律詩當學盛唐之論：

> 盛唐諸公五、七言律，多融化無跡而入於聖。中唐諸子，造詣興趣所到，化機自在，然體盡流暢，語半清空，其氣象風格，至此而頓衰耳。故學者以初唐為法，乃可進為盛唐，以中唐為法，則退屈益下矣。嚴滄浪云：「學者以盛唐為師，不作開元天寶以下人物，若自退屈，即有下劣。」此不易之論。（二一/234）[11]

許學夷曾謂「律詩以初、盛唐為正」（一/1），而盛唐律詩的融化無跡又比初唐更上一層，因此學作律詩可由初唐入手，再進而為盛唐，此即「登堂入室」之意，最高理想的復古對象仍在於盛唐。至於中唐以後，氣象風格頓衰，切切不可以為法，否則便只是退屈益下，永無法臻及盛唐律詩的入聖之域。

「古詩取法漢魏、律詩取法盛唐」的學古論點，自非新穎之見，而是明代復古詩論家的一貫主張，許學夷在《詩源辯體》中重新提出這兩項學習準的，一方面是基於本身的詩學信念，一方面更是為了排抵「反復古」者的詰難，以維持復古聲勢於不墜。我們試以十七世紀西方文學流派中的「古典主義」與

---

[11] 引嚴滄浪語見〔宋〕嚴羽著，郭紹虞校釋：《滄浪詩話校釋》（臺北：里仁書局，1987年），〈詩辨〉，頁1。

明代復古思潮相互對照,可以發現其中的相似之處:「漢魏古詩、盛唐律詩」在許學夷以及明代復古派文人心目中的崇高地位,正如同「古希臘、羅馬之作品」在古典主義者心中的地位一般,二者同樣都具備了完美而不朽的「典範」意義[12]。

「漢魏古詩」與「盛唐律詩」雖同為創作典範,然其一古一律,有體裁之別,故在學習之時應有順序的先後:

> 詩先有古而後入律,法宜先古;但後人自幼便習聲律,而律復有成法可循,則又宜先律。亦猶書先有篆,而學書者必先楷;舉業先有策論,而學舉業者必先時義耳。王敬美云:「初學輩不知苦辣,往往謂五言古易就,率爾成篇,因自詫好古,薄後世律不為;不知律尚不工,豈能工古?徒為兩失而已。」皇甫子循云:「近體難工而鮮𠂣,《選》體似易而實難。」尤為絕論。(三四/317)[13]

許學夷認為:詩歌的發展雖是先古後律,但今人自幼便習聲律,且律詩又有較為明確的成法可以依循,因此寫作律詩實較古

---

[12] 張秉真云:「『古典』原文為拉丁文classicus,即『典範』的意思。在文學藝術中,以古代希臘和羅馬的文藝作品和文藝思想為典範的創作傾向和理論觀點,被稱之為『古典主義』。」見張秉真等:《西方文藝理論史》(北京:中國人民大學出版社,1994年),頁149。

[13] 引王敬美語見〔明〕王世懋:《藝圃擷餘》,《歷代詩話》(臺北:漢京文化公司,1983年),頁777。皇甫子循即皇甫汸,著有《解頤新語》,參《詩源辯體》,卷35,頁344。

詩為易,學作律詩也當較古詩為先。如此說來,「盛唐律詩」的學習自應優先於「漢魏古詩」。

又許學夷雖主張以「漢魏古詩、盛唐律詩」為主要的復古對象,但並不以取法二者為限。《詩源辯體》又論:

> 三百篇而下,惟漢魏古詩、盛唐律詩、李杜古詩歌行,各造其極;次則淵明、元結、韋、柳、韓、白諸公,各有所至;他如漢魏以至齊梁,初、盛以至中、晚,乃流而日卑,變而日降。(三四/317)

既然「李、杜古詩歌行」與「漢魏古詩、盛唐律詩」可同列各造其極的第一流好詩,則「李、杜古詩歌行」也應當具備了學習的價值。所云:

> 予嘗謂:古詩、歌行,必李、杜兼法,乃為善學。或曰:「古詩、歌行,李、杜既極其至矣,後人顧反能兼之乎?」予曰:不然。太白以天才勝,而人無太白之才,子美以人力勝,而人無子美之力,故必李、杜兼法,乃能相濟,豈必盡兼二公所至,始為盡善哉!(十八/195)

即是古詩、歌行可學李白、杜甫之論。再者,許學夷一生隱居著述、淡泊名利,其人格風采與陶淵明相近,也欣賞韋應物、柳宗元,對於陶、韋、柳的詩作相當稱許,主張可以學之。許學夷論學習陶詩之法:

> 靖節平生為詩,皆是傾倒所有,學者於此有得,斯知

> 所以學靖節矣。（六／100-101）

> 靖節詩平淡自然，本非有所造詣。但後之學者天分不足，風氣亦漓，欲學平淡，必從崢嶸豪蕩得之，乃不至於卑弱耳。（六／107）

又論學習韋、柳之五古：

> 韋、柳五言古，猶摩詰五言絕，意趣幽玄，妙在文字之外。學者必欲於音聲色相求之，則見。（二三／240）

> 學韋、柳詩，須先養其性氣，倘崢嶸之氣未化，豪蕩之性未除，非但不能學，且不能讀。（二三／240）

「李、杜古詩歌行」與「陶、韋、柳古詩」同樣可資取法，只是許學夷賦予它們的典範色彩尚未如「漢魏古詩」及「盛唐律詩」那麼鮮明強烈。《詩源辯體》創作理論中最重要的復古對象，仍應以「漢魏古詩、盛唐律詩」為主。

第三節　學者的條件：以識為主，才力輔之

在《詩源辯體》復古創作論的體系中，許學夷要求有志於學習詩歌的學者，應具備「識」及「才力」這兩項條件，而這兩項條件又以「識」更為要緊：

> 學者以識為主，以才力輔之。初、盛唐諸公識見皆同，輔之以才力，故無不臻於正。元和、晚唐諸子，識見各異，而專任才力，故無不流於變。嘗聞之先君云

：「嘉靖間,考試時義,諸負文望者咸私決其等第,十不失一。今則上下各從所好矣。」蓋盛世尚同,而衰世尚異,亦理勢之自然耳。今之為詩者,非無才力,而人各有心,以至於不可揣識,斯又元和、晚唐之下也。(三四/318)

學者「以識為主,以才力輔之」,蓋「才力」並不難得,初、盛唐諸公,元和、晚唐諸子,乃至於明代詩人皆能擁有,因為「識見」不同,詩作也就有正變高下之分。因此,「識」是決定詩作優劣的第一因素,比「才力」更為基本、更加重要。

以下分別析論許學夷對「識」與「才力」所作的闡發,以窺二者分別具有的意涵。先論「識」。《詩源辯體》云:

學者以識為主,則有階級可循,而無顛躓之患。今之學者,或先平正而後詭誕,或先藻麗而墮庸劣,蓋識見不足,以詭誕為新奇,以庸劣為本色耳。釋慧秀詩,初年稍見藻麗,晚歲遂墮庸劣,正是識見不足故也。(三四/318)[14]

---

[14] 慧秀,明代詩僧,《列朝詩集小傳》:「慧秀,字孤松,常熟蔣氏子。出家遊峨眉、天臺、雁宕,棲仙岩之休糧庵,歸老虞山、陽羨之間,受具足戒。刺舌指血寫《華嚴》、《妙華》等經,凡一百六十餘卷。有《秀道人集》十二卷。上人富于詞藻,採擷六朝,多所沾丐,小賦駢語,時足獻酬,而意象凡近,殊非衲子本色。昔人言,僧詩忌蔬筍氣,如秀道人者,正惜其少蔬筍氣耳。」見〔清〕錢謙益:《列朝詩集小傳》(臺北:世界書局,1961年),〈閏集〉,頁721-722。

「識」為學者創作之主,許學夷謂有「識」則「有階級可循,而無顛躓之患」,「識見」不足則「以詭誕為新奇,以庸劣為本色」。由此推究「識」、「識見」之意,當是指區分詩歌體製之正變的「辨體」能力,以學古者的立場來說,即是懂得選取值得效法的典範詩作之識別力。此辨析詩歌體製的識別力,會主導學者創作的整體走向,讓學者「有階級可循」而免墮於庸劣,故被許學夷列為創作的首項要件。

此一「識」字的拈出,當得自於嚴羽《滄浪詩話》:

> 夫學詩者以識為主:入門須正,立志須高;以漢魏晉盛唐為師,不作開元天寶以下人物。[15]

嚴羽所論又可溯自范溫《潛溪詩眼》引黃庭堅語:

> 故學者要先以識為主,如禪家所謂正法眼者。直須具此眼目,方可入道。[16]

然黃庭堅所說的「以識為主」,是說學古人詩不當拘於文字皮毛,而要識得古人用意之妙,與許學夷所論較無直接關係[17];《

---

[15] 《滄浪詩話校釋》,〈詩辨〉,頁1。

[16] 〔宋〕范溫:《潛溪詩眼》,《宋詩話輯佚》(臺北:華正書局,1981年),頁317。

[17] 這可從《潛溪詩眼》此條記載的全文看出:「山谷言學者若不見古人用意處,但得其皮毛,所以去之更遠。如『風吹柳花滿店香』,若人復能為此句,亦未是太白。至於『吳姬壓酒勸客嘗』,『壓酒』字他人亦難及。『金陵子弟來相送,欲行不行各盡觴』,益不同。『請君試問東流水,別意與之誰短長』,至此乃真太白妙處,當潛心焉。故學者要先以識為主,如

《滄浪詩話》中的「以識為主」,方才是「學者須從最上乘,具正法眼,悟第一義」[18]的辨體之「識」,亦是許氏之論所本。

創作詩歌以「識」為首要條件,此「識」又應透過博覽詩歌典籍的方式來加以鍛鍊:

> 學詩者,識貴高,見貴廣。不上探三百篇、楚騷、漢、魏,則識不高;不遍觀元和、晚唐、宋人,則見不廣。識不高,不能究詩體之淵源;見不廣,不能窮詩體之汗漫,上不能追躡風、騷,下不能兼收容眾也。
> (二四/249)

> 學者聞見廣博,則識見精深,苟能於三百篇而下一一參究,並取前人議論一一紬繹,則正變自分、高下自見矣。(三四/313-314)

「識見」二字若細分而言,能識得詩體之正格者為有「識」,能飽見詩體之廣泛者為有「見」;實則有「見」方能求「識」,「識見」可連綴為一詞,並以「識」字括之。許學夷這兩則說明指出:欲求「識見」的高廣精深,當遍覽《詩經》以下各朝代的詩作,以窮究詩體的淵源汗漫,對於前人論詩的意見亦當紬繹條理,如此自可練就區分詩歌正變高下的鑑賞能力。又如《詩源辯體》的這段飲酒之喻:

> 讀古詩,如飲醇酒,能飲者其醇醨自別;不能飲者,

　　禪家所謂正法眼者。直須此具眼目,方可入道。」同見上註。
[18] 《滄浪詩話校釋》,〈詩辨〉,頁11。

> 但時時強飲,久之,其醨者亦自能別矣。學詩者苟先讀三百篇、楚騷、漢魏五言及古樂府,次及李杜五七言古、歌行以至初、盛唐之律,久之,則於六朝、晚唐,亦自能別矣。(三四/315)

意義同樣是以博覽典籍的方式來求得識別詩歌體製的能力。

這樣的觀點,若以嚴羽的話來詮釋,即是「作詩正須辨盡諸家體製,然後不為旁門所惑」[19]。然而,許學夷既已標舉「魏漢古詩、盛唐律詩」為典範詩作,則學者所當取法的對象已昭然揭示,在此為何又期望學者「聞見廣博」以求「識見精深」呢?郭紹虞曾針對嚴羽「作詩正須辨盡諸家體製,然後不為旁門所惑」一論提出意見:

> 所覺得有一些缺憾的,乃是於辨盡諸家體製之後,再加一句「不為旁門所惑」的話。既不要為旁門所惑,那麼大家走康莊大道足矣,為什麼再要後人辨什麼諸家體製。[20]

實際上,郭氏對嚴羽的詰難未必可以成立,當然也不適用於許學夷。蓋嚴羽所論之「以漢魏晉盛唐為師」,許學夷所論之「古詩至於漢魏,律詩至於盛唐,其體製、聲調已為極至」,這是二人經過「熟參」[21]之後所得的成果,嚴氏、許氏以此指示後

---

[19] 《滄浪詩話校釋》,附錄,〈答出繼叔臨安吳景仙書〉,頁252。

[20] 郭紹虞:《中國詩的格調、神韻及性靈說》(臺北:華正書局,1981年),頁22。

[21] 此為嚴羽用語,見《滄浪詩話校釋》,〈詩辨〉,頁12。嚴羽所謂的「熟參」與「熟讀」意義不同,張健云:「『熟參』在於培養純正的鑑賞力,

學,當然不只是希望學者順從己意而已,更希望學者能同樣經由「辨盡諸家體製」、「聞見廣博則識見精深」的途徑,以實際的體驗來證明其所言之不誣。故嚴羽所論「辨盡諸家體製」與「不為旁門所惑」,並不相妨礙;許學夷既以「漢魏古詩、盛唐律詩」為創作典範,又提出「學者聞見廣博,則識見精深」之論,亦絕非多此一舉,而是兩說相互契合。

次論「才力」。《詩源辯體》所云之「才力」,意指學者從事詩歌寫作的創作力。此文學家、藝術家經營作品時所須具有的「才力」,究竟是出於先天的秉賦或是後天的學習?歷來即是文論家相當關注的一個課題。早在西方古羅馬時期,詩人賀拉斯(Horatius)的〈詩藝〉已對此提出意見:

> 有人問:寫一首好詩,是靠天才呢,還是靠藝術?我的看法是:苦學而沒有豐富的天才,有天才而沒有訓練,都歸無用;兩者應該相互為用,相互結合。[22]

賀拉斯認為一首好詩的完成應是「天才」與「訓練」相互為用的結果,亦即詩人的創作才能一方面固然要靠天賦,另一方面也來自於勤奮的練習。同樣的問題,劉勰《文心雕龍・事類》篇提出的說法則是:

『熟讀』在於醞釀高明的創作力。」故以嚴羽之說來論,「識」正可從「熟參」得來。見張健:《滄浪詩話研究》(臺北:五南出版公司,1989年),頁40。

[22] 賀拉斯(Horatius)著,楊周翰譯:〈詩藝〉,伍蠡甫、胡經之主編:《西方文藝理論名著選編》(北京:北京大學出版社,1988年),頁111。

> 夫薑桂同地,辛在本性,文章由學,能在天資。才自
> 內發,學以外成,有學飽而才餒,有才富而學貧。學
> 貧者,迍邅於事義;才餒者,劬勞於辭情,此內外之
> 殊分也。是以屬意立文,心與筆謀,才為盟主,學為
> 輔佐。主佐合德,文采必霸,才學褊狹,雖美少功。[23]

劉勰雖云「才為盟主,學為輔佐」,認為天才要比學力更為重要,但畢竟「主佐合德」才可以「文采必霸」,故「才」與「學」皆是創作者不能缺少的。〈神思〉篇所云「酌理以富才」,〈體性〉篇所云「因性以練才」[24],同樣肯定了作家的創作才華可以經培養鍛鍊而成。然在文藝理論史上,不乏藝術出於天才之論,以德國哲學家康德(Kant)《判斷力批判》所論為例,其書第四十六節「美的藝術是天才的藝術」云:

> 天才就是那天賦的才能,它給藝術制定法規。既然天
> 賦的才能作為藝術家天生的創造機能,它本身是屬於
> 自然的,那麼,人們就可以這樣說:天才是天生的心
> 靈稟賦,通過它自然給藝術制定法規。[25]

即是認為藝術的創造力純粹出乎天生心靈,而非後天習得。

關於詩人「才力」的由來,許學夷亦採取了折衷的觀點,

---

[23] 〔南朝梁〕劉勰著,范文瀾注:《文心雕龍注》(臺北:臺灣開明書店,1993年),卷8,頁9。

[24] 《文心雕龍注》,卷6,頁1、頁9。

[25] 康德(Kant)著,宗白華、韋卓民譯:《判斷力批判》(北京:商務印書館,1987年),上卷,頁152-153。

兼重學者的天才與學習,見解與賀拉斯、劉勰為近:

> 學者以識為主,其功夫、才質不可偏廢。有功夫而無才質,則拙刻遲鈍,而不能窺神聖之域。有才質而無功夫,則少年才俊,往往發其英華,騁其麗藻,晚年才盡,則醜陋盡彰,支離百出矣。(三四/319)

許學夷前云「學者以識為主,以才力輔之」,此又云「學者以識為主,其功夫、才質不可偏廢」,知「功夫」和「才質」即是「才力」的進一步闡釋。「功夫」指後天的學習,「才質」則指天賦的資質,學者若只靠後天勤下苦功,但本身不具創作天分,則只是「拙刻遲鈍」;若具有天賦才能,但卻不肯努力鑽研學習,一旦才盡,便是「醜陋盡彰,支離百出」。故「功夫」、「才質」二者共為「才力」的構成要素,不當偏廢其一。再看下則論述:

> 或問:「才力本於天賦,可強致乎?」曰:「可。譬之筋力一也,市井逐末之人,負擔不逾區釜,而田野之夫,負擔則一石也。蓋由童而習之,強致然耳。使田野之子而從市井之人,終身豈能負一石哉!」(十七/178)

「才力」雖本於天賦,但仍可透過後天的練習而「強致」。同樣是鼓勵學者,除了天生的「才質」之外,仍要勤下「功夫」,以後天條件來和先天條件相互配合,增進創作的才華。

雖然「才力」可由鍛鍊而增強,但「有功夫而無才質,則

拙刻遲鈍」，因此後天的學習成效實際上仍然受到先天資賦的限制，並非無遠弗屆：

> 融化無跡得於造詣，故學者猶可為；氣象風格得於天授，故學者不易為也。（十四／154）

> 然今人學子美或相類，而學太白多不相類者，蓋人力可強，而天才未易及也。（十八／194）

此又說明了天才的不可企及與人力的侷限。綜之，許學夷對學者創作「才力」的分析，一方面既強調了後天學習的重要，一方面也認為後天學習有其不逮之處，所論相當中肯。

　　探討了「識」與「才力」兩項創作條件的意蘊後，再把關注的重心移回「以識為主，才力輔之」的問題原點上。以常理而言，詩歌作品的誕生無不是出於創作者的才華發揮，則「才力」自應佔有創作中最主要的地位，但許學夷卻認為學者應「以識為主，以才力輔之」。推究許氏提出此說的箇中緣由，仍是繫於「復古」的理念，《詩源辯體》謂「後人但七分宗古、三分自創，便可成家」，甚至「漢、魏、唐人，自創立則長，倣古人則短；國朝人，倣古人則長，自創立則短」，在復古的創作理論中，「自創」既不及「法古」重要，則個人的「才力」也就不及認取典範詩作的「識見」那麼重要了。

第四節　學習的方法：以本兼末，由法悟入

　　《詩源辯體》創作論中的「復古對象」及「學者條件」已然確定，但「傳統並不是可以繼承的遺產；假如你想獲得，非下一番苦功不可」[26]，復古創作理論的最後完成，仍需要經過創作者與典範作品的相互交涉，這番交涉，即是創作者向傳統典範學習，進而使自己的詩作也成為傳統的一部分[27]。

　　面對作為典範的「漢魏古詩、盛唐律詩」，學者應當如何展開學習的工作呢？許學夷認為要從「規矩」學起：

> 有宗中郎而詆予者，曰：「詩在境會之偶諧，即作者亦不自知，先一刻迎之不來，後一刻追之已逝。」予謂：「此論妙絕，在唐正是孟襄陽、崔司勳境界，然苟不先乎規矩，則野狐外道矣。規矩者，體製、聲調之謂也。」（三四／323）

作詩當「先乎規矩」，「規矩」是指「體製、聲調」，此「體製、聲調」的獲致又是取法「漢魏古詩、盛唐律詩」而來：

---

[26] 艾略特〈傳統和個人的才能〉語，見《艾略特文學評論選集》，頁4。
[27] 個人非僅可向傳統學習，實亦能溶入傳統、影響傳統，這仍可以艾略特之論來作說明：「詩人或藝術家必須遵循，必須追從的理由並不是片面的；一件新的藝術作品被創造了以後，其影響同時溯及在這以前的一切藝術作品。現存的不朽傑作相互間形成一個理想的秩序，這個秩序由於新的（真正新的）藝術作品之介入而受到變更。」《艾略特文學評論選集》，頁5。

> 古詩至於漢魏，律詩至於盛唐，其體製、聲調已為極至，更有他途，便是下乘小道。故國朝人取法古人，法其體製、聲調而已，非掩取剽竊之謂也。（三四／321）

作為「規矩」內容的「體製、聲調」，許學夷或連言之，或僅以「體製」一詞作為代表，如云「詩文俱以體製為主」（十一／137）、「詩先體製而後工拙」（十二／142），這是因為「體製」乃指詩歌語言的結構形式，「聲調」則是此結構形式所展現出來的節奏韻律，若把「體製」含意說得廣一些，即可涵蓋「聲調」在內。「體製聲調」是學者必須向傳統學習的「規矩」，「規矩」也就是《詩源辯體》所說的「自唐而後，體無弗備，境無弗臻，於法宜守」的「法」[28]。

「規矩」是「體製聲調」，是「法」，是語言樣式的規範法則，但並不是文字詞意的本身，因此在李夢陽和何景明的詩法論辯中，許學夷是贊同李夢陽「尺寸古法，罔襲其辭」的「法言二分」之論（三四／231）[29]。許學夷所認知的「規矩」、「法」，既非指詞意，亦非指唐、五代、宋、元人「詩格」、「詩法」一類著作所談論的對偶、格律、起承轉合之法，《詩源

---

[28] 李夢陽〈駁何氏論文書〉：「規矩者，法也。」見《空同先生集》，卷61，頁1736。

[29] 簡錦松分析李夢陽所論之「法」具有三點涵義：「第一、他認為法是規矩，是天生的。第二、主張『法言離二』說。第三、法為自古作中紬繹而得的結構法則。」除了「法是天生的」這一點之外，許學夷的見解亦大致同此。參簡錦松：《李何詩論研究》（臺灣大學中文研究所碩士論文，1980年），頁155-158。

辯體》卷三十五中,許學夷對於此類論詩著作幾乎一概加以貶斥,他曾區分了此二種詩法的不同:

> 或問予:「子極詆晚唐、宋、元人詩法,然則詩無法乎?」曰:有。三百篇、漢、魏、初、盛唐之詩,皆法也;自此而變者,遠乎法者也。晚唐、宋、元諸人所為詩法者,弊法也;由乎此法者,困於法者也。且漢、魏、六朝,體製相懸,初、盛、中、晚,氣格亦異,晚唐、宋、元諸人,略不及之,顧獨於章句之間搜剔穿鑿,愈深愈遠,詩道至此,不啻掃地矣。(三五/342)

《詩源辯體》所論之「法」,是以《詩經》、漢魏詩、初盛唐詩為「法」,說得更具體一些,也就是漢魏詩之「體製」與六朝相懸,初、盛唐詩之「氣格」與中、晚唐有異,詩法即在其中。晚唐、宋、元諸人,不於此探索詩法,卻花費心思在文字章句之間搜剔穿鑿,故許學夷評為「弊法」、「困於法」。

「規矩」、「法」在於漢魏詩的「體製」及初、盛唐詩的「氣格」,「氣格」者,藉顏崑陽所論來作說明,即是「文學家以『用氣』的語言形式法則而表現出一種氣力充暢的藝術形相」;所謂「氣」,又可理解為「文學主體以天賦的生命力為基礎,涵養充盛,藉由語言而表現強度的氣勢、力感」[30]。可知

---

[30] 顏崑陽:《六朝文學觀念叢論》(臺北:正中書局,1993年),附錄,〈中國古典文學批評術語疏解10則〉,「氣格」,頁352;「氣韻」,頁347。

「氣格」仍然是由詩歌語言的形式法則表現出來的，是「體製」的一種表現，此所以許學夷又云「故詩雖尚氣格而以體製為先」（十四／153）、「詩先體製而後氣格」（後二／407）。

「體製」、「氣格」為詩法，為規矩，但對於文字章句之法，許學夷並非完全棄之不顧，而是認為文字章句之法畢竟屬於詩歌的枝節末微：

> 詩有本末。體氣，本也；字句，末也。本可以兼末，末不可以兼本。予少學古詩，於漢魏主體，於李杜主氣，故於元嘉以後之詩，多所不喜，而於唐人以律為古者，尤所痛疾。大本既立，旁及支末，則凡六朝、唐人所稱佳句，多有可取，而於後人所謂詩眼者，亦間有可述。今之學者專心於字法、詩眼，於古人所稱佳句已不能識，又安知有體氣耶？（三四／326-327）

所指「體氣」，即是「體製」、「氣格」，此是詩之大法，亦可說是詩之「本」；字句則只是詩之小法，為詩之「末」。因為「本可以兼末，末不可以兼本」，所以學者取法古人的規矩、詩法，應當「大本既立，旁及末支」[31]；也就是說學者當以漢魏古詩的「體製」與初盛唐、李杜詩的「氣格」為先，於此有得，再另外旁涉佳句、字法、詩眼等較細微的末節。因此，「以本兼末」可說是學者為詩「先乎規矩」的具體作法。

---

[31] 本章第二節曾論及的「大本先立，旁及諸家」，是以「漢魏古詩」為「大本」，意思與此並不相同。

作詩當「先乎規矩」，但卻不應「止於規矩」。學者創作懂得「以本兼末」之法，是取法典範詩作的正確途徑，但並不是最終目標。試看許學夷對胡應麟論「七律作法」的評論：

> 胡元瑞云：「七言律，五十六字之中，意若貫珠，言如合璧。其貫珠也，如夜光走盤，而不失迴旋曲折之妙；其合璧也，如玉匣有蓋，而絕無參差扭捏之痕。綦組錦繡，相鮮之為色；宮商角徵，互合以成聲。思欲深厚有餘，而不可失之晦；情欲纏綿不迫，而不可失之流。肉不可使勝骨，而骨又不可太露；詞不可使勝氣，而氣又不可太揚。莊嚴，則清廟明堂；沉著，則萬鈞九鼎；高華，則朗月繁星；雄大，則泰山喬嶽；圓暢，則流水行雲；變幻，則淒風急雨。一篇之中，必數者兼備，乃稱全美。」愚按：元瑞此論，本欲兼眾善、集大成，而實不免於罔世。作者造詣既深，興趣既遠，則下筆悠圓而眾善兼備，乃不期然而然者。若必有意事事合法，則不惟初學無可措手，即深造之士亦難於結撰矣。（十七／187）[32]

胡應麟於此使用了連串的譬喻，對七律的「全美」之作提出面面俱到的高度要求，但許學夷卻以「罔世」一語評之，此蓋許氏認為：作詩實不需要像胡應麟所要求的那樣「事事合法」，只要「作者造詣既深，興趣既遠」，自可「下筆悠圓而眾善兼

---

[32] 引胡元瑞語見《詩藪》，〈內編〉，卷5，頁82。

備」。詩歌創作到了「下筆悠圓而眾善兼備」的階段,可謂已化「有法」於「無法」;「無法」者,並非棄法於不顧,而是對法的一種「超越」,也就是既擺脫詩法的限制而又能合乎詩法,這種境界可稱之為「悟入」[33]。

為了處理個人的創作思維與詩歌規範相互融攝的問題,此欲超越規範法度而不背離規範法度、欲合乎規範法度而又不拘限於規範法度的「由法悟入」之辯證思考,自宋代以來,即是詩學論究的重要課題[34]。我們可以呂本中〈夏均父集序〉所標舉的「活法」之說為例:

> 學詩當識活法。所謂「活法」者,規矩備具而能出于規矩之外,變化不測而亦不背於規矩也。是道也,蓋有定法而無定法,無定法而有定法,知是者,則可以與語活法矣。[35]

所云「有定法而無定法,無定法而有定法」的「活法」,正是學者「悟入」之後所獲得的「法」。其後,明代的復古詩論家,亦常針對「法」與「悟」的相關問題提出見解,如王世貞《藝苑巵言》云:

---

[33] 參郭玉雯:《宋代詩話的詩法研究》(臺灣大學中文研究所博士論文,1988年),頁404。

[34] 參龔鵬程:《詩史本色與妙悟》(臺北:臺灣學生書局,1993年),附錄二,〈論法〉,頁296-300。

[35] 〔宋〕劉克莊:《後村先生大全集》(臺北:臺灣商務印書館,1979年,《四部叢刊》本),卷95,頁824引。

> 故法合者,必窮力以自運;法離者,必凝神而並歸。
> 合而離,離而合,有悟存焉。[36]

或如胡應麟《詩藪》云:

> 漢、唐以後談詩者,吾於宋嚴羽卿得一「悟」字,於明李獻吉得一「法」字,皆千古詞場大關鍵。第二者不可偏廢,法而不悟,如小僧縛律;悟不由法,外道野狐耳。[37]

王世貞認為法之離合應當「有悟存焉」,胡應麟則說「法而不悟,如小僧縛律,悟不由法,外道野狐」,二人之論,同樣是以「悟」作為「法」的歸趨。在這樣的詩學背景之下,《詩源辯體》的創作理論從談論詩歌之「法」延伸到「悟入」之理,亦可謂其來有自。

試看《詩源辯體》主張學漢魏詩必須「悟入」之論:

> 漢魏人詩,自然而然,不假悟入;後之學者,去妄返真,正須以悟入耳。嚴滄浪云:「漢魏尚矣,不假悟也。」又云:「學者須從最上乘,具正法眼,悟第一

---

[36] 〔明〕王世貞:《藝苑卮言》,《歷代詩話續編》(臺北:木鐸出版社,1988年),卷1,頁964。

[37] 《詩藪》,〈內編〉,卷5,頁100。嚴羽,字儀卿,胡應麟誤作「羽卿」,郭紹虞言:「案嚴羽字儀卿,但胡應麟、胡震亨、錢謙益、毛先舒等每稱嚴儀羽卿,疑明時別有誤本,故諸家多誤從之。」見《滄浪詩話校釋》,〈校釋說明〉,頁1。

義。漢魏盛唐之詩,則第一義也。」(三/48)[38]

《滄浪詩話》論詩有「妙悟」和「悟入」兩種用語,「妙悟」乃指以感興、直覺的方式進行創作,含意與「悟入」有別[39];嚴羽所謂「漢魏尚矣,不假悟也」,實是指「妙悟」而言,非關「悟入」。然許學夷對此並不加以區分,他所體認到的「悟」只是偏於「悟入」一義:

> 蓋悟者,乃由窒而通,故悠然無著,洞然無礙,即禪家所謂解脫也。(四/73)

因此許氏對「漢魏尚矣,不假悟也」的解釋是:漢魏之時,詩歌的創作法度尚未建立,漢魏詩作皆是自然而然、出於天成,根本不假悟入。然明人處於詩歌的規矩法度完備之際,已無法再用「不假悟」的方式來進行創作,因此學者欲取法漢魏詩歌,欲返回純真自然的創作狀態,正須「悟入」。

學漢魏人詩,正須「悟入」,而此創作思維與詩歌規範彼此融合的「悟入」之境,又應經由何種途徑來達成?許學夷說,應當從「專習凝領」得來:

> 漢魏人詩,自然而然,不假學習。後之學者,情興不足

---

[38] 引嚴滄浪語分見《滄浪詩話校釋》,頁12、頁11。

[39] 參黃景進:《嚴羽及其詩論之研究》(臺北:文史哲出版社,1976年),頁167-177。黃景進云:「熟讀悟入的悟只是獲得詩法的一個過程,悟與法是密切連繫的,但『妙悟』卻是超越於『法』上的一個概念,它的著重點在強調創作的特殊性質,與『法』是無干的。」

，風氣亦漓，苟非專習凝領，不能有得耳。（三／49）

漢魏詩非不當學，但不可倉卒為之，多作則倉卒而嫌於襲矣。元美不云乎，「西京建安似非琢磨可到，要在專習凝領之久，神與境會，忽然而來，渾然而就，無岐級可尋，無色聲可指」是也。故專習凝領，而神與境會，乃足以盡變；倉卒琢磨，而神與境離，則嫌於襲耳。（三／49）[40]

漢魏人詩，本乎情興，學者專習凝領，而神與境會，即情興之所至。否則不失之襲，又未免苦思以意見為詩耳。如阮籍〈詠懷〉之作，亦漸以意見為詩矣。予學漢魏二十年，始悟入焉。（三／49-50）

以上三則論述均標舉了「專習凝領」為「悟入」之徑。「專習凝領」一詞乃沿用王世貞的用語，此語之意在於要求學者「專注習讀」漢魏之詩，並「凝神領會」體製聲調，如此既久，自可將漢魏詩歌所具有的體製聲調融貫於心胸而「悟入」，此「悟入」的精神狀態一旦與外境觸合，即可情興所至，發為詩歌。這樣的論點和嚴羽所云：「先須熟讀楚詞，朝夕諷詠以為之本；及讀〈古詩十九首〉，樂府四篇，李陵蘇武漢魏五言皆須熟讀，即以李杜二集枕藉觀之，如今人之治經，然後博取盛唐名家，釀醞胸中，久之自然悟入。」[41]道理其實是一樣的。

---

[40] 引王元美語見《藝苑卮言》，卷1，頁960。
[41] 《滄浪詩話校釋》，〈詩辨〉，頁1。

許學夷既然認為學習「不假悟」的漢魏之詩需要「悟入」，那麼，學習「透徹之悟」[42]的盛唐律詩，當然亦非「悟入」不可。再看《詩源辯體》所論：

> 盛唐諸公律詩，皆從悟入，而悟入乃自功夫中來。呂居仁云：「悟入之理，正在功夫勤惰間。張長史見公孫大娘舞劍，頓悟筆法；如張者，專意此事，未嘗少忘胸中，故能遇事有得，遂造神妙。使他人觀舞劍，有何干涉也？」（十七／180）[43]

> 盛唐諸公律詩，不難於才力，而難於悟入；悟則造詣斯易耳。嚴滄浪云：「孟襄陽學力下韓退之遠甚，而其詩獨出退之上者，一味妙悟而已。」今之學者多不欲為盛唐，非其才力不逮，蓋悟有未至，以盛唐為平易，不足造耳。（十七／180-181）[44]

盛唐諸公的律詩是「悟入」所成，此「悟入」又是從「功夫」得來，後人欲學盛唐律詩，也應當循此階級以至於「悟」。所謂「功夫」，若以後學者的立場來論，可以理解為「對於盛唐律詩之體製聲調的學習與體會」，這和學漢魏詩所必須的「專

---

[42] 《滄浪詩話・詩辨》：「謝靈運至盛唐諸公，透徹之悟也。」《滄浪詩話校釋》，頁12。

[43] 引呂居仁語出自〈與曾吉甫論詩第一帖〉，見〔宋〕胡仔編：《苕溪漁隱叢話》（北京：人民文學出版社，1993年），〈前集〉，卷49，頁344。

[44] 引嚴滄浪語見《滄浪詩話校釋》，〈詩辨〉，頁12。許學夷的這段論述，同樣是曲解了嚴羽「妙悟」一詞的含意。

習凝領」，正有共通之處，二者皆是從「法」提昇至於「悟入」的管道。

取法漢魏古詩、盛唐律詩，能夠做到如上文所論述的「以本兼末」、「由法悟入」，學者自可得心應手的從典範詩作中取得養分，以為創作之所資，學者向傳統學習的最後目標也因而達成。此時，詩歌的一切規矩法度，無不契合於詩人的創作意念；詩人的一切創作意念，亦無不契合於詩歌的規矩法度，如許學夷此論：

> 李獻吉與何仲默論詩，互相掊擊，何云：「佛有筏喻，捨筏則達岸矣，達岸則捨筏矣。」李云：「筏、我二也，猶兔之蹄、魚之筌，捨之可也。規矩者，方圓之自也，即欲捨之，烏乎捨？」李為得之。然予謂：學者必先造乎規矩，而能馳騁變化於規矩之中，斯足以盡神聖之妙，所謂「從心所欲，不踰矩」是也。苟初不及乎規矩，而欲馳騁變化以從心，鮮有不敗矣。今按仲默律詩，悉合規矩，而獻吉歌行，又能馳騁變化於規矩之中，則又不可不知。（三五／343）[45]

所云「馳騁變化於規矩之中」、「從心所欲，不踰矩」，正是創作者由「法」臻於「悟入」的創作狀態之最佳寫照，如李夢

---

[45] 引何仲默語出自〈與李空同論詩書〉，見〔明〕何景明：《何大復集》（鄭州：中州古籍出版社，1989年），卷32，頁576。引李獻吉語出自〈駁何氏論文書〉，見《空同先生集》，卷61，頁1736。

陽的歌行之作即是。及於此,作品要進入傳統、成為傳統的一部分,已非難事,許學夷曾對李夢陽、何景明及嘉靖七子的詩作表示信心:

> 今之學者於詩,志尚奇僻,蓋欲悅一時之耳目,不顧後世定論若何耳。予嘗謂學者:古之為律,初、盛唐諸公若此,李、何及七子得名若此,子獨為奇僻,將必盡廢初、盛唐諸公及李、何、七子,乃可立名;吾恐初、盛唐諸公,李、何、七子,終不能廢也,非心勞而日拙耶?(三四/321)

雖然許學夷亦不認為李、何及嘉靖七子的諸種詩體,均能夠「從心所欲,不踰矩」,但他們已是明代從事詩歌復古工作成績最為顯著的一群,因此,許學夷深信他們的詩作足以和初、盛唐諸公相提並論,並能垂世而不朽。

第五節 理論的自我實踐

中國歷代詩論家除了極少數的特例之外,同時也都是從事創作的詩人,許學夷亦然。這種詩論家與詩人兼具的雙重身分,使得詩論家的創作理論往往即是創作經驗紬繹所得的法則,其詩歌作品也就是創作理論的具體實踐。當然,我們無法否認論詩者在作品和理論之間,經常存在著或多或少的落差,但這樣的落差通常不是創作與理論的相悖,而是受限於創作者個人的才情或是其理論付諸實行時存在著某種困難。王英志〈論歷

代論詩者理論與創作的同步性〉一文曾有論述：

> 論詩者的理論與創作在美學思想上具有同步性，即使不盡相符，但在某一方面是相契的。論詩者的創作與其詩論觀點全然相悖者頗為罕見。[46]

其說可值採信。既然詩論家的理論和創作具有相當程度的一致性，那麼，如王英志所言：「研究古代的詩論，倘若聯繫其創作實踐，則能對其理論有感性的認識與透徹的理解。」[47]這是本章在探討了許學夷的創作理論後，另論其創作實踐的原因。

許學夷著有《許山人詩集》，此書在許學夷亡後方才刻出，今未見。其詩作保留於《許伯清詩稿》者，共有二百一十八首；又《江上詩鈔》卷三十九所錄者，有八十七首，兩處除去重出的十二首，共可得詩二百九十三首[48]。許學夷生前雖小負詩名，但成書於其身後的明詩選集，如錢謙益《列朝詩集》、朱彝尊《明詩綜》、陳田《明詩紀事》，均未收錄其詩[49]，這可能是許氏詩集未能廣為流傳之故，或者是其詩作並未受到錢謙益

---

[46] 王英志：《古典美學傳統與詩論》（南京：南京出版社，1991年），頁134。此文另為其《中國古典詩歌藝術新探》（江蘇古籍出版社，1990年）一書之〈概說〉。

[47] 《古典美學傳統與詩論》，頁146。

[48] 參本書第一章第三節。

[49] 分參〔清〕錢謙益編：《列朝詩集》（上海：上海書店，1989年）；〔清〕朱彝尊編：《明詩綜》（臺北：世界書局，1970年）；〔清〕陳田編：《明詩紀事》（上海：上海古籍出版社，1993年）。《列朝詩集》與《明詩綜》均在清初編成，《明詩紀事》則編成於光緒、宣統年間。

等人的垂青。

　　所見二百九十三首許學夷詩作，就題材內容來論，絕大部分是屬於酬酢唱和的贈答詩與登山臨水的寫景詩，間亦有若干沿用古題的新作，取材範圍不算廣泛，這是因為許學夷一生苦心著述，終老江陰，人生的閱歷較為單純。若以體裁來論，許學夷的詩歌兼備了五七言古詩、律詩、絕句諸體，甚至出現了楚辭體、六言體，以詩體編次的《許伯清詩稿》中，其五言古詩又細分為「漢魏體」與「唐體」。由詩歌體裁的分布，略可察知其詩歌創作與理論的相應處：五言古詩的「漢魏體」、「唐體」之分，正是創作應以「體製」為先的具體表現；又許氏的詩作各種體裁皆備，亦是在「自唐而後，體無弗備，境無弗臻，於法宜守」之理念指導下的創作所得。

　　以下舉出幾篇許學夷的作品，來檢視他對於「漢魏古詩」與「盛唐律詩」的學習成果。先以《許伯清詩稿》開頭前兩首詩為例，看看許學夷的「漢魏體」五古：

> 雜寓
> 龍門有孤桐，百尺高無枝。亭亭依澗谷，獨抱凌霜姿。裁為膝上琴，絃之野繭絲。試彈幽蘭曲，慷慨無人知。三歎徒自惜，徬徨淚空垂。

> 其二
> 盈盈深閨女，婷約含芳容。明晨弄機杼，日暮愁忡忡。自言織作勞，雙鬢如飛蓬。不能補袞衣，五彩繢華

蟲。徒憐歲欲暮,攬涕恨無窮。[50]

前一首詩是以彈琴為喻,表達「恨無知音」的感慨悲哀,「孤桐」、「野繭絲」、「幽蘭曲」,都可視為許學夷對本身高潔人格的自況。第二首詩寫思婦之情,全詩雖未明言思念,但在許學夷對此深閨女子雙鬟如蓬、織作無成的形象描繪中,思念之苦已溢於言表。

許學夷的這兩首作品,確實頗具漢魏之風,我們試從漢魏詩中尋找這兩首詩作「可能的」學習對象,可以有如下的發現:第一首詩的前二句「龍門有孤桐,百尺高無枝」,句型結構與〈古詩十九首〉的「庭中有奇樹,綠葉發華滋」[51]頗為相似;其前四句「龍門有孤桐,百尺高無枝。亭亭依澗谷,獨抱凌霜姿」,則與劉楨〈贈從弟詩三首〉之二的意蘊貼合,劉楨詩云:「亭亭山上松,瑟瑟谷中風。風聲一何盛!松枝一何勁!冰霜正慘悽,終歲常端正。豈不罹凝寒?松柏有本性。」[52]許學夷詩與之相同,都是以不懼風霜的亭亭之木來譬況人的品格;接下來的「裁為膝上琴,絃之野繭絲」,句型亦與〈古詩十九首〉的「文彩雙鴛鴦,裁為合歡被。著以長相思,緣以結不解」為近;末尾「試彈幽蘭曲,慷慨無人知。三歎徒自惜,徬徨淚

---

[50] 許學夷:《許伯清詩稿》,附於《詩源辯體》(中央圖書館藏,民國十一年上海褧廬鉛印本),頁1。

[51] 以下凡引〈古詩十九首〉者,均見《先秦漢魏晉南北朝詩》,〈漢詩〉,卷12,頁329-334。

[52] 《先秦漢魏晉南北朝詩》,〈魏詩〉,卷3,頁371。

空垂」的情境,又不禁令人想起〈十九首〉中的「清商隨風發,中曲正徘徊。一彈再三歎,慷慨有餘哀。不惜歌者苦,但傷知音稀」。第二首詩與〈古詩十九首〉的關係更為密切,首二句的「盈盈深閨女,婥約含芳容」,顯然沿自「盈盈樓上女,皎皎當窗牖」的句式;「明晨弄機杼,日暮愁忡忡。自言織作勞,雙鬢如飛蓬。不能補袞衣,五彩繢華蟲」等六句的情韻,又彷彿是脫胎自「纖纖擢素手,札札弄機杼。終日不成章,泣涕零如雨」;最後「徒憐歲欲暮,攬涕恨無窮」的感傷,則與「凜凜歲云暮,螻蛄夕鳴悲。……徙倚懷感傷,垂涕沾雙扉」一詩的頭尾幾句同轍。

《詩源辯體》強調學者為詩當以詩歌之「規矩」、「法」、「體製」為先,但對於詩法、體製的實質內涵,許學夷並未十分明白的加以描述,這是因為一旦清楚界定詩歌的規範法則之內容,就會落入像何景明所解釋的「辭斷而意屬,聯類而比物」[53],或是如李夢陽所說的「大抵前疏者後必密,半闊者半必細,一實者必一虛,疊景者意必二」[54],反而侷限、僵化了「法」所具有的意義。詩法實難以言詮,前文亦僅以「詩歌語言的結構形式」來解釋《詩源辯體》所指的「體製」,然從以上對許學夷詩作學習漢魏古詩的分析中,我們當可以進一步體察到,許氏詩作中所取法自古人的「體製」,似乎包含了兩層意思:第一,就較為基本的層面來論,「體製」可指句型結構,比

---

[53] 〈與李空同論詩書〉語,《何大復集》,卷32,頁576。
[54] 〈再與何氏書〉語,《空同先生集》,卷61,頁1742。

如許學夷可能是仿「庭中有奇樹」的句型,寫成了「龍門有孤桐」,又可能仿「文彩雙鴛鴦,裁為合歡被。著以長相思,緣以結不解」的句型,寫成了「裁為膝上琴,絃之野繭絲」;第二,就較為抽象的另一層面來論,「體製」乃指得以呈現某種「意境」的語言形式[55],比如許學夷的可能即是揣摩了「清商隨風發,中曲正徘徊。一彈再三歎,慷慨有餘哀。不惜歌者苦,但傷知音稀」的意境,才完成了藝術形象十分相近的「試彈幽蘭曲,慷慨無人知。三歎徒自惜,徬徨淚空垂」之句。

然除了此詩歌體製之外,許學夷漢魏體古詩的創作是否真能如其理論所談的,由「法」而進昇於「悟入」呢?許氏曾謂:「予學漢魏二十年,始悟入焉。」這點,許學夷是對自己深具信心的,只是詩人的創作是否達到「悟入」之境,並無一確切的判定標準,因此也就難以針對個別的詩人或作品做出有效的檢驗。可資探討的是:許學夷自認為對漢魏詩的學習已臻「悟入」,而其作品又讓人感覺與漢魏詩如此「相似」,此二者在理論上是否可以相容?

實則在《詩源辯體》的創作主張中,學漢魏古詩是不避「似」的,甚至學漢魏詩歌的目的就正在於求「似」:

---

[55] 陳植鍔云:「所謂意象,表現在詩歌中即是一個個語詞,它是詩歌藝術的基本單位。意境說側重於全篇的構思和立意,所謂意境,即指全首詩歌所創造的藝術形象。」見陳植鍔:《詩歌意象論》(北京:中國社會科學出版社,1992年),頁39。本文則把「意境」的意思看得更廣些,將若干詩句所構成的藝術形象亦謂為「意境」。

> 學漢魏詩，惟語不足以盡變。其興象不同，體裁亦異，固天機妙運無方耳。譬如學古人畫，苟一筆不類，便非其人；若必摹倣某幅而為之，則是臨畫，非作畫也。故凡學漢魏詩，必果如出漢魏人手，至欲指似某篇，無跡可求，斯為盡變。此非專習凝領，而神與境會，弗能及也。（三／50）

許學夷在此將學漢魏詩比作繪畫，並認為「學古人畫，苟一筆不類，便非其人」，但這樣的求似又不是「摹倣某幅而為之」的「臨畫」，而是「作畫」。究許學夷之意當是指示學者：學漢魏詩歌不應著力於摹倣語句，語句的摹倣只能如「臨畫」一般，求得「形似」，而須從漢魏詩的「天機妙運無方」處入手，方可求得「神似」；若果能出手神似古人之作，則其作品一方面可以「指似某篇」，一方面卻又「無跡可求」，如此「斯為盡變」。許學夷另有言：

> 或言學古不必盡似，此殊為學古累。果爾，則自出機軸可也。學古豈容不類耶？（三／51）

此論所謂的「似」、「類」，亦不著眼於字句之跡，而是從詩歌的風格意境來論。是故許氏的漢魏體五古雖未必真的「無跡可求」，但他自認為學漢魏詩已能「悟入」，而其作品又力求「神似」古人之作，這與他的創作理論是可以相應的。

接著，再看許學夷的律詩作品。我們以《許伯清詩稿》「五言律詩」部分的前兩首為例：

丹陽舟中

野曠殘雲斷，天長積水昏。蘭舟芳草渡，茅屋杏花村。燕語知春社，鶯啼憶故園。遙憐江上侶，夜雨待傾樽。

重過瓊峰上人蘭若

池上秋初到，重來憶遠公。雨昏蓮社冷，月過影堂空。遺跡雙林下，塵緣一夢中。聞鐘但惆悵，獨立虎溪東。[56]

前一首詩為許學夷行旅丹陽（今江蘇丹陽）時所作，首二句寫舟中所見之遠景，「殘雲斷」、「積水昏」的意象，正將淡淡的愁緒渲染開來；三、四句一方面寫舟船移動，一方面把所見景物拉近，「芳草」、「杏花」並點出時值春季；五、六句則藉由燕語鶯啼，勾發故園之思；七、八二句為虛擬，許學夷設想江上（指江陰）友人在雨夜待其歸去，共同傾樽言歡，此是把對友人的思念說成了友人對我的思念，思念之情愈顯真切。後一首詩是再度過訪瓊峰上人之寺院而作，首二句先指出時節為初秋，再將瓊峰上人喻為晉代廬山東林寺的慧遠法師（遠公），惜此番來到無緣重逢，只能懷想；三、四句寫寺院所見之景，「昏」、「冷」、「空」諸字，均烘托出訪友不遇的淡淡哀愁，頗收情景交融之效；五、六句寫景物猶在而塵緣如夢，流露出人生無常的感慨；最後以聞鐘收尾，詩人彷彿獨立於東

---

[56] 《許伯清詩稿》，頁25。

林寺旁的虎溪,惆悵之情如鐘聲裊裊不散。

許學夷的這兩首五律,與其漢魏體五古相較,學習的痕跡顯得較淡,這當是因為漢魏詩歌的數量少,風格較趨一致,在此有限而固定的典範之下,學者自難鎔裁變化;而唐代律詩的作品數量甚多,風格流派亦眾,典範的多樣繁複,自然讓學者有較為寬闊的空間可以多加發揮。不過仔細品味許學夷這兩首詩作,亦不難發現其清新幽雅、恬澹自然的風格,與王維、孟浩然的詩風頗為相近,看來確實是取法盛唐的「體製格調」,而且是偏向王、孟的山水田園一派。比如〈重過瓈峰上人蘭若〉一詩的意境,就與孟浩然的〈晚泊潯陽望香爐峰〉有若干相似處,孟浩然詩云:

> 挂席幾千里,名山都未逢。泊舟潯陽郭,始見香爐峰。嘗讀遠公傳,永懷塵外蹤。東林精舍近,日暮空聞鐘。[57]

許學夷詩中以遠公為喻,最後並以聞鐘作結,即有可能是受到孟浩然此詩的影響。

許學夷的律詩以王、孟詩風為法,肇因於淡泊的性格、隱居的生活型態,乃至於才力。《詩源辯體》論王、孟云:

> 王摩詰、孟浩然才力不逮高岑,而造詣實深,興趣實遠,故其古詩雖不足,律詩體多渾圓,語多活潑,而

---

[57] 〔唐〕孟浩然著,李景白校注:《孟浩然詩集校注》(成都:巴蜀書社,1988年),卷1,頁126。

第五章 創作論——復古的創作理論與實踐 229

> 氣象風格自在,多入於聖矣。(十六/160)

王維與孟浩然的才力不及高適、岑參,但對於許學夷來說,卻是較為適合的取法對象。只是許學夷固然學習王、孟,其律詩恐怕仍未如王、孟一般,達到「體多渾圓,語多活潑,而氣象風格自在」的入聖境地。

就整體來看,許學夷對漢魏古詩、盛唐律詩的學習,確實能法其體製,仿其聲調,寫出中規中矩的作品,其詩作具有一定程度的水準。但是在「七分宗古、三分自創,便可成家」的指導原則下,許學夷的詩歌作品卻也顯得過分偏重傳統,無法跳脫前人的窠臼,讀來令人感覺調多承襲而殊少變化。吳喬《逃禪詩話》中對許學夷的詩作即有這麼一段批評:

> 伯清得於體制者,盡善盡美!至矣極矣!其所自作,反束於于體制,惟恐一字之踰閑,才情不得勃發。[58]

此論可謂切中了許學夷詩歌的不足處。所云「體製」,代表傳統的習規力量;「才情」,代表個人的獨創發揮。詩歌的創作一方面固然是傳統和個人的角力結果,但一方面也是體製和才情的相互協調,許學夷「七分宗古、三分自創」的說法,雖自認為在傳統規範和個人獨創之間,調合了最理想的比例分配,實則其論點不免過分偏重傳統規範,反使得其實際創作「束于體制」而「才情不得勃發」。

---

[58] 〔清〕吳喬:《逃禪詩話》(臺北:廣文書局,1973年,與《圍爐詩話》等合印),頁589。

我們以許學夷的創作實踐來反觀其理論，確實可以發現《詩源辯體》的創作理論存在著這點侷限，如此論來，許學夷所自信的詩歌復古之論，恐怕也就未必如他想像的那麼具有「學習傳統進而成為傳統」的有效性。

小　結

《詩源辯體》中有關詩歌創作的看法，除了上文所述之外，另有一些未能納入理論體系的見解，於此附帶一提。比如許學夷主張學者為詩當「取古人所長，濟己之短」：

> 凡學詩，當取古人所長，濟己之短，乃為善學，所謂「取諸人以為善」是也。如己不能馳騁，當盡力學古人馳騁；己不能渾涵，當盡力學古人渾涵；以至古雅、高華、和平、閒遠，莫不皆然。（三四／325）

或者如「窮而後工」之論：

> 歐陽公云：「非詩能窮人，窮者而後工。」愚謂：窮者，兼貧賤而無顯譽者言也。富貴之人，經營應接，無晷刻之暇，其於詩不能工，人皆知之；至若富貴者篇章始成，諂諛之人交口稱譽，有顯譽者一言偶出，信耳之人同聲應和，苟非虛己受益，鮮不為其所惑，此人未易知也。惟貧賤無顯譽之人，人得指其瑕疵，造詣未成，則困心橫慮，日就月將，無虛聲而有實得

，是以窮者多工耳。此予身試而實驗者。(三四╱326)[59]

這些意見雖然比較零散，但也頗具參考價值。

總括而論，《詩源辯體》的創作理論以繼承嚴羽、李夢陽、王世貞、胡應麟的見解者居多，自己獨特的看法偏少。然許學夷能將復古派前輩的相關意見予以條分縷析，並強力反駁袁宏道的反復古主張，以重整出一套體系井然創作理論，對於復古理念的抉發仍具有重要的貢獻。

當然，取法古人的體製聲調，絕對不是完美而理想的創作方式，儘管許學夷說「曰詞與意，貴作者自運焉」，說學者可以有「三分自創」的空間，但其論點實無可避免的存在著輕忽個人獨創性的缺失，這點，我們在許學夷的詩作中即可明顯看出。然而復古創作理論的這項不足，對於以復古詩論之總結者自居的許學夷來說，應該不致於毫無察覺，只是以許學夷的觀點來看，明代既是詩歌「創新」毫無希望的時代，則略為犧牲個人的才情以「守成」，以延續傳統詩歌的生命力，絕對是值得而且可行的。我們持此角度衡諸《詩源辯體》，即可對其復古創作理論的針對性、合理性，有更深一層的領會。

---

[59] 引歐陽公語出自〈梅聖俞詩集序〉，見〔宋〕歐陽修：《歐陽修全集》（臺北：世界書局，1961年），《居士集》，卷42，頁295。

第六章　批評研究——理論、實際與批評史

　　劉若愚《中國文學理論》一書中,將「文學批評的研究」之學科,畫分為「文學批評史」和「批評的批評」兩大領域,後一項「批評的批評」又包含「批評的理論批評」(Theroetical criticism of criticism)、「批評的實際批評」(Practical criticism of criticism)兩類內容[1]。統整其說,「文學批評的研究」之學術範疇,應是由「理論批評」、「實際批評」及「批評史」三者所共同組成。

　　以中國詩歌來論,最為常見的批評形式,除了詩話、詩格、書信題跋等各種樣式的「詩論」之外,當屬「詩總集」[2]。許學夷在《詩源辯體·前集》論完《詩經》至五代的詩歌發展之後,又另以第三十五、三十六兩卷,專論魏文帝《詩格》以降的歷代詩歌評論以及蕭統《文選》以降的歷代詩歌總集,所探討的問題即是屬於「詩歌批評的實際批評」。雖然許學夷的這兩卷論述僅能算是概論,但以時代為序的論究方式,仍能稍稍

---

[1] 劉若愚著,杜國清譯:《中國文學理論》(臺北:聯經出版公司,1993年),頁2-3。
[2] 總集的批評性質可參王瑤:《關於中國古典文學問題》(上海:上海古典文學出版社,1956年),〈中國文學批評與總集〉;楊松年:《中國文學評論史編寫問題論析——晚明至盛清詩論之考察》(臺北:文史哲出版社,1988年),第二章第二節〈詩選詩彙詩論價值之進一步考察〉。

呈現出中國詩歌批評的發展脈絡，可以當作是簡單的「詩歌批評史」看待[3]。事實上，《詩源辯體》本身原來是由「詩論」和「詩選」兩部分所組成，許學夷還曾與滄洲詩社友人邱維賢合編過《澄江詩選》，在《詩源辯體》與〈澄江詩選序〉當中，許學夷也曾述及論詩和選詩所應具備的態度方法，這又涉入了「詩歌批評的理論批評」。

綜之，「詩歌批評的研究」所涵蓋的「理論批評」、「實際批評」和「批評史」三大領域，許學夷在《詩源辯體》中均曾觸及，這也是本章所欲關注的幾項課題。下文分成五節進行討論：第一、三節分述「論詩的基本原則」和「選詩的基本原則」，此二節在於探究《詩源辯體》「批評的理論批評」；第二、四節「評歷代詩論」及「評歷代詩總集」，是以一、三節所談的「理論」來檢視其「批評的實際批評」；第五節「詩歌批評史觀」，則又論析許學夷對「詩歌批評史」所持的整體看法。此外，詩歌的「注解」也算是一種批評的方式，許學夷在《詩源辯體》第一、二卷中對朱子《詩集傳》和《楚辭集注》的評論，也當視為一種「批評研究」，然此部分不再另闢專節探討，逕於本章的小結中補述。

---

[3] 劉明今在介紹《詩源辯體》一書時，曾特別注意到許學夷對於歷代詩論及詩選的批評，參袁震宇、劉明今：《明代文學批評史》（上海：上海古籍出版社，1991年），頁294-298。

第一節　論詩的基本原則

　　《詩源辯體》全書最為特出之處，是對歷代詩歌的體製作出正變之辨，這樣的研究成果，反映出許學夷論詩所具有的兩大特色：其一，著眼於辨析各時代的詩歌體製，而非在瑣碎的語句文字之間穿鑿搜括；其二，致力於區判詩歌的正變演化，對於變體的價值亦給予適度的肯定。許學夷以這樣的方式來評論歷代詩歌，同樣也以之作為一般詩論家所必須把握的論詩原則，以下分別述之。

一、對詩歌作總體性的評論

　　《詩源辯體》以開闊的視野對古往今來的詩歌發展作一番全面性的考察，在許學夷心目中，最為理想的論詩方法正是著眼於時代的大格局：

> 古今人論詩，論字不如論句，論句不如論篇，論篇不如論人，論人不如論代。晚唐、宋、元諸人論詩，多論字、論句，至論篇、論人者寡矣，況論代乎？予之論詩，多論代、論人，至論篇、論句者寡矣，況論字乎？各卷中雖多引篇摘句，實論一代之體，或一人之體也。（三四／326）

論詩以論人、論代為上，論字、論句為下，這是因為許學夷認為：詩論家所擔負的責任是對一個時代或一位詩人作總體性的

評論,並非對詩歌語句作細部的分析。當然,一個時代或一位詩人,詩歌的總體特色仍是由一篇篇作品、一串串詩句集合而成,因此論詩不可能不「引篇摘句」;只是「引篇摘句」的目的卻不是為了論篇論句,而是要以此來論證時代或詩人所具有的不同家數。篇章詩句的徵引,既是為了論證「一代之體」或「一人之體」,則就單一作品來說,論者要從全首詩作的整體風貌來加以把握,亦即應究心於詩作的體製格調,而不是詩眼字句。我們若以現代的觀念來作理解,許學夷的意見可以詮釋為:論詩應以詩歌史或詩家的研究為主要對象,單篇詩作的討論雖不可免,但對於個別詩作的討論乃是為了建構一代詩歌或某位詩家的風格特色,故必須對之作「文學」的研究,切不可將詩歌的研究支解成「修辭學」或「語法學」的研究。《詩源辯體》又云:

> 詩有本末,體氣,本也;字句,末也。本可以兼末,末不可以兼本。(三四/326)

既然「本可以兼末」,那麼許學夷的研究構想就不是將字句置之不顧,而是要以體製的評論來涵攝字句的評論。

這項論詩原則的揭示,我們亦可在許學夷對於杜詩的批評方法中得到清楚的認識:

> 胡元瑞云:「盛唐句法渾涵,如兩漢之詩,不可以一字求。至老杜而後,句中有奇字為眼,才有此,句法便不渾涵。」愚按:老杜五言律妙處,原不在眼,淺

薄者但得其眼耳。(十九／216)[4]

> 太白古詩、歌行與子美並駕千古,宋人多推子美而遺太白者,蓋宋人自歐、蘇二三名家而外,率皆淺鄙疎陋,於古詩、歌行略無所得,一時所崇尚者,七言律耳。而子美七言律最多,說者又有篇格、句字、照應、關鍵等說,故淺鄙者好之,實於杜律一無所解也。(十九／217)

前一則論述謂老杜五律之妙並不在「眼」,但淺薄者只得其「眼」;後一則論述亦謂淺鄙者以「篇格、句字、照應、關鍵」論杜甫律詩,實於杜甫之律詩毫無所解。許學夷對這些批評杜詩的方法予以排詆,是因為以詩眼、篇格、字句等論詩,只是對詩歌細微末節的探究,並無法識其大體。又云:

> 古今說杜詩者不能悉舉,大要多穿鑿附會,淺妄支離。蓋其人興趣既少,而於唐人玲瓏透徹、渾圓活潑之妙既不能知;其質性庸下,於少陵沈雄含蓄、渾厚悲壯之處,又不能得,徒以耳食慕少陵,不得已而求之篇格之間,字句之末,故不免於支離穿鑿耳。(十九／216)

知許學夷心目中理想的批評杜詩之方式,是要識得「唐人玲瓏透徹、渾圓活潑之妙」與「少陵沈雄含蓄、渾厚悲壯之處」,

---

[4] 引胡元瑞語見〔明〕胡應麟:《詩藪》(上海:上海古籍出版社,1979年),〈內編〉,卷5,頁91。

而非「支離穿鑿」的「求之篇格之間、字句之末」。也就是說，評論杜甫律詩應當從體製格調入手，以求對詩作有一總體性的認識；此即「論字不如論句，論句不如論篇，論篇不如論人」之意也。

評論杜詩如此，引而伸之，評論古今人詩，亦無非如此。

二、各得其正變而論之

《詩源辯體》卷三十五第一則，在開始批評歷代詩論與詩總集之前，許學夷提綱挈領的說明了論詩、選詩的困難：

> 詩可作，不可選；可選，不可言。夫淺深精粗，隨所造而就焉，可作也，而選則未易能也。然苟有中正之識，則凡漢、魏、初、盛唐雅正之詩，或可選也。若夫言詩，得其中者必遺其偏，明於正者多昧於變，能於三百篇、漢、魏、六朝、初、盛、中、晚唐各得其正變而論之者，鮮矣。況能於淵明、元結、韋、柳、元和諸公各極其至而論之耶？（三五／331）

選詩難於作詩，作詩不論淺深精粗皆可各隨所造來進行創作，選詩則必須具備「中正之識」；言詩又難於選詩，因為「得其中者必遺其偏，明於正者多昧於變」，言詩者僅具備「中正之識」是不足夠的，必須「各得其正變而論之」，方為上乘。這是許學夷所提出的另一項論詩原則。

所謂「各得其正變而論之」，並不只是以中和雅正的「古典審美理想」來判別詩歌體製之正變，更重要的是對於必然出

現的詩歌變體,賦予詩歌史上的意義與藝術的價值。許學夷即持此觀點來評斷元和諸公及宋人的詩歌之變:

> 元和諸公之詩,其美處即其病處,樂天謂「所長在此,所病亦在此」是也。(二四/250)[5]

> 宋主變,不主正,古詩、歌行,滑稽議論,是其所長,其變幻無窮,凌跨一代,正在於此。或欲以論唐詩者論宋,正猶求中庸之言於釋、老,未可與語釋、老也。(後一/377)

> 故凡歐蘇之詩,美而知其病,病而知其美,方是法眼。(後一/384)

「其美處即其病處」、「美而知其病,病而知其美」之言,雖然涉入「悖論」(paradox),但含義並不難索解。我們若以中和雅正的審美標準求之元和、宋代諸公之詩,其詩作確實為「變」,為「病」;然若改以「變」的角度來論元和、宋代諸公詩,則其詩雖變,亦有自立門戶的獨創之美,比如宋詩的「古詩、歌行,滑稽議論」,正「是其所長」,因此可說「其美處即其病處」。評論詩歌應當要「正」與「變」的觀點相互為用,對於變體之詩,一方面既要「知其病」,一方面又要「知其美」;假如一貫抱持「正」的觀點,或者固執的以盛唐詩風來

---

[5] 引白樂天語出自〈和答詩十首並序〉,見〔唐〕白居易著,朱金城箋校:《白居易集箋校》(上海:上海古籍出版社,1988年),卷2,〈諷諭二〉,頁105。

評斷元和與宋代，反而會落入許學夷所說的「明於正者多昧於變」、「求中庸之言於釋、老，未可與語釋、老也」。

論詩當「各得其正變而論之」，此評論觀點的轉換，可以更進一步的靈活運用，比如許學夷如此評價陸機、謝靈運詩以及韋應物、柳宗元五古：

> 從漢魏而言，是陸勝謝；從六朝而言，是謝勝陸。（七／109）

> 韋、柳雖由工入微，然應物入微而不見其工；子厚雖入微，而經緯綿密，其功自見。故由唐人而論，是柳勝韋；由淵明而論，是韋勝柳。（二三／241）

《詩源辯體》論古詩是以漢魏為「正」，六朝為「變」，則前一條論述所提及的「從漢魏而言」和「六朝而言」，其觀點是有正、變之分的，意謂：從「正」角度來看，是陸詩為勝；從「變」的角度來論，則是謝詩為勝。然陶淵明詩和唐人五古並無明顯的正、變之別，後一條論述所云的「由唐人而論」和「由淵明而論」，其評價的立場雖有不同，但不論是「柳勝韋」或「韋勝柳」，卻都與正變無關，這樣的批評便形成了一種無涉正變的純粹觀點之轉移。

此論詩觀點之轉移的最高度發揮，當是對於每位詩人皆應用一種得以發掘其特色的欣賞角度來加以評論：

> 盛世之士，才多老成；季世之士，才多華靡。今之喜老成者，或欲於後生華靡驟加裁抑，則機鋒一挫，終

無起發矣。莊子云:「彼且為嬰兒,亦與之為嬰兒;彼且為無町畦,亦與之為無町畦。達之,入於無疵。」此論可為詩教。惟王、杜、皮、陸怪惡,必不可墮落耳。(三四/325)[6]

許學夷認為除了王建、杜牧、皮日休、陸龜蒙的怪惡詩作,論者必不可隨之墮落以外,其餘或正或變的詩歌,評論家都應該老成者以老成論之,華靡者以華靡論之,盡可能以該詩人之風格作為品味的基本觀點。這就如同莊子所說的「彼且為嬰兒,亦與之為嬰兒;彼且為無町畦,亦與之為無町畦;彼且為無崖,亦與之為無崖」,對於練習創作的學者來說,若「這樣引達他」,自可促進其寫作的才力,使之在詩歌創作的路程能「入於無過失的正途上」[7]。

如此論來,「各得其正變而論之」的評詩原則,最主要的用意是在於要求詩論家除了做一位詩歌的「指疵者」外,同時也應該是一位詩歌的「欣賞者」。

---

[6] 引莊子語出自〈人間世〉,見〔清〕郭慶藩集釋:《莊子集釋》(臺北:華正書局,1991年),卷2中,頁165。《詩源辯體》所引省脫「彼且為無崖,亦與之為無崖」一句。
[7] 此處採用陳鼓應對「達之,入於無疵」一語的解釋,參陳鼓應註譯:《莊子今註今譯》(臺北:臺灣商務印書館,1994年),頁144。

第二節　評歷代詩論

　　許學夷在《詩源辯體》卷三十五中,對歷代詩論提出實際批評,所述皆作要點式的評論,大致上以每條批評一家,間或有詩論性質相近者,則一條兼評數家;若有需要更進一步說明者,則數條同評一家。茲將所批評的對象依序條列如下:

魏文帝《詩格》[8]
沈約「八病」之說[9]
劉勰《文心雕龍》
鍾嶸《詩品》
上官儀、李嶠、王昌齡《詩格》
王昌齡《詩中密旨》
白居易《金針集》、《文苑詩格》
賈島《二南密旨》[10]

---

[8] 魏文帝《詩格》,見〔宋〕陳應行編:《吟窗雜錄》(中央圖書館藏,嘉靖戊申崇文書堂刊本)。《詩格》係偽託之作,詳羅根澤:《中國文學批評史》(臺北:學海出版社,1990年)所考。

[9] 沈約「八病」之說,見於李淑《詩苑類格》及魏慶之《詩人玉屑》所載,分見〔宋〕曾慥編:《類說》(臺北:藝文印書館,1970年),卷51,頁35-36引《詩苑類格》;〔宋〕魏慶之編:《詩人玉屑》(臺北:九思出版社,1978年),卷11,頁234。

[10] 上官儀無「詩格」之作,許學夷所指當為《詩苑類格》所載其「六對」、「八對」之說,見《類說》,卷51,頁36-37;或《詩人玉屑》,卷7,頁

第六章　批評研究——理論、實際與批評史　243

　　杜子美論薛稷〈陝郊篇〉[11]
　　李太白論崔顥〈黃鶴樓〉[12]
　　皎然《詩式》
　　司空圖論詩
　　齊己《風騷旨格》
　　虛中《流類手鑑》
　　文彧《詩格》
　　桂林《詩評》
　　徐寅、徐衍、李慮、徐生、王夢簡、王叡、王玄論詩
　　梅堯臣《續金針詩格》、《詩評》[13]

165-166。李嶠《評詩格》（許學夷作《詩格》），王昌齡《詩格》、《詩中密旨》，白居易《金針詩格》（許學夷作《金針集》）、《文苑詩格》，賈島《二南密旨》諸書，均參《吟窗雜錄》本。據羅根澤所考，諸書除李嶠《評詩格》「恐非偽書」，王昌齡《詩格》、《詩中密旨》「偽中有真」外，餘皆為偽託。

[11] 杜甫〈觀薛少保書畫壁〉一詩有「少保有古風，得之陝郊篇」之句，見〔唐〕杜甫著，仇兆鰲注：《杜詩詳注》（臺北：里仁書局，1980年），卷11，頁960。

[12] 《苕溪漁隱叢話》引李畋《該聞錄》：「唐崔顥〈題武昌黃鶴樓〉詩云：『昔人已乘白雲去，此地空餘黃鶴樓。黃鶴一去不復返，白雲千載空悠悠。晴川歷歷漢陽樹，芳草萋萋鸚鵡洲。日暮家山何處在？煙波江上使人愁。』李太白負大名，尚曰：『眼前有景道不得，崔顥題詩在上頭。』欲擬之較勝負，乃作〈金陵登鳳皇臺詩〉。」見〔宋〕胡仔編：《苕溪漁隱叢話》（北京：人民文學出版社，1993年），〈前集〉，卷5，頁30。

[13] 齊己《風騷旨格》、虛中《流類手鑑》、文彧《詩格》、桂林淳大師《詩評》、徐寅《雅道機要》、徐衍《風騷要式》、王夢簡《詩要格律》、炙

蘇東坡論詩
敖器之評詩[14]
劉後村《詩話》[15]
嚴滄浪論詩
魏醇甫《玉屑》[16]
阮宏休《總龜》[17]
《詩林廣記》[18]
俞仲蔚《名賢詩評》[19]
江湖詩社聚編《歷代詩體》[20]
陳繹曾《詩譜》[21]
楊仲弘論詩
范德機《木天禁語》、《詩學禁臠》
傅與礪《詩法正論》

穀子王叡《詩格》、王玄《詩中旨格》、梅堯臣《續金針詩格》、《詩評》諸書,均參《吟窗雜錄》本。《風騷旨格》另見《歷代詩話續編》(臺北:木鐸出版社,1988年)。李慮、徐生二人之著作未詳。

[14] 參〔宋〕敖陶孫:《詩評》(臺北:藝文印書館,1965年,《百部叢書集成》影印《天都閣藏書》本)。
[15] 參〔宋〕劉克莊:《後村詩話》(北京:中華書局,1983年)。
[16] 魏慶之《詩人玉屑》,見註9。
[17] 參〔宋〕阮閱:《詩話總龜》(臺北:廣文書局,1973年)。
[18] 參〔宋〕蔡正孫編:《詩林廣記》(臺北:廣文書局,1973年)。
[19] 參〔明〕俞允文:《名賢詩評》(臺北:廣文書局,1972年)。
[20] 《歷代詩體》,未見。
[21] 參〔元〕陳繹曾:《詩譜》,《歷代詩話續編》本。

揭曼碩論詩
元人《詩家一指》
元人《沙中金》[22]
黃澄濟《詩學權輿》[23]
《冰川詩式》[24]
李賓之《懷麓堂詩話》
李獻吉與何仲默論詩
徐昌穀《談藝錄》
皇甫子循《解頤新語》[25]
楊用修《譚苑醍醐》[26]
何元朗《四友齋叢話》[27]

---

[22] 楊載（仲弘）《詩法家數》、范梈（德機）《木天禁語》、《詩學禁臠》（許學夷以為二書皆偽）、傅若金（與礪）《詩法正論》、揭傒斯（曼碩）《詩法正宗》（許學夷所論指此書）、不著撰人《詩家一指》（《千頃堂書目》錄「懷悅《詩家一指》一卷」，《名家詩法彙編》題范德機）、《沙中金》諸書，均收錄於《格致叢書》，然中央圖書館藏萬曆三十一年刊本《格致叢書》有缺，故可參〔明〕朱紱編：《名家詩法彙編》（臺北：廣文書局，1973年）。《詩法家數》、《木天禁語》、《詩學禁臠》另見《歷代詩話》（臺北：漢京文化公司，1983年）。

[23] 黃溥《詩學權輿》，《四庫全書》「總集類」存目，未見。

[24] 參〔明〕梁橋編：《冰川詩式》（臺北：廣文書局，1973年）。

[25] 皇甫汸《解頤新語》，《四庫全書》「詩文評類」存目，未見。

[26] 參〔明〕楊慎《譚苑醍醐》（臺北：藝文印書館，1968年，《百部叢書集成》影印《函海》本）。

[27] 參〔明〕何良俊：《四友齋叢說》（北京：中華書局，1983年）。

王用章《詩法源流》[28]

李于鱗〈唐詩選序〉[29]

王元美《藝苑卮言》

王敬美《藝圃擷餘》

謝茂秦《詩家直說》

胡元瑞《詩藪》

李本寧論詩

馮元成《藝海泂酌》[30]

袁中郎論詩

鄒彥吉論詩

趙凡夫《彈雅》[31]

以上所舉,因魏文帝〈詩格〉實為偽作,故許學夷批評的歷代詩論家與論詩著作,其所涵蓋的時期,應是從南北朝一直延伸到明代。此上下千餘年的時間,實際上也就是從詩歌批評

---

[28] 王用章《詩法源流》三卷,《千頃堂書目》「文史類」吳騫補入,未見。臺北廣文書局有影印本《詩法源流》,題懷悅編,內容除楊士弘〈詩法源流序〉之外,與許學夷所論的王用章《詩法源流》並不相合,係《千頃堂書目》另外著錄之「傳與礪《詩法源流》三卷」。

[29] 〈唐詩選序〉,即〈選唐詩序〉,見〔明〕李攀龍:《滄溟先生集》(上海:上海古籍出版社,1992年),卷15,頁377-378;〔明〕李攀龍編:《古今詩刪》(中央圖書館藏,明萬曆間新都汪時元刊本),卷10,頁1。

[30] 參〔明〕馮時可:《藝海泂酌》(中央圖書館藏,明萬曆壬寅刊本),今存《晉乘》、《唐乘》兩部分。

[31] 趙宧光《彈雅集》,《千頃堂書目》「文史類」著錄,未見。

的成熟期直至許學夷生活的當時,範圍不可謂不廣。

歷代詩論林林總總,數量繁多,《詩源辯體》所舉超過六十家。從許學夷的實際批評來看,他認為歷來眾多的論詩著作,基本上有三種類型是不具價值、不值得探究的:其一為詩格一類的「偽作」,其二為「紀事」的詩話,其三為「類次舊說,實無己見」的編次之書。先看許學夷對詩格一類之「偽作」所持的見解:

> 世傳魏文帝《詩格》,其淺稚卑鄙無論,乃至竊沈約「八病」之說,又引齊梁詩句為法,蓋村學盲師所為,不足辯也。(三五/331)

> 世傳上官儀、李嶠、王昌齡各有《詩格》,昌齡又有《詩中密旨》,白居易有《金針集》,又有《文苑詩格》,賈島有《二南密旨》,淺稚卑鄙,俱屬偽撰。予囊時各有辯論,以今觀之,不直一笑。蓋當時上官儀、李嶠、王昌齡、白居易俱有盛名,而賈島為詩,晚唐人亦多慕之,故偽撰者託之耳,亦猶今世刻《詩學大成》託名李攀龍也。(三五/333)

依許學夷的看法,這些偽作的出現,多半是為了借重詩人之名以流傳其書,實則為村學盲師所撰,內容大多「淺稚卑鄙」,根本「不足辯也」,甚至「不直一笑」。至於以「紀事」為主的宋人詩話,許學夷的批評則是:

> 宋人詩話,種種不能殫述,然率多紀事,間雜他議論,無益詩道。(三五/335)

《詩源辯體》對宋代詩話的討論極少,所論者僅敖陶孫、劉克莊、嚴羽數家,這是因為宋人詩話「率多紀事」,又間雜無相干的議論,偏離了一部論詩著作所應具備的內容,因此是「無益詩道」、不必多論的。再看許學夷對「類次舊說,實無己見」的詩論之評價:

> 魏醇甫《玉屑》、阮宏休《總龜》,皆類次舊說,實無己見。然純駁不齊,雅俗相混,而《總龜》則直詩話耳。(三五/338)

> 黃澄濟《詩學權輿》二十二卷,皆類次晚唐、宋、元人舊說,而多不署其名,其署名者又多謬誤,蓋彼但見纂集之書,初未見全書也。其論以名物為義者既多穿鑿,以字句相尚者又入細碎,其他卑鄙,不能一一悉舉。間有一二正論,又與前後相反,蓋彼但類次舊說,初未有己見也。……後《冰川詩式》等書,類次種種,不復致辯。(三五/342-343)

這些缺乏作者意見的類次舊說之作,如魏慶之《詩人玉屑》、阮閱《詩話總龜》,許學夷僅以「純駁不齊,雅俗相混」一語帶過,根本未加深究。對於《詩學權輿》一書,許學夷雖然加以討論,但所論全數在於糾謬,許氏更將此書的差誤歸因於「彼但類次舊說,初未有己見也」。其後附帶一提《冰川詩式》等類次之書,亦謂「不復致辯」,則許學夷顯然對這類著作皆表示鄙夷,認為無多加討論的必要。

「偽作」、「紀事」者、「類次舊說」者之外,內容真正

涉入詩論範疇而可資探究的著作，許學夷多秉持其所主張的論詩方式來加以評論。先看《詩源辯體》以「對詩歌作總體性的評論」之原則來批評歷代詩論。

卷三十五的實際批評中，許學夷對唐、五代、宋元諸人的「詩格」、「詩法」之作，都給予極低的評價：

> 皎然《詩式》有「百葉芙蓉、菡萏照水」例，「龍行虎步、氣逸情高」例，「寒松病枝、風擺半折」例，率皆穿鑿附會；又有「不用事」、「作用事」、「直用事」等格，其所引詩句，亦多謬妄。大抵皆論句不論體，故多稱齊梁而抑大歷耳。（三五／334）[32]

> 齊己有《風騷旨格》，虛中有《流類手鑑》，文彧亦有《詩格》。齊己「十勢」之說，倣於皎然，虛中倣於《二南密旨》，文彧「十勢」又倣於齊己。大抵皆穿鑿淺稚，互相剿竊。（三五／334）[33]

---

[32]「百葉芙蓉、菡萏照水」例、「龍行虎步、氣逸情高」例、「寒松病枝、風擺半折」例，見〔唐〕皎然：《詩式》（臺北：藝文印書館，1968年，《百部叢書集成》影印《十萬卷樓叢書》本），頁9-10。又《詩式》有「不用事第一格」、「作用事第二格」、「直用事第三格」、「有事無事第四格」、「有事無事情格俱下第五格」，分見卷1至卷5。

[33] 齊己「十勢」：「獅子返擲勢、猛虎踞林勢、丹鳳銜珠勢、毒龍顧尾勢、孤雁失群勢、洪河側掌勢、龍鳳交吟勢、猛虎投澗勢、龍潛巨浸勢、鯨吞巨海勢。」原見於《吟窗雜錄》，丙卷11，頁4-5，然中央圖書館微捲缺第四頁，此據《歷代詩話續編》本補齊。文彧「十勢」：「芙蓉映水勢、龍潛巨浸勢、龍行虎步勢、獅子返擲勢、寒松病枝勢、風動勢、驚鴻背飛勢

> 楊仲弘論詩，止言大體，便有可觀。其論五、七言古
> ，似亦有得。至論律詩，於登臨、贈別、詠物、讚美
> ，而云起句合如何、二聯三聯合如何、結語合如何，
> 則又近於舉業程課矣。（三五／339）

皎然《詩式》是唐代相當突出而重要的論詩著作，但其「百葉芙蓉、菡萏照水」諸例，「不用事」、「作用事」等格，卻被許學夷評為「穿鑿附會」、「亦多謬妄」，究其根柢，即是這些論點「大抵皆論句，不論體」，並未能對詩歌作一總體性的評論。又如五代時期的齊己《風騷旨格》、虛中《流類手鑑》、文彧《詩格》諸書，同樣是致力於字句格勢的探求，且見解又多模仿抄襲，故許學夷以「穿鑿淺稚，互相剽竊」貶之。再如元代楊載的《詩法家數》，其論詩雖然頗有可觀，但所云某句某聯應如何如何的論點，仍然泥於字句之法，許學夷還是譏之為「近於舉業程課矣」。

反之，被許學夷推為「古今論詩者第一」（三五／337）的嚴羽，論詩多作整體的評論，並不拘泥於字句：

> 嚴滄浪論詩，有〈詩辯〉、〈詩體〉、〈詩法〉、〈
> 詩評〉、〈考證〉等目，唐宋人論詩，至此方是卓識

、離合勢、孤鴻出塞勢、虎縱出群勢。」見《吟窗雜錄》，丙卷12，頁21-22。許學夷以為齊己所論仿於皎然「百葉芙蓉、菡萏照水」諸例，而文彧又仿於齊己。虛中《流類手鑑》所云之「物象流類」與《二南密旨》之「論總例物象」，同是以物象比附於政教，故許學夷謂「虛中倣於《二南密旨》」，分見《吟窗雜錄》，丙卷13，頁25-28；甲卷3，頁26-29。

。其拈出「妙悟」、「興趣」二項,從古未有人道。
(三五／336)

滄浪論詩之法有五:一曰「體製」,二曰「格力」,予得之以論漢魏;三曰「氣象」,予得之以論初唐;四曰「興趣」,予得之以論盛唐;五曰「音節」,則予得之以概論唐律也。(三五／337)[34]

嚴羽論詩拈出「妙悟」與「興趣」,所論實直指詩歌的本質,與詩眼、字句等細微末節無干。所標舉的五項詩歌之法,皆是從詩歌的總體特色來談,非指文句的修飾鍊鍛,觀黃景進《嚴羽及其詩論研究》云:

這五者都是就詩的整體效果而言,五法可說是五個要素或五個方面。「體製」指詩的特殊類型,即「詩體」部分所探討的內容;「格力」可能指結構組織而言;「氣象」指作品予以人的形象;「興趣」指作者的情感意向;「音節」指詩的音調語氣,這種音調語氣與詩的情感變化有關。[35]

正因「體製、格力、氣象、興趣、音節」五法,皆是就「詩歌的整體效果」而言,此所以許學夷吸收了《滄浪詩話》這樣的

---

[34] 引嚴滄浪論詩之法見〔宋〕嚴羽著,郭紹虞校釋:《滄浪詩話校釋》(臺北:里仁書局,1987年),〈詩辨〉,頁7。

[35] 黃景進:《嚴羽及其詩論研究》(臺北:文史哲出版社,1986年),頁159-160。

論詩方式,據以評論漢魏、初盛唐詩以及唐代律詩。許學夷推崇嚴羽為古今論詩者第一,其中一大原因即繫之於此。

再論《詩源辯體》以「各得其正變而論之」的另一項論詩原則所作的實際批評。

許學夷所讚賞的歷代詩論家,除了嚴羽之外,當屬王世貞與胡應麟,所云「古今說詩者惟滄浪、元美、元瑞為善」(三六／373),即是嚴、王、胡三人相提並論。試看許學夷對於《藝苑巵言》、《詩藪》二書的評語:

> 王元美《藝苑巵言》,首泛引前人之論,次則自三百篇、騷賦、漢、魏、六朝、唐、宋、昭代之詩以及子史文章、詞曲、書畫,靡不詳論,最為宏博。然志在兼總,故亦互有得失。其論漢魏五言、沈宋律詩、李杜古詩,最為有得。至或以李杜五言古不及靈運,又古律獨推子美而不及太白、盛唐,自是偏見。至盛推同列而多貶古人,雖曰私衷,亦識有所偏耳。(三五／346)

> 胡元瑞《詩藪》,自三百篇、騷賦、漢、魏、六朝以至唐、宋、昭代之詩,靡不詳論,最為宏博,然冗雜寡緒。〈內編〉,十得其七,〈外編〉、〈雜編〉,誇多衒博,可存其半。其論漢、魏、六朝五言,得其盛衰;論唐人歌行、絕句,言言破的,惟於唐律化境,往往失之。至盛譽諸先達,則有私意存耳。大抵晚唐、宋、元諸人論詩,多失之不及,而國朝昌穀、元

美，時失之過，惟元瑞庶為得中。(三五／348)

許學夷對王世貞和胡應麟論詩仍存些許不滿，但這並不是反對二人的基本立論，而是有意精益求精，後來居上。實則《藝苑卮言》、《詩藪》的內容均從三百篇論至明代，正符合《詩源辯體》所要求的「論人、論代」；再者，《藝苑卮言》、《詩藪》主張的詩歌理論，皆繼承嚴羽以降的復古詩論，對《詩源辯體》的寫作更具有積極的指導作用。許學夷推重王世貞和胡應麟，固然是他們的論詩之作是對詩歌作「總體性的評論」，同時也是二人所論均是宗主「漢魏古詩、盛唐律詩」的中正之論。許氏認為，《藝苑卮言》之所長在於「論漢魏五言、沈宋律詩、李杜古詩，最為有得」，《詩藪》之所長則在於「論漢、魏、六朝五言，得其盛衰；論唐人歌行、絕句，言言破的」，正是指出二人提倡詩歌復古之論所獲得的成就，只是相較之下，元美所論時或矯枉過正，元瑞「庶得其中」。

與之相對，《詩源辯體》所欲駁斥的詩論家，首推「廢古師心」的袁宏道，許學夷云：

> 袁中郎論詩，於〈雪濤閣〉、〈涉江詩〉、〈小修詩〉、〈同適稿〉諸敘洎諸尺牘，其說為多。其論騷、雅之變，至於歐、蘇，無甚乖謬。至論國朝諸公，惡其法古，於汪、王論詩，謂為「雜毒入人」。故一入正格，即為詆斥，稍就偏奇，無不稱賞。於吳中極貶昌穀、元美，而進吳文定、王文恪、沈石田、唐伯虎

諸人，以是壓服千古，難矣。（三五／349-350）[36]

此論之後，《詩源辯體》又連續三則繼續痛詆中郎之說，所謂「彼既甘以老、莊、荀卿自喻，則亦自知非正論矣，又何辯焉」、「詩道罪人，當以中郎為首」、「乃知中郎立異，故為駭世，但世人受其籠絡，終不自悟耳」（三五／351）云云，均對袁宏道的詩學主張強烈排擯。然值得注意者，許學夷雖然不滿袁中郎偏離正道的反復古詩論，但卻也承認「其論騷、雅之變，至於歐、蘇，無甚乖謬」，指出了袁氏論詩之所長。

以許學夷的詩學理念來看，詩歌之「正」優先於詩歌之「變」，因此在詩歌的實際批評中，進取王世貞、胡應麟而退斥袁宏道。不過，許氏心目中最理想的論詩方式並非純粹以「正」的觀點論詩，而是「各得其正變而論之」，是故王世貞、胡應麟以「正」論詩，不免尺有所短，依然有所缺憾；袁宏道以「變」論詩，則是寸有所長，自有可取之處：

> 元美、元瑞論詩，於正者雖有所得，於變者則不能知。袁中郎於正者雖不能知，於變者實有所得。中郎云

---

[36]〈雪濤閣集序〉、〈敘小修詩〉、〈敘姜陸二公同適稿〉，分見〔明〕袁宏道著，錢伯城箋校：《袁宏道集箋校》（上海：上海古籍出版社，1981年），卷18，《瓶花齋集》之六，頁709-711；卷4，《錦帆集》之二，頁187-189；卷18，頁695-696。〈涉江詩序〉一文《袁宏道集箋校》未收，見於〔明〕潘之恆：《鸞鳳集》（中央圖書館藏，明萬曆間原刊本），《涉江詩》，〈袁序〉。袁宏道所云「汪、王」及「吳文定、王文恪、沈石田、唐伯虎」，分指汪道崑、王世貞、吳寬、王鏊、沈周、唐寅。

：「至李、杜而詩道始大。韓、柳、元、白、歐，詩之聖也；蘇，詩之神也。」以李、杜、柳與四家並言，固不識正變之體；以韓、白、歐為聖，蘇為神，則得變體之實矣。（後一／381）[37]

即是以「各得其正變而論之」的原則衡諸於王、胡、袁三氏之詩論，來判定元美、元瑞與中郎各得正、變之一偏。三人所論雖有正、變之別，但均有所可取也都有所不足。

除了王世貞、胡應麟與袁宏道之外，許學夷對於其他詩論家的批評，也同樣採用了這項標準，比如論司空圖、敖器之、楊慎諸家：

司空圖論詩，有「梅止於酸」二十四字，得唐人精髓。其論王摩詰、韓退之、元、白，正變各得其當，遠勝皎然《詩式》，東坡、元瑞皆稱服之。（三五／334）

敖器之評詩，自魏武而下，人各數語。其評陶彭澤、鮑明遠、李太白、王右丞、韋蘇州、柳子厚、韓退之、白樂天、孟東野、李義山，正變各得其當，則似有兼識者。元美、元瑞雖極淵源，然於淵明、韋、柳已不能知；王於韓、白諸子，則瞢然矣。（三五／336）

楊用修《譚苑醍醐》，考證多而品騭少，大抵宗六朝，尚西崑，而昧於正變。（三五／344）

---

[37] 此則雖不在卷三十五中，但所論仍屬於批評的實際批評。

司空圖〈與李生論詩書〉云:「若醯非不酸也,止於酸而已。若鹺非不鹹也,止於鹹而已。華之人所以充饑而遽輟者,知其鹹酸之外,醇美者有所乏耳。」[38]所論「醯」者,醋也,並不是「梅」,且字數也遠不止於二十四字。許學夷所指,應是蘇軾〈書黃子思詩集後〉引司空圖語:「梅止於酸,鹽止於鹹,飲食不可無鹽、梅,而其美常在鹹、酸之外。」[39]文字以「梅止於酸」開始,正為二十四字。胡應麟《詩藪》中,也曾高度評價司空圖〈題柳柳州集後〉、〈與王駕評詩〉二文[40]。許學夷之意在於:司空圖論詩與敖器之評詩「正變各得其當」,此是窮極詩歌淵源的王元美與胡元瑞所未能企及的;楊慎《譚苑醍醐》論詩推重六朝、崇尚西崑體,則是「昧於正變」,意即論詩「正變均不得其當」。許學夷這樣的實際批評,顯然是以「各得其正變而論之」的論詩原則作為判斷的依準。

第三節　選詩的基本原則

《四庫全書總目・總集類敘》云:

> 文籍日興,散無統紀,於是總集作焉,一則網羅放佚

---

[38] 〔唐〕司空圖:《司空表聖文集》(臺北:新文豐出版公司,1989年,《叢書集成續編》第183冊),卷2,頁263。

[39] 〔宋〕蘇軾:《蘇軾文集》(北京:中華書局,1992年),卷67,頁2124-2125。

[40] 《詩藪》,〈外編〉,卷4,頁199。

,使零章殘什並有所歸;一則刪汰繁蕪,使莠稗咸除,菁華畢出。是固文章之衡鑒,著作之淵藪矣。[41]

總集的主要功能有二,依據不同的目的而形成的總集,性質各不相同。以詩歌總集來說,為了「網羅放佚」而編成者,可謂「詩彙」;為了「刪汰繁蕪」而編成者,可謂「詩選」[42]。「詩彙」的編輯之旨在於網羅放佚,便應當不分良窳、兼容並收,相對的,其所具有的批評意味也就較小;而旨在刪汰繁蕪的「詩選」,內容的編成卻與選詩者的詩歌品味、去取原則息息相關,故往往具有較高的詩論價值。

就具有較高之詩論價值的「詩選」來說,許學夷認為其中有兩種編選方式:一是「辯體」,一是「選詩」。「辯體」與「選詩」具有的意義並不相同,許學夷曾作如此的區分:

> 此編以辯體為主,與選詩不同。故漢、魏、六朝、初、盛、中、晚唐,盛衰懸絕,今各錄其時體,以識其變。(凡例/2)

> 元和諸公所長,正在於變。或欲於元和諸公錄其正而遺其變,此在選詩則可,辯體,終不識諸家面目矣。故予此編於元和諸公各存其本體,惟於本體有未工者,則不錄也。(二四/250)

---

[41] 〔清〕紀昀等:《四庫全書總目》(臺北:藝文印書館,1989年),卷168,〈集部·總集類一〉,頁3865。
[42] 以上論述參楊松年:《中國文學評論史編寫問題論析》,頁14。

「辯體」的錄詩用意在於分辨各代詩歌之體貌與諸家面目，因此當「各錄其時體」、「存其本體」，使學者識得詩歌發展的盛衰正變；「選詩」的編選用意則在於挑選佳作以供讀者欣賞學習，故無妨「錄其正而遺其變」。我們若以許學夷曾經編輯的詩歌總集來作區別，《詩源辯體》的詩選部分即是屬於「辯體」，《澄江詩選》則是屬於「選詩」。

歷代詩歌選集以「辯體」名目出現者不多，即使某些選集未立「辯體」之名卻帶有綜觀詩歌發展的意味，也未必如許學夷那麼自覺的將詩歌變體予以取錄。實則許氏說明「辯體」與「選詩」不同的主要目的，並不在於區分歷代詩選的類型，而是在於強調《詩源辯體》與其他選集之別。因此對於歷來大多數的詩歌選集，我們仍應作「選詩」看待。以下再就許學夷所論及的「選詩」原則作一歸納，分成「以中正之識選之」和「求其本相」兩點來談。

一、以中正之識選之

上文曾引《詩源辯體》言：

> 詩可作，不可選；可選，不可言。夫淺深精粗，隨所造而就焉，可作也，而選則未易能也。然苟有中正之識，則凡漢、魏、初、盛唐雅正之詩，或可選也。（三五／331）

此處論選詩之不易，在於選者必須具備「中正之識」，並以此「中正之識」來判定詩作的優劣，決定取捨。所謂「中正之識

」,乃指「古典審美理想」的鑑識能力,正如本論文第三章所述,「古典審美理想」所要求的詩歌風格在於中和、雅正,而符合此種審美標準的典範詩作即是「漢魏古詩」與「盛唐律詩」,故許學夷云:「苟有中正之識,則凡漢、魏、初、盛唐雅正之詩,或可選也。」

〈澄江詩選序〉一文中,許學夷曾提出「識、斷、公」為選者三要,此論可視以「中正之識」選詩的進一步說明:

> 竊嘗與念先論詩,選者其要有三:一曰,識非識,則蒼素混淆、淄澠莫辨,無以決千古之是非;二曰,斷非斷,則名實相疑、貴賤奪志,無以定一代之取捨;三曰,公非公,則愛惡由衷、黜陟無當,無以息一時之聚訟。念先相視而笑,莫逆於心,遂屏跡幽軒,不通造請,殫精竭力,歷五、六年所。於是以古證今,不眩於俗,而是非始決;以勇折疑,不惑於眾,而取捨方定;以虛應物,不囿於私,而聚訟乃息。[43]

所云「識非識,則蒼素混淆、淄澠莫辨」,前一「識」字乃指選詩者之識,後一「識」字正可解釋為「中正之識」,其言意指:選詩者之識若非中正之識,則無法辨別蒼素淄澠。而「斷非斷」、「公非公」的後一「斷」字、「公」字,據許氏後文所言的「以勇折疑、不惑於眾」、「以虛應物、不囿於私」來

---

[43] 〔清〕陳延恩修,〔清〕李兆洛等纂:《江陰縣志》(臺北:成文出版社,1983年,道光二十年刊本),卷35,〈藝文·序〉,頁2415-2416。

看,當指「果斷」、「公正」,其言則意指:選者的判斷若不能果斷,將不免「名實相疑、貴賤奪志」;選者的公平性若不能合乎公正,便會淪為「愛惡由衷、黜陟無當」。據此而論,許學夷雖謂選者之要有三,但實以「中正之識」為首要,「果斷」與「公正」則是選者以「中正之識」選詩時必須具備的「態度」,亦即以「斷」、「公」輔其「識」,以使「中正之識」能夠得到最為妥善完美的發揮。

二、求其本相

　　選詩當以合乎古典審美理想的「中正之識」選之,但契符「中和雅正」的各代、各家之詩作,仍然具有多種不同的風貌,因此選詩之時,除了應以「中正之識」果斷而公正的選錄之外,還必須選出合乎某個時代、某位詩家之風格特色的詩作。《詩源辯體》云:

> 予嘗謂:選詩者須以李選李,以杜選杜,至於高、岑、王、孟莫不皆然。若以己意選詩,則失所長矣。故諸家選詩多任己意,不足憑據。(三六/368)

任何一本詩歌選集的誕生,皆難免牽涉到編輯者的主觀意識,許學夷「以李選李,以杜選杜」的說法,只是在於強調選詩者當盡可能泯除個人的審美偏見,以詩人的詩風作為依據,來選取最能代表該位詩人之風格的作品。可知,選者雖以「中正之識」為選詩的最高標準,但在不背離此標準之下,選詩觀點仍應隨著詩人而有所變化。這與許學夷引莊子之言「彼且為嬰兒

，亦與之為嬰兒；彼且為無町畦，亦與之為無町畦」為論詩方式，兩者的意涵是可以相通的。

對於此項選詩原則，許學夷曾舉出實例來作說明：

> 有選大歷律詩者，凡涉青山、白雲、春風、芳草等字，悉皆不錄。予謂：苟不選大歷則已，苟選大歷，正不當以此論也。國朝嘉靖諸子，多用百年、萬里、風塵、氣色等字，正是其聲口相宜，若必捨此而求，則非諸子之本相矣。（二一／235-236）

> 于鱗七言律，冠冕雄壯，誠足凌跨百代，然不能不起後進之疑者，以其不能盡變也。唐人五七言律，李、杜勿論，即王、孟諸子，莫不因題製體，遇境生情。于鱗先意定格，一以冠冕雄壯為主，故不惟調多一律，而句意亦每每相同，元美謂「守其俊語，不輕變化」是也。然或厭其一律而錄其別調，則又失其所長，非復本相矣。餘子亦然。（後二／415-416）[44]

所謂「本相」，意指某類家數的特殊詩風。許學夷以為，大歷時期的律詩「本相」多用「青山、白雲、春風、芳草」等字，而大歷諸子之律詩乃屬「正變」，選者或可以不選，若欲選之，便不該將涉有青山、白雲的詩作一概捨去。同樣的，嘉靖七子律詩之「本相」多用「百年、萬里、風塵、氣色」等字，李

---

[44] 引王元美語見〔明〕王世貞：《藝苑卮言》，《歷代詩話續編》本，卷7，頁1065。

攀龍七律之「本相」在於「冠冕雄壯」，今欲選嘉靖諸子律詩、李攀龍七律，若厭其風格大多相類，不錄取帶有百年、萬里之字或風格「冠冕雄壯」者，而刻意的選錄情調殊別之作，反而會失去詩人之所長，使得詩人的真實面目無法如實呈現。

選詩當以李選李，以杜選杜，以大歷選大歷，以嘉靖選嘉靖；易言之，即是對各時代、各詩家，均當「求其本相」。

第四節　評歷代詩總集

《詩源辯體》卷三十六中，許學夷批評了歷代詩歌總集共三十餘種，亦先將批評的對象條列如下：

昭明《文選》

徐陵《玉臺新詠》[45]

唐人《古文苑》[46]

唐人《搜玉集》

芮挺章《國秀集》

殷璠《河嶽英靈集》

元結《篋中集》

高仲武《中興間氣集》

令狐楚《御覽詩》

---

[45] 參〔南朝梁〕徐陵編，〔清〕吳兆宜注，〔清〕程琰刪補：《玉臺新詠箋注》（北京：中華書局，1992年）。

[46] 參〔宋〕章樵注：《古文苑》（臺北：鼎文書局，1973年）。

姚合《極玄》
韋縠《才調集》[47]
王介甫《百家詩選》[48]
洪邁《萬首唐人絕句》[49]
祝君澤《古賦辯體》
劉須溪《詩統》[50]
周伯弼《三體唐詩》[51]
方虛谷《瀛奎律髓》[52]
元遺山《唐詩鼓吹》[53]

---

[47] 《搜玉小集》（許學夷作《搜玉集》）、芮挺章《國秀集》、殷璠《河嶽英靈集》、元結《篋中集》、高仲武《中興間氣集》、令狐楚《御覽詩》、姚合《極玄集》（許學夷作《極玄》）、韋縠《才調集》諸書，均參《唐人選唐詩》（臺北：河洛出版社，1975年）。

[48] 參〔宋〕王安石編：《唐百家詩選》（臺北：世界書局，1979年）。

[49] 參〔宋〕洪邁編：《萬首唐人絕句》（中央圖書館藏，明嘉靖庚子姑蘇陳敬學校刊本）。

[50] 劉辰翁編《古今詩統》，《千頃堂書目》「總集類」著錄。此書已佚，參中央圖書館特藏組編：《中國歷代藝文總志》（臺北：中央圖書館，1986年），頁506。

[51] 參〔宋〕周弼編，〔元〕釋圓至註：《箋注唐賢三體詩法》（臺北：廣文書局，1972年）。

[52] 參〔元〕方回編：《瀛奎律髓》（中央圖書館藏，明成化三年徽州紫陽書院刊本）。

[53] 參〔金〕元好問編，〔元〕郝天挺註：《註唐詩鼓吹》（臺北：廣文書局，1972年）。許學夷以為此書或為書肆假託。

元遺山《中州集》[54]

楊伯謙《唐音》[55]

吳敏德《文章辯體》

高廷禮《唐詩品彙》

高廷禮《唐詩正聲》[56]

康文瑞《雅音會編》[57]

劉梅國《廣文選》[58]

馮汝言《漢魏六朝詩紀》[59]

張玄超《唐詩類苑》[60]

李于鱗《古今詩刪》

李于鱗《唐詩選》[61]

---

[54] 參〔金〕元好問編：《中州集》（臺北：臺灣商務印書館，1972年）。

[55] 參〔元〕楊士弘：《唐音》（中央圖書館藏，元至正四年刊本配補明刊本）。

[56] 參〔明〕高棅編，〔明〕桂天祥批點：《批點唐詩正聲》（中央圖書館藏，明嘉靖間刊本）。

[57] 參〔明〕康麟：《雅音會編》（中央圖書館藏，明初刊黑口本）。

[58] 參〔明〕劉節：《廣文選》（中央圖書館藏，明嘉靖十二年揚州知府侯秩刊本）。

[59] 參〔明〕馮惟訥：《詩紀》（中央圖書館藏，明嘉靖三十九年陝西巡按甄敬刊本）。

[60] 參〔明〕張之象：《唐詩類苑》（東京：汲古書院，1990年）。

[61] 李攀龍《唐詩選》版本甚多，皆書肆所偽託，詳許建崑：《李攀龍文學研究》（臺北：文史哲出版社，1987年），頁295-308。中央圖書館藏有善本二種，參〔明〕李攀龍編：《唐詩廣選》（明吳興凌氏刊朱墨套印本）；〔明〕李攀龍編：《唐詩訓解》（日本田原仁翻刊明萬曆本）。

臧顧渚《古詩所》、《唐詩所》[62]

程全之《唐詩緒箋》[63]

鍾伯敬、譚友夏《詩歸》

　　這些總集所涵蓋的範圍，同樣是從南北朝直到明代。其中《文選》、《古文苑》、《文章辨體》、《廣文選》實是「詩文總集」，《古賦辯體》則是「賦總集」；然詩文總集也選錄了詩歌，而「騷實歌行之祖，賦則比興一端，要皆屬詩」[64]，以許學夷的眼光來看，這幾部書也帶有若干「詩總集」的性質。

　　此三十三部詩歌總集，僅馮惟訥所編《詩紀》屬於「網羅放佚」的「詩彙」，其餘皆屬「詩選」。「詩選」當中，又有《古賦辨體》和《文章辯體》兩部「不純粹」的詩選集是以「辯體」的面貌呈現[65]，餘如《唐音》和《唐詩品彙》，其編輯之

---

[62] 參〔明〕臧懋循：《詩所》（中央圖書館藏，明萬曆三十一年刊本）；〔明〕臧懋循：《唐詩所》（中央圖書館藏，明萬曆三十四年刊本）。

[63] 程元初《唐詩緒箋》，未見。可由《唐詩書錄》的著錄知其卷次：「《唐詩緒箋》三十四卷　（明）程元初輯　陶望齡參訂　〈初唐風緒箋〉九卷、〈雅緒箋〉五卷、〈頌緒箋〉二卷、〈盛唐風緒箋〉十二卷、〈雅緒箋〉二卷，附〈歷代名賢詩〉四卷　明刻本。」見陳伯海、朱易安編：《唐詩書錄》（濟南：齊魯書社，1988年），頁70。

[64] 胡應麟言：「昔人云：『詩文之有騷賦，猶草木之有竹，禽獸之有魚，難以分屬。然騷實歌行之祖，賦則比興一端，要皆屬詩。』近之。」見《詩藪》，〈內編〉，卷1，頁4。許學夷在《詩源辯體》中曾引述此語，知其同意胡應麟之說，見《詩源辯體》，卷2，頁32。

[65] 實則《古賦辯體》所辨在於「家數」，《文章辨體》所辨在於「體裁」，二者之辨仍有所不同。

旨雖然也含有辨析各代之詩體的用意存在，但從許學夷對二書的批評來看，許氏還是將它們視作一般的「選詩」。是故《詩源辯體》卷三十六對歷代詩歌總集的批評，大體上可用許學夷所提出的選詩基本原則來加以檢驗。

先論「以中正之識選之」施用於實際批評的情形。

若以「中和雅正」的審美標準選詩，則古詩當以漢魏正體為主，六朝變體為次；近體當以初、盛唐正體為主，中、晚唐之後的變體為次，這是許學夷心目中理想的選本樣式。然《文選》和《玉臺新詠》選錄古詩的情形卻是：

> 梁昭明《文選》，自戰國以至齊、梁，凡騷、賦、詩、文，靡不采錄，唐、宋以來，世相宗尚。而詩則多於漢人樂府失之，又子建、淵明選錄者少，而士衡、靈運選錄者多，終是六朝人意見。（三六／353）

> 徐陵《玉臺新詠》，自漢、魏以至梁、陳之詩，凡託男女懷思及語涉綺豔者悉錄之，非《選》詩比也。故詩中一有佳人、美人等字，更不復遺，此直兒童之耳。（三六／354）

曹子建詩雖為「五言之初變」（四／71），但仍屬於漢魏正體，陶淵明詩「真率自然，則自為一源」（六／98），於理均當多選，而詩至陸士衡「古體遂漓」（五／87），至謝靈運「古體遂亡」（七／108），於理則當少選；《文選》選詩卻相反的「子建、淵明選錄者少，而士衡、靈運選錄者多」，與應當依循的「中正」之準並不相合。又《玉臺新詠》選詩，「凡託男女懷思及

語涉綺豔者悉錄之」,有悖於「雅正」原則,許學夷認為其書還在《文選》之下。事實上,《文選》和《玉臺新詠》已是許氏相當讚許的詩歌選集,嘗云:「六朝如昭明《文選》、徐陵《玉臺新詠》等,詩體雖有盛衰,而別無蹊徑,選者又皆名士,故其詩無大謬。」(三六／353)二書選詩雖無大謬,但於漢魏之正體還是有所缺失,因此許學夷仍然表示不滿。

再看選錄唐詩者。《詩源辯體》評論唐人所選唐詩共八部,許學夷對於這八本選集無一滿意:

> 唐人選詩與今人論詩,相背而相失之。蓋詩靡於六朝,唐人振之。李、杜古詩、歌行,為百代之傑;盛唐五七言律、絕,為萬世之宗。今《搜玉》、《英靈》所采,皆六朝之餘,而《篋中》又遺近體,此唐人選詩之失也。(三六／356)

> 《搜玉》、《國秀》、《英靈》、《篋中》與《間氣》、《御覽》、《極玄》、《才調》,復相背而失之。《搜玉》、《國秀》、《英靈》、《篋中》當極盛之時,而選者不知尚;《間氣》、《御覽》、《極玄》、《才調》當既衰之後,而選者不知返。使當時一二大家名士為之,當必有可傳者。(三六／358-359)

「李、杜古詩歌行,為百代之傑;盛唐五七言律、絕,為萬世之宗」,唐詩的菁華可謂盡萃於斯,選者自當以「中正之識」著眼於此。然成書於盛唐之時的《搜玉小集》和《河嶽英靈集》,所採者「皆六朝之餘」;《篋中集》所錄之古詩聲調頗純

,但卻「又遺近體」;《國秀集》雖均選盛唐之詩,但「其所選十數名家而外,皆不知名,故其詩多不工」(三六／355),四書均未能挑選出當代最具代表性的唐詩佳作,故許學夷評為「不知尚」。至於成書在中、晚唐的《中興間氣集》、《御覽詩》、《極玄集》、《才調集》,諸書選中、晚唐詩歌為主,時涉澀僻怪惡之調,同樣對於初、盛唐諸公雅正之詩並無所識,故許學夷評為「不知返」。統而論之,此八種唐人選唐詩,於唐詩之選均「相背而失之」。

其後,《詩源辯體》評周弼《三體唐詩》「初、盛、中唐,間得一二,餘皆晚唐詩,蓋亦不足觀矣」(三六／361),再評選錄唐、宋詩的方回《瀛奎律髓》「於正體多不相及」(三六／361),又評元好問《唐詩鼓吹》「至杜牧、皮、陸怪惡,靡不盡錄,蓋選詩最陋者」(三六／362),也是就這些詩歌選集「詳於中、晚唐之變體而略於初、盛唐之正體」來加以貶斥的。

以許學夷的觀點來看,選唐詩之作必須等到楊士弘《唐音》出,始得稱善:

> 楊伯謙《唐音》自言:「得諸家唐詩,手自抄錄,日夕涵泳,審其音律、正變,擇其精粹者為始音、正音、遺響,總名『唐音』。」故其選詳初、盛而略中、晚,選唐詩者,至是始為近之。(三六／363)[66]

選唐詩者至楊士弘《唐音》「始為近之」,原因在於其書「詳

---

[66] 引楊伯謙之論見《唐音》,〈姓氏〉,頁6。

初、盛而略中、晚」的選法,能選得唐詩之佳者,這樣的選詩方式與之前的唐詩選本大大不同。後高棅《唐詩品彙》、《唐詩正聲》二書,也都秉持《唐音》「詳初、盛而略中、晚」的選詩原則來取錄詩歌,許學夷同樣給予肯定:

> 高廷禮《唐詩品彙》,謂唐宋以來選唐詩者「立意造論,各該一端」,僅取楊伯謙《唐音》而復有所詆,故其選較諸家為獨勝。至其所分,有正始、正宗、大家、名家、羽翼、接武、正變、餘響之目,似若有見,而實多未當。(三六／364)[67]

> 廷禮復於《品彙》中拔其尤者,為《唐詩正聲》,既無蒼莽之格,亦無纖靡之調,而獨得和平之體,於諸選為尤勝。(三六／364)

許學夷雖對《唐詩品彙》「正始、正宗、大家、名家……」諸目的分法大有意見,甚至認為「高棅序正變而屢淆」(一／1),但基本上他對於《唐詩品彙》沿續《唐音》「詳於初、盛」的選詩仍表贊同;後高棅再從《唐詩品彙》中「拔其尤者」為《唐詩正聲》,此書「獨得和平之體」,與許學夷主張的以「中正之識」選詩的原則貼近,儘管許學夷還是認為《唐詩正聲》「於初、盛唐雖得其風神而不先其氣格,終未免小疵耳」(三六／364),但此書已是最為理想妥善的唐詩選本。

---

[67] 引高廷禮之論詳〔明〕高棅編:《唐詩品彙》(上海:上海古籍出版社,1988年),〈總敘〉,頁9-10。

在許學夷評論的歷代詩歌選本中，被認為與「中和雅正」的標準背離最遠者，是鍾惺、譚元春合編的《詩歸》。《詩源辯體》卷三十六對《詩歸》的評論計有六條，是全卷討論最多也是貶斥最劇的一部選集，試略舉其中兩條：

> 鍾伯敬、譚友夏合選《詩歸》，自少昊至隋十五卷，自初唐至晚唐三十六卷。大抵尚偏奇，黜雅正，與昭明選詩，一一相反。……大都中郎之論，意在廢古師心；而鍾、譚之選，在借古人之奇以壓服今人耳。（三六／370）

> 古今好奇之士多不循古法，創為新變以自取異，然未嘗敢以法古為非也。至袁中郎則毅然立論，凡稍近古者掊擊殆盡，然其意但欲自立門戶以為高，而於古人雅正者未嘗敢黜也。至鍾伯敬、譚友夏，則凡於古人雅正者靡不盡黜，而偏奇者靡不盡收，不惟欲與一世沈溺，且將與漢、魏、唐人相胥為溺矣。（三六／372）

此外，許學夷對鍾、譚二人又有「人心至此，世變可知，有志者堪為慟哭」（三六／371）、「其生平好奇特字句，瑣屑之奇耳，非變化不測之神奇也」（三六／371）、「縱心至是，不知宇宙之大，萬世公論自在」（三六／372）等論，對於《詩歸》的排詆實不遺餘力。許學夷所以對《詩歸》的駁斥如此之烈、評價如此之低，是因為鍾、譚二人「於古人雅正者靡不盡黜，而偏奇者靡不盡收」的選詩方式，不但與「中和雅正」之準不相吻合，甚至是背道而馳的。在許學夷看來，如此選詩對於詩道的危

害，要比袁中郎「廢古師心」說來得重大。

再論許學夷以「求其本相」的選詩原則所作的實際批評。

在《詩源辯體》的批評理論中，選者除了要以「中正之識」的眼光來選錄詩歌之外，還必須依據各代、各家的詩歌特色，選出最佳的代表作品。許學夷以此準則來檢視李攀龍《古今詩刪》、《唐詩選》，即認為二書雖或近似雅正，然所選多不愜人意。試看許學夷對於《古今詩刪》所選唐詩的批評：

> 李于鱗《古今詩刪》，首古逸詩，次漢、魏、六朝樂府，次漢、魏、六朝詩，次唐詩，次國朝詩。其去取之意，漫不可曉，大要黜才華，尚氣格，而復有不然。……唐五言古「感遇」，不取陳子昂而取張九齡；七言歌行，高適取十二篇而岑參五篇，孟浩然一篇，不取〈鹿門歌〉而取〈送王七尉松滋〉；七言律，太白一篇，取〈鳳凰臺〉而遺〈送賀監〉。（三六／367）[68]

《古今詩刪》選詩，唐詩之後即接明詩，中間略去了宋、元二代，這以「中正之識」來論，並無不當。然許學夷認為張九齡「〈感遇〉十三首，體雖近古而辭多不達，去子昂甚遠」（十四

---

[68] 《古今詩刪》於張九齡〈感遇〉取二首，見卷10，頁2；七言歌行高適十二篇、岑參五篇，見卷13，頁1-5；孟浩然〈送王七尉松滋〉，見卷13，頁8；李白〈登金陵鳳凰臺〉，見卷16，頁4。又《古今詩刪》未選的孟浩然〈夜歸鹿門歌〉、李白〈送賀監歸四明應制〉，分見〔唐〕孟浩然著，李景白校注：《孟浩然詩集校注》（成都：巴蜀書社，1988年），卷2，頁165；〔唐〕李白著，瞿蛻園等校注：《李白集校注》，卷17，頁1004。

/152），李攀龍於感遇詩卻「不取陳子昂而取張九齡」；又許學夷謂「七言歌行，高調合準繩，岑體多軼蕩」（十五／156），歌行正以「軼蕩」為貴（十八／197），岑參之「軼蕩」應在高適的「合準繩」之上，李攀龍於七言歌行卻「高適取十二篇而岑參五篇」；再又許學夷以為孟浩然歌行〈夜歸鹿門歌〉優於〈送王七尉松滋〉，李白七律〈送賀監歸四明應制〉優於〈登金陵鳳凰臺〉，李攀龍所選卻一一相反。凡此，皆是《古今詩刪》選詩未能顧及時代與詩家之「本相」的證明，許學夷評以「其去取之意，漫不可曉」。

再如假託李攀龍之名的《唐詩選》，許學夷以為此書果為李攀龍所編，評論曰：

> 李于鱗《唐詩選》，較《詩刪》所錄益少，中復《詩刪》所無者。其去取之意，亦不可曉。元美、元成既嘗論之，而敬美之序，亦寓詆諷。如太白五言古，止錄「長安一片月」、「子房未虎嘯」二篇；七言古，止錄「黃雲城邊」、「木蘭之枻」二篇，若以此法選李，是欲擾龍而縛虎也。初唐五言律，沈、宋為正宗，今宋止錄二篇，而沈不錄。張燕公五、七言律各三篇，可無錄也。其他謬戾頗多，不能一一致辯。（三六／367）[69]

---

[69] 《唐詩選》既是偽託之書，則王元美、馮元成所論和王敬美之序，應當是針對《古今詩刪》所選的唐詩部分，此王敬美〈唐詩選後序〉見〔明〕王

李、杜五七言古詩許學夷給予唐體中的最高評價,有謂二公「五七言古,體多變化,語多奇偉,而氣象風格大備,多入於神矣」(十八/189),然《唐詩選》錄太白五古僅〈子夜吳歌〉(長安一片月)與〈經下邳圯橋懷張子房〉(子房未虎嘯)二首,七古亦僅錄〈烏夜啼〉(黃雲城邊)與〈江上吟〉(木蘭之枻)二首,並未能將盛唐古詩與太白古詩之精粹擇出,故云「若以此法選李,是欲擾龍而縛虎也」。再又初唐五律以沈佺期、宋之問為「正宗」,實當多選,《唐詩選》錄者卻少,甚至未錄沈詩;燕國公張說「五言律,才藻雖不及沈、宋」、「七言律氣格蒼莽,不足為法」(十四/151),實可不選,今《唐詩選》卻錄張說五、七言律各有三首,這都是選者未能識得初唐「本相」的緣故。而除此之外,《唐詩選》「其他謬戾頗多,不能一一致辯」,因此許學夷認為此書和《古今詩刪》一樣,「其去取之意,亦不可曉」。

雖然《古今詩刪》和《唐詩選》的選詩同樣是多失「本相」,但在許學夷看來,《唐詩選》編得實比《古今詩刪》更為

世懋:《王奉常集》(中央圖書館藏,明萬曆十七年吳郡王氏家刊本),〈文部〉,卷8,頁4。從許學夷討論的內容來看,其所見《唐詩選》版本與《唐詩訓解》較為接近,李白五古〈子夜吳歌〉(長安一片月)、〈經下坯圯橋懷張子房〉(子房未虎嘯)二詩,見於《唐詩訓解》,卷1,頁4-5;七古〈烏夜啼〉(黃雲城邊)〈江上吟〉(木蘭之枻)二詩,見卷2,頁7、頁11(《唐詩訓解》收李白七古共有六首,較許學夷所見本為多);宋之問五律二篇,見卷3,頁7;張說五律三篇,見卷3,頁8-9,七律三篇見卷5,頁7-8。

糟糕，前文曾引許學夷言：「予嘗謂：選詩者須以李選李，以杜選杜，至於高、岑、王、孟，莫不皆然。若以己意選詩，則失所長矣。故諸家選詩者多任己意，不足憑據。」其下許氏尚有一段評論：

> 若于鱗《詩選》，又與己作略無交涉，良可怪也。（三六/368）

《古今詩刪》的選詩不當，是李攀龍以己意選詩，以至於多失詩家之所長，淪為王世貞所說的「英雄欺人」[70]；但《唐詩選》之選詩不當，卻又與攀龍己作毫無交涉，此種選詩離「以李選李，以杜選杜」的理想更遠，斯又在以己意選詩之下。許學夷甚至以為：

> 于鱗《詩選》，其害甚於中郎、伯敬。蓋中郎、伯敬尚偏奇、黜雅正，一時後進雖為所惑，後世苟能反正，其惑易除。于鱗似宗雅正，而實多謬戾，學者苟不睹諸家全集，不免終為所誤耳。孔子惡似而非，予於于鱗亦云。（三六/368）[71]

---

[70] 王世貞云：「始見于鱗選明詩，余謂如此何以鼓吹唐音？及見唐詩，謂何以衿裾古、《選》？及見古、《選》，謂何以箕裘〈風〉、〈雅〉？乃至陳思〈贈白馬〉、杜陵李白歌行，亦多棄擲。豈所謂英雄欺人，不可盡信耶？」見《藝苑卮言》，卷7，頁1064。

[71] 《孟子·盡心下》篇引述孔子之言：「惡似而非者。惡莠，恐其亂苗也；惡佞，恐其亂義也；惡利口，恐其亂信也；惡鄭聲，恐其亂樂也；惡紫，恐其奪朱也；惡鄉原，恐其亂德也。」見《孟子》（臺北：藝文印書館，

以孔子所言的「惡似而非者」來批評《唐詩選》一書「似雅正而實謬戾」，指責可謂嚴厲。當然，《唐詩選》的編選不當，其過實不在李于鱗，然從許學夷的嚴辭批評中，我們正可以感受到他對於一部「以李選李，以杜選杜」的「中和雅正」之詩歌選集的高度期盼。

以上就《詩源辯體》所提出的兩項選詩原則和許學夷對歷代詩歌選本的批評作一對照，試圖勾勒出實際批評與理論的相應處。然而一部詩歌選集的完成，除了與詩作的「選取」密切相關之外，詩作的「編排」也是影響選本優劣的一項重要因素，我們再看看許學夷的意見：

> 且漢、魏、六朝，體製懸絕，世傳《文選》以類分，而不以世次，非昭明之舊。（三六／353）

> 古、律、絕句，詩之體也；諸體所詣，詩之趣也。別其體，斯得其趣矣。康文瑞、張玄超、臧顧渚、程全之既不別詩之體，烏能得詩之趣哉！（三六／370）

「漢、魏、六朝，體製懸絕」，故編輯漢、魏、六朝古詩，應以「世次」來分為是，今所傳《文選》卻是以「補亡」、「述德」、「勸勵」等類來分，許學夷料想應非「昭明之舊」；此中透漏的消息，正是許氏對現今《文選》的編排有所不滿。又康麟《雅音會編》是「以韻編次」（三六／365），張玄超《唐詩類苑》是「以類相屬」（三六／366），臧懋循《詩所》、《唐詩

1989年，《十三經注疏》本），卷14下，頁262-263。

所》亦是「以類相從」(三六╱369),程元初《唐詩緒箋》則又是「分風、雅、頌」(三六╱369),許學夷認為四人所編之書,既不能區別古詩、律詩、絕句等詩歌體裁,又烏能得詩歌之趣!由此二例不難發現,許學夷所主張的詩歌選集之編次方法,應是以「時代」、「體裁」來作畫分,這實際上也就是將「辨體」的概念融入詩歌選本之中。

第五節 詩歌批評史觀

依本文第三章對「詩史觀」一詞的解釋,「詩歌批評史觀」可以理解為:以某種價值觀念,對詩歌批評演變的歷史賦予意義的詮釋。許學夷詮釋詩歌史所依據的價值標準在於「中和的美學觀」與「理勢自然的歷史觀」,這樣的美學觀和歷史觀,實際上也可以用來詮釋詩歌批評史。只不過,《詩源辯體》一書是以詩歌史為考察重心,詩歌批評史僅能算是詩歌史之外的「附論」,故許學夷對於詩歌批評演變歷史的詮釋,是比對詩歌演變歷史的詮釋簡單許多。

賦予「意義詮釋」的對象,不管是「詩歌史」或是「詩歌批評史」,其具體的內涵可以落實在「演變之因素」、「演變之現象」及「演變之規律」的探析上。以下對《詩源辯體》之「詩歌批評史觀」的論述,除了「詩歌批評演變之現象」已清晰呈現在其書卷三十五、三十六中,可不贅述之外,將分成「詩歌批評演變之因素」與「詩歌批評演變之規律」兩點來談。

一、詩歌批評演變之因素

陳晉《文學的批評世界》一書論及：

> 顯然，文學創作的啟發和刺激，是文學批評發展的必要的有時是首要的動力。……批評，作為一門人文科學的獨立性和功利性，使它的發展同時還具有超越文學創作的動力來源和自身規律的制約。[72]

這裡提到文學批評發展兩種動力的來源：一是「文學創作的啟發和刺激」，一是文學批評「自身規律的制約」。此二者正可視為促使文學批評演變的兩項主要因素，若以詩歌批評來說，這兩項因素即在於「詩歌創作」與「詩歌批評」本身。

比如許學夷對於明代詩歌及詩歌批評的發展如此觀察：

> 先進後進，趨尚不同，大都皆由矯枉之過。成化以還，詩歌頗為率易，獻吉、仲默、昌穀矯之，為杜，為唐，彬彬盛矣。下逮于鱗，古倣漢魏，律法初唐，愈工愈精。然終不能無疑者，乃於古詩、樂府悉力擬之，靡有遺什，律詩多雜長語，二十篇而外，不柰雷同。於是中郎繼起，恣意相敵，凡稍為近古者，靡不掊擊，海內翕然宗之，詩道至此為大厄矣。（三四／324）

此段論述對於公安派詩論的興起提出了說明。許學夷以為「廢古師心」的袁宏道論詩「凡稍近古者，靡不掊擊」，目的是在

---

[72] 陳晉：《文學的批評世界》（上海：上海文藝出版社，1989年），頁232-233。

於對抗以李攀龍為首的復古論者,而袁中郎之所以要與李于鱗「恣相為敵」,是因為不滿於其「古倣漢魏,律法初唐」的創作方式,亟欲力矯當時詩壇的流弊。這正是「詩歌創作」促成詩歌批評演變的實際例證。

又如許學夷對徐禎卿《談藝錄》的批評:

> 徐昌穀《談藝錄》,總論詩之大體與作詩大意,中間略涉三百篇、漢、魏而已,六朝以下弗論也。然矯枉太過,鮮有得中之論。(三五/343-344)

所云《談藝錄》「矯枉太過」,其所矯者為何?許學夷曾云:「晚唐、宋、元諸人論詩,多失之不及;而國朝諸公論詩,每失之過。如漢五言〈十九首〉、蘇李等作,晚唐、宋、元諸人略不及之;而雜言〈房中〉、〈郊祀〉等作,國朝徐昌穀諸公則盛推焉,此過與不及也。」(三/54)由此推知,徐禎卿《談藝錄》論詩太過,是為了矯正晚唐、宋、元諸人論詩「失之不及」所導致的。這是「詩歌批評」影響詩歌批評演變之例。

詩歌批評演變的因素在於「詩歌創作」與「詩歌批評」,此二者密切相關,甚至是在二者的相互協調或彼此衝突之下,才能構成某個時代的「詩歌風尚」。故統而論之,詩歌批評的演變主要繫於當時的詩歌風尚,如云:

> 滄浪論詩獨為詣極者,匪直識見超越,學力精深,亦由晚唐、宋人變亂斯極,鑒戒大備耳。正猶《孟子》一書發憤於戰國也。(三五/337-338)

許學夷認為嚴羽論詩「獨為詣極」,是因為有鑒於「晚唐、宋人變亂斯極」,因此才發憤而作的。所謂「晚唐、宋人變亂斯極」,即是概括晚唐和宋代以來詩壇的整體風氣而論的,一方面既可指稱晚唐、宋人的「詩歌創作」,一方面也可以指稱晚唐、宋人的「詩歌批評」。又可注意者,許學夷雖然主張「詩歌風尚」為影響詩歌批評演變的主要因素,但仍提到嚴滄浪論詩之詣極,也是取決於「識見超越,學力精深」,故知許氏所論,實際上並未忽略關於詩論家才能的「人」的因素。

二、詩歌批評演變之規律

以許學夷的眼光來看,「詩歌風尚」對於詩歌批評演變的影響,每每在於詩論家欲針對當時的詩壇風氣作一番革新、矯正;以此推之,詩歌批評演變的規律,便有可能呈現在「過與不及」之間相互循環。《詩源辯體》論云:

> 中郎論詩,鍾、譚選詩,予始讀之而懼,既而喜,蓋物極則反,《易》窮則變,乃古今理勢之自然。三子論詩、選詩,悖亂斯極,不能復有所加,雅道將興,於此而在。孟子曰:「天下之生久矣,一治一亂。」
> (三六/372)

許學夷持「物極則反、《易》窮則變」的歷史觀來看待歷代詩歌批評的演變,認為袁宏道論詩與鍾惺、譚元春選詩,已經到了「悖亂斯極,不能復有所加」的地步,故推測繼而「雅道將興」。此種對詩歌批評演變的看法,是一種「循環論」。

詩歌批評的演變雖為一治一亂，但許學夷認為在一治一亂的循環中，其大體的趨勢仍會不斷進步：

> 古今詩賦文章，代日益降，而識見議論，則代日益精。詩賦文章，代日益降，人自易曉；識見議論，代日益精，則人未易知也。試觀六朝人論詩，多浮泛迂遠，精切肯綮者十得其一，而晚唐、宋、元，則又穿鑿淺稚矣。滄浪號為卓識，而其說渾淪，至元美始為詳悉。逮乎元瑞，則發竅中窾，十得其七。繼元瑞而起者，合古今而一貫之，當必有在也。蓋風氣日衰，故代日益降；研究日深，故代日益精，亦理勢之自然耳。（三五／348）

「詩歌」和「詩歌批評」在本質上有所不同，詩歌是感性的產物，詩歌批評則除了情感成分之外，更必須牽涉到理性的思辨，詩歌批評既然與理性思辨相關，則會隨著人類智識的進步而不斷的成長。許學夷就六朝至明代的詩論發展作一全面性的考察，因而歸納出「研究日深，故代日益精，亦理勢之自然耳」的結論，大體而言，論點是正確的。許氏對於詩歌批評演變之規律所抱持的整體觀點，可界定為「進步的循環論」。

不過，《詩源辯體》中也曾出現這樣的言論：

> 六朝如昭明《文選》、徐陵《玉臺新詠》等，詩體雖有盛衰，而別無蹊徑，選者又皆名士，故其詩無大謬。唐、宋詩體既淆，而蹊徑錯出，選者又非名流，故其詩無可傳，學者斷不可以為典要也。（三六／353）

詩歌選集亦是批評的一種形式,許學夷表示唐、宋選本並不及六朝的《文選》與《玉臺新詠》,這與其所主張的詩歌批評演變之規律是否有所抵觸?實則此說謂唐、宋詩歌選本之不佳是因為「唐、宋詩體既淆」而「選者又非名流」,這最多只能表示唐、宋時期的選詩較六朝為難,而此時又無大家名士投入這項工作,以致選本的水準普遍低落,這與詩歌批評的進化或退化應是無關的。

小　結

劉明今《明代文學批評史》一書中,對於《詩源辯體》特別以兩卷篇幅來進行詩歌批評的研究,曾如此評論:

> 前此的詩話大都以漫話詩壇軼事、品評詩人作品,或者探討詩歌源流,研究創作方法為其主要內容,而《詩源辯體》這兩卷則專以歷代詩文批評為其評論的對象,可見他對文學批評意識的重視。[73]

其實歷代詩話中亦可偶見以詩論或詩總集作為討論的對象,只是所述太半零星破碎、不成系統,如《詩源辯體》這般條理分明,並以「詩歌批評史」的型態呈現者,是前所未有的。由此看來,許學夷對於「文學批評意識」的重視,以及他在詩歌批評研究方面所獲致的成就,確實有超乎前代詩論家之處,甚至

---

[73] 袁震宇、劉明今:《明代文學批評史》,頁294-295。

是在胡應麟《詩藪》之上的。

最後再就《詩源辯體》對朱子《詩集傳》及《楚辭集注》的批評略作論述。《詩源辯體》卷一探討朱子詩經學之處頗多，所論除《詩集傳》以外，還包含朱子《詩序辨說》及《詩傳遺說》的論詩之語[74]，許學夷給予《詩集傳》的總體評價是：

> 朱子說〈國風〉，雖未得美刺之旨，而分章訓釋，簡淨明白，當是古今絕手。孔氏宗〈小序〉，雖於美刺有得，而章句離析，冗雜蕪穢，且比興處往往穿鑿，真境實遠。朱子云：「《詩傳》只得如此說，不容更著語，工夫卻在讀者。」又云：「詩本只是恁地說話，一章言了，次章又從而歎詠之，雖別無義而意味深長，不可於名物上尋義理。後人往往見其言只如此平澹，只管添上義理，卻窒塞了他。」故〈國風〉當以孔氏、朱子而參酌之，至於〈雅〉、〈頌〉，則一以朱註為主。（一／12-13）[75]

許學夷推崇朱子《詩集傳》「分章訓釋，簡淨明白，當是古今絕手」，評價可謂高矣，然許氏認為其書仍有美中不足處，即是朱子於〈國風〉的解說並「未得美刺之旨」。蓋朱子論詩，以為「凡詩之所謂『風』者，多出於里巷歌謠之作，所謂男女

---

[74] 參〔宋〕朱熹：《詩序辨說》（臺北：藝文印書館，1965年，《百部叢書集成》影印《學津討原》本）；〔宋〕朱鑑編：《詩傳遺說》（臺北：大通書局，1969年，《通志堂經解》本）。

[75] 引朱子語分見《詩傳遺說》，卷1，頁9979、頁9977。

相與詠歌,各言其情者也」[76],因而主張變〈風〉之詩有邪有正,甚至有淫奔之詩;許學夷則秉持〈風〉詩皆是詩人主於美刺的觀點,堅決反對朱子此論,《詩源辯體》卷一對於朱子論詩之說的反覆詰難,焦點實全部集中於此[77]。正因為《詩集傳》注詩尚有此缺失,故許學夷認為讀〈國風〉之詩,必須以孔穎達《毛詩正義》與朱子《詩集傳》相互參看,至於〈雅〉、〈頌〉,方可完全遵從朱注。

另《詩源辯體》給予《楚辭集注》的評價則是:

> 朱子《楚辭註》較王逸簡淨明白,讀之頗為連屬,然亦互有得失。至〈離騷〉以四句為一章,不免穿鑿耳。(二/41)[78]

許學夷謂朱子《楚辭集注》「互有得失」,得者在於「較王逸簡淨明白,讀之頗為連屬」,此「簡淨明白」的特色與《詩集傳》之所長是相互一致的;其失者除了「〈離騷〉以四句為一章」的「穿鑿」之外,更是在於評論方式有所不當:

> 宋玉〈九辯〉舊分為十一章,前五章從《文選》所定,無疑。……朱子更定為九章,以實九數,以「霜露慘悽」合「竊美申包胥」為一章,以「何氾濫之浮雲

---

[76] 〔宋〕朱熹集註:《詩集傳》(臺北:臺灣中華書局,1991年),〈詩集傳序〉,頁2。

[77] 詳見《詩源辯體》,卷1,第十四則至二十一則,頁8-13。

[78] 朱子注解〈離騷〉以四句為一章,詳見〔宋〕朱熹集注:《楚辭集注》(臺北:文津出版社,1987年),卷1,〈離騷經〉第一。

> 」合「被荷裯之晏晏」至「下暗漢而無光」為一章，以「堯舜皆有所舉任」合「願賜不肖之軀」為一章。其論以「何氾濫之浮雲」與後「卒壅蔽此浮雲」相應，宜為一章；「願賜不肖之軀」以下不屬前章，則前段無尾，後段無首，而不成文。愚謂：朱子以此解《論》、《孟》之書則可，非所以說騷也。（二／37-38）[79]
>
> 宋玉〈招魂〉，語語警絕。唐勒〈大招〉舊以為景差作，胡元瑞考定以為唐勒。雖倣其體製，而文采不及。《文選》取〈招魂〉而遺〈大招〉，是也。朱子謂：「〈大招〉於天道詘伸動靜，若粗識其端倪，於國體時政，又頗知所先後。」遂以為勝〈招魂〉。此儒者之見，非詞家定論也。（二／39）[80]

朱子更定原為十一章的〈九辯〉為九章，是以理解經書的方法來作畫分，許學夷評以「朱子以此解《論》、《孟》之書則可，非所以說《騷》也」；又朱子以為〈大招〉勝於〈招魂〉，原因是「〈大招〉於天道詘伸動靜，若粗識其端倪，於國體時政，又頗知所先後」，這種論點與詩歌的本質毫不相干，實不足作為區判辭賦優劣的標準，許學夷亦評之為「此儒者之見，非詞家定論也」。

---

[79] 朱子對〈九辯〉的分章詳見《楚辭集注》，卷6，〈九辯〉第八。
[80] 引胡元瑞之考證見《詩藪》，〈雜編〉，卷1，頁246。引朱子語見《楚辭集注》，卷7，頁145。

綜之,《詩源辯體》雖分別指出了《詩集傳》「未得美刺之旨」和《楚辭集注》「以儒者之見論詩」的缺失,但許學夷大體上仍對朱子這兩本「簡淨明白」的注詩之作給予高度的肯定,並且認為二書算得上是研讀《詩經》和《楚辭》最值得參閱的注本。

第七章　結　論

　　本論文前六章所述，一、二章介紹許學夷的為人事蹟以及《詩源辯體》成書的概況，三至六章分別切入《詩源辯體》的詩論範疇，詮釋並建構許學夷詩歌理論的體系。文章的最後，再從以下幾個方面為本文作一總結：首先統整《詩源辯體》與《滄浪詩話》、《藝苑卮言》及《詩藪》之間的關係，綜觀許學夷上承復古詩論的概況；其次考察吳喬《逃禪詩話》對於許學夷論詩主張的徵引和批評，探究《詩源辯體》曾經引發的清代迴響；接著再總評《詩源辯體》的詩論成就，給予其書在文學批評史上所應具有的地位；最後反省本文的寫作，提出未來繼續研究《詩源辯體》的展望。

第一節　《詩源辯體》與復古詩論

　　《詩源辯體》是在明代詩歌復古思潮的指導下所完成的，許學夷最為推崇的三位詩論家——嚴羽、王世貞、胡應麟，都是與詩歌復古之論相關的重要人物：嚴羽雖為南宋人，然其《滄浪詩話》卻被明代復古詩論家奉為圭臬，王世貞的《藝苑卮言》及胡應麟的《詩藪》，則是《詩源辯體》之前，復古派最具規模、最成系統的兩部論詩著作。許學夷云：「滄浪號為卓識，而其說渾淪，至元美始為詳悉。逮乎元瑞，則發竅中窾，

十得其七。繼元瑞而起者,合古今而一貫之,當必有在也。」（三五／348）於此不難窺知許學夷是有意繼嚴羽、王世貞、胡應麟而起,以總成復古詩論。若從《詩源辯體》頻頻引述嚴羽、王世貞及胡應麟三人的論詩意見來看,更可察知嚴羽諸人對於許學夷詩學理念的鉅大啟發。在此值得討論的是:除了同樣秉持復古詩論家主張「古詩漢魏,律詩盛唐」的理想外,《詩源辯體》之於《滄浪詩話》、《藝苑卮言》以及《詩藪》這三部復古詩論的代表作,又有何繼承與開創之處?

除了「以漢魏晉盛唐為師,不作開元天寶以下人物」[1]的復古之論以外,《滄浪詩話》影響《詩源辯體》最深刻者,當是嚴羽在〈詩辨〉一篇中所提出的「詩法」:

> 詩之法有五:曰體製,曰格力,曰氣象,曰興趣,曰音節。[2]

前文曾論,此五種「詩法」均是就詩歌的整體效果而言,許學夷評論歷代詩作,對於這五種論詩的方式均有所取:

> 滄浪論詩之法有五:一曰「體製」,二曰「格力」,予得之以論漢魏;三曰「氣象」,予得之以論初唐;四曰「興趣」,予得之以論盛唐;五曰「音節」,則予得之以概論唐律也。(三五／337)

---

[1] 〔宋〕嚴羽著,郭紹虞校釋:《滄浪詩話校釋》(臺北:里仁書局,1987年),〈詩辨〉,頁1。

[2] 《滄浪詩話校釋》,〈詩辨〉,頁7。

《詩源辯體》以「體製」、「格力」來論漢魏詩,以「氣象」來論初唐詩,以「興趣」來論盛唐詩,以「音節」來概論唐律,凡此皆得自於《滄浪詩話》,二書的傳承關係可謂深矣。

不過,我們就《滄浪詩話》和《詩源辯體》作一比較,其間的差異仍是相當明顯的:《滄浪詩話》是一部理論性質較強的詩話,其篇幅不大,僅在萬字左右[3];《詩源辯體》卻是詳論各代詩歌發展的詩歌史鉅著,全書三十萬言。許學夷謂:

> 滄浪論詩,與予千古一轍。然今人於滄浪不復致疑,而於予不能無惑者,蓋滄浪之說渾淪,而予之說詳懇。滄浪云:「論詩如論禪:漢魏盛唐,第一義也;大曆以還,小乘禪也,已落第二義矣;晚唐,則聲聞辟支果也。」聲聞辟支果即小乘禪,滄浪誤言之。此論孰敢不從?若予詳論漢、魏、盛唐之妙,既非今人之所能知,至論大曆、晚唐之病,尤世人之所惡聽,此猶諱疾忌醫而徒慕和、扁也。(三五/337)[4]

所云「滄浪論詩,與予千古一轍」,許學夷認為自己的復古信念和論詩方式與嚴羽相合;又云「滄浪之說渾淪,而予之說詳懇」,此「詳懇」與「渾淪」的差別,則是指出了《詩源辯體》突出於《滄浪詩話》之處。雖然許氏以為己說「詳懇」的結果,反而致使世人「不能無惑」,但我們以詩歌批評發展的眼

---

[3] 參張健:《中國文學批評》(臺北:五南出版公司,1984年),頁218。
[4] 引嚴滄浪語見《滄浪詩話校釋》,〈詩辨〉,頁11-12。

光來看,卻必須承認:《詩源辯體》論述較《滄浪詩話》「詳懇」,即是詩歌批評進步的一種表徵。

從這點來看,《藝苑卮言》和《詩藪》的內容性質是與《詩源辯體》較為接近的。《藝苑卮言》和《詩藪》二書的論述範圍同樣涵蓋了《詩經》到明代,內容篇幅皆遠多於《滄浪詩話》,討論也愈加詳細,而《詩藪》較之《藝苑卮言》,又有進之,此正符合許學夷所謂「至元美始為詳悉。逮乎元瑞,則發竅中窾,十得其七」。許學夷撰寫《詩源辯體》這部詩歌史,即是在《藝苑卮言》和《詩藪》論詩體例的影響下,以「繼元瑞而起者,合古今而一貫之」來自我期許。

固然,許學夷對於王世貞、胡應麟二人綜述歷代詩歌的論詩態度有所稱許,亦有所效法,但他也明白指出《藝苑卮言》和《詩藪》二書的駁雜之失:

> 王元美《藝苑卮言》,首泛引前人之論,次則自三百篇、騷賦、漢、魏、六朝、唐、宋、昭代之詩以及子史文章、詞曲、書畫,靡不詳論,最為宏博。然志在兼總,故亦互有得失。(三五/346)

> 胡元瑞《詩藪》,自三百篇、騷賦、漢、魏、六朝以至唐、宋、昭代之詩,靡不詳論,最為宏博,然冗雜寡緒。(三五/348)

我們以《藝苑卮言》和《詩藪》二書相比,《藝苑卮言》除了篇幅少於《詩藪》之外,論述也顯得比較雜蕪;然再以《詩藪》和《詩源辯體》作一比較,又可發現《詩源辯體》更上一層

樓,其篇幅不但廣於《詩藪》,不涉及雜事的討論內容也比《詩藪》更為精純。許學夷評《藝苑巵言》「最為宏博。然志在兼總,故亦互有得失」,評《詩藪》「最為宏博,然冗雜寡緒」,是有取於二者的「宏博」,而有矯於二者的「互有得失」與「冗雜寡緒」,《詩源辯體》也確實如此做到。

　　《詩源辯體》上承《藝苑巵言》和《詩藪》的「宏博」,而又精密純粹勝之。此外,許學夷在評論詩歌的觀點上,也有超越王世貞與胡應麟二家之處:

> 元美、元瑞論詩,於正者雖有所得,於變者則不能知。袁中郎於正者雖不能知,於變者實有所得。(後一／381)

王世貞和胡應麟論詩「得其正而不知變」,袁宏道論詩則是「得其變而不知正」,雙方均有所長,亦有所短。許學夷寫作《詩源辯體》的立論基礎雖然根植於王元美與胡元瑞主張的「正」,卻又有取於袁中郎的「變」,以求能對歷代詩作「各得其正變而論之」。這顯示在面臨公安派的強力挑戰之下,許學夷已意識到復古派論詩的缺陷,有意截取公安派之所長來補足復古派之所短,以開創復古詩論的新天地。此各得「正變」的論詩新觀點,比起復古詩論家固著於以「正」論詩更為圓融。

　　以上從幾個大處觀察《詩源辯體》與《滄浪詩話》、《藝苑巵言》及《詩藪》之間的關係,知許學夷《詩源辯體》雖是繼承嚴羽、王世貞、胡應麟等人的復古詩論而寫就,但其書嚴謹的內容與獨到的觀點,仍然有突破及超越嚴羽等三家之處。

第二節　《詩源辯體》與吳喬

　　《詩源辯體》三十八卷定本於崇禎十五年（1642）方才刻出，未幾明朝即亡，入清之後，其書因未能廣為流傳，故清人甚罕論及，所見惟一對許學夷詩論表示過意見的是吳喬，所著《逃禪詩話》中與許學夷相關的論述可得十八則[5]。《逃禪詩話》全書共二百四十餘則，其中約有三分之二的內容與吳喬另一部《圍爐詩話》大致相同[6]，但與許學夷相關的十八則，卻完全不存在於《圍爐詩話》中，此為何故？據阮廷瑜〈「逃禪詩話」與「圍爐詩話」之異同〉所考，《圍爐詩話》成於康熙二十

---

[5] 依據臺北廣文書局影印本《逃禪詩話》（1973年，與《圍爐詩話》等合印），將此十八則依序舉出：一、「非古非律之詩」條，頁576。二、「盛唐律詩造詣精熟」條，頁583。三、「晚唐至今日」條，頁587-588。四、「余於三君」條，頁588-589。五、「詩之體格名目如何」條，頁590-591。六、「五言詩」條，頁594-599。七、「五言古體更自可畏」條，頁610-612。八、「皮陸集中」條，頁613。九、「晚唐五言古」條，頁613。十、「開成許用晦七言律」條，頁613-614。十一、「盛唐律詩不難于才力」條，頁614。十二、「變而為輕浮纖巧」條，頁614。十三、「楊基以其〈無題〉為豔情」條，頁624。十四、「太白天縱絕世」條，頁631。十五、「漢魏詩淳古」條，頁631-632。十六、「詩史乃《唐書》本傳之語」條，頁632。十七、「許伯清曰」條，頁660-661。十八、「五絕如嬰孩嚬笑」條，頁662。其中吳喬稱引許學夷見解處，並未直接標明《詩源辯體》書名，而冠以「許伯清」或「伯清」，甚或點竄其說而未署其名。

[6] 參〔清〕吳喬：《圍爐詩話》（臺北：藝文印書館，1985年，《清詩話續編》本）。

五年（1686年）吳喬七十六歲之時，此後吳喬逃禪度日，又刪改《圍爐詩話》，大約至康熙三十四年（1695年），方修定成《逃禪詩話》，此時吳喬已八十五歲。阮廷瑜對這兩部詩話並有如此的比較：「就文字言，《逃禪詩話》少詈罵語，簡潔不贅，條列尤見清晰，不舉已詩以論說，晚照謙光，人之情也。遇書名篇名，更多舉述，以見其詳。凡《圍爐》誤處，《逃禪》悉予改正。——足見《逃禪》是較《圍爐》晚出之作。」[7]其說有理，今從之。

吳喬對於許學夷的詩學理念並非全盤接受，而是有所贊同，有所反對，以下分別從這兩方面來探討《詩源辯體》在清代曾引發的回響。先就吳喬贊同並有取於《詩源辯體》處來論。

吳喬認為自晚唐以來，能識得詩歌之體製者，惟有許伯清與馮班、賀裳三人，其中又以許伯清所見最為深廣：

> 晚唐至今日，七百餘年，能以才情自見者，如溫、李、蘇、黃、高、楊輩，代不乏人；知有體制者，惟萬曆間江陰許伯清先生，及亡友常熟馮班定遠、金壇賀裳黃公三人。伯清，聞而知之；定遠、黃公，見而知之者也。……伯清先生所見體制之深廣，更出二君之上，自三百篇以至晚唐，其間源流正變之升降，歷歷舉之，如數十指，為古體、為近體，軒之輕之，莫有

---

[7] 阮廷瑜：〈「逃禪詩話」與「圍爐詩話」之異同〉，《國立中央圖書館館刊》新25卷第1期（1992年6月），頁135-150。

逃其衡鑑者。不意末季瀾浪之中，乃有是人。[8]

論中云「伯清，聞而知之；定遠、黃公，見而知之者也」。「聞而知之」、「見而知之」二語原見於《孟子》最後一章：「由堯、舜至於湯，五百有餘歲，若禹、皋陶，則見而知之；若湯，則聞而知之。由湯至於文王，五百有餘歲，若伊尹、萊朱，則見而知之；若文王，則聞而知之。由文王至於孔子，五百有餘歲，若太公望、散宜生，則見而知之；若孔子，則聞而知之。」趙岐注：「見而知之，謂輔佐也。……聞而知之者，聖人相去卓遠，數百歲之間變故眾多，踰聞前聖所行，追而遵之，以致其道。」[9]可知吳喬未曾見過許學夷，僅能追而遵之，以致其道，故云「聞而知之」；而吳喬曾與友人馮班、賀裳相互討論，輔佐二氏之學，故謂「見而知之」。再觀《逃禪詩話》云：「余於三君，伯清先生，嚴師也；定遠、黃公，畏友也。」[10]吳喬尊稱許學夷為「嚴師」，其實僅是「聞而知之」，二人並無正式的師承關係。正因為許學夷是晚唐以來論詩歌體製的第一人，故吳喬對其評價甚高，由「自三百篇以至晚唐，其間源流正變之升降，歷歷舉之」等語來看，知所謂的「知有體制」，即是推崇許學夷在詩歌史的研究具有不凡的成就。

《逃禪詩話》中，吳喬曾徵引了《詩源辯體‧前集》對於

---

[8] 《逃禪詩話》，頁587-588。

[9] 《孟子》（臺北：藝文印書館，1989年，《十三經注疏》本），卷14下，〈盡心章句下〉，頁264。

[10] 《逃禪詩話》，頁588。

五、七言詩之演變的論述：

> 五言詩，魏之於漢，同者十之三，異者十之七；同者為正，而異者為變。同者情興所至，以不意得之，故體委婉而語悠圓，有天成之妙；異者情興未至，著意為之，故體多敷敘，語多結構，漸見作用之迹。故漢人詩少，魏人詩多，漢人潛流為建安，乃五言之初變也。……平子〈四愁〉，兼本詩騷，體委婉，語悠圓，有天成之妙，七言之祖也。子桓〈燕歌行〉，較之〈四愁〉，體漸敷敘，語漸結構，始見作用之跡，七言之初變也。……[11]

這則詩話頗長，吳喬把許學夷所云的「五言七變」、「七言八變」，以至於盛唐諸公律詩之「入聖」，李、杜五七言古詩之「入神」，一一節錄，可說是汲取了《詩源辯體》論詩歌體製的精華，大力肯定了許學夷評鑒詩史的眼光[12]。

其次再就吳喬反對《詩源辯體》之處來論。

吳喬論詩與許學夷相左的地方，首先是表現在二人對於李商隱以及明代詩歌的不同評價上。吳喬深好晚唐詩歌，尤推重李商隱，並曾著《西崑發微》一書來闡發李商隱詩的深意[13]，這

---

[11] 《逃禪詩話》，頁594-598。
[12] 此外，《逃禪詩話》中「五言古體更自可畏」、「晚唐五言古」、「開成許用晦七言律」、「變而為輕浮纖巧」諸條，都是談論詩體的演變，其中亦多蹈襲《詩源辯體》之語。
[13] 參〔清〕吳喬：《西崑發微》（臺北：廣文書局，1973年，與《圍爐詩話

與許學夷批評義山詩「用事詭僻」（三十／287），顯然有所出入。《逃禪詩話》言：

> 許伯清論千古詩人無不確當，唯於義山，眼同覺範。[14]

覺範，即宋代詩僧惠洪，惠洪《冷齋夜話》云：「詩到李義山，謂之文章一厄，以其用事僻澀，時稱西崑體。」[15]吳喬認為惠洪的說法並非確論，而是「惑於西崑學步者而不察義山寄趣之深」[16]。然而，許學夷的見解卻與惠洪一致，《詩源辯體》應和其說：「商隱七言律，語雖穠麗，而中多詭僻。……《冷齋夜話》云『詩至義山為文章一厄』，是也。」（三十／289）是故，吳喬以「眼同覺範」來批評許學夷，謂其觀點和惠洪相同，一樣未能洞察李商隱詩所富涵的深刻意蘊。

吳喬對明代復古派詩歌的批評也與許學夷迥異。吳喬早年亦研習明詩，後來讀得唐人全集，始幡然改悟[17]，乃至於指斥以

》等合印）。

[14] 《逃禪詩話》，頁624。

[15] 〔宋〕釋惠洪：《冷齋夜話》（臺北：藝文印書館，1965年，《百部叢書集成》影印《學津討原》本），卷4，頁2。

[16] 《逃禪詩話》，頁606。

[17] 《圍爐詩話》云：「余之深恨二李也有故：天啟癸亥，年始十三，自不知揣量，妄意學詩，得何人所刻《盛明詩選》，陳朽穢惡之物，童稚無知，見其鏗鏘絢麗，竟以盛明直接盛唐，視大曆如無有，何況開成！自居千古人物，李、杜、高、岑乃堪為友，鼻息拂雲者十年。癸酉冬，讀唐人全集，乃知詩道不然，返觀《盛明詩選》，無不蠟厄其外，敗絮其中；自所作詩與平日言論，如醉後失禮于人，醒時思之，慚汗無地。」見《圍爐詩話

李夢陽、李攀龍為首的弘治、嘉靖詩歌為「盲盛唐詩,字面煥然,無意無法」[18]。吳喬對於明詩既有此看法,自然不滿意許學夷高度推崇前後七子的詩作:

> 黃公以重體制,反嘸于偽,冒復古之李獻吉,而稱為先朝大雅才。……伯清之惑於二李更甚,惟定遠與余意合,比之優伶奴僕,不入士類。[19]

所云「伯清惑於二李更甚」,蓋指《詩源辯體》所說的「世多稱獻吉倣韓,于鱗倣古。予謂:國朝人詩,惟二子可稱自立門戶」(後二/416)之類的言論。推究二人對弘、嘉詩歌評價相反,原因當在於:許學夷在先決條件上已認定明代是詩歌無法再「變」的時期,故前後七子「復」之於正,自有可取;而吳喬仍然以「變復」相濟來求之於明詩,自然對明詩「惟復不變」有所指斥。

吳喬針對《詩源辯體》的另一項重要駁難,是認為《詩源辯體》的詩選部分取錄詩作有所失當:

> 非古非律之詩,盛唐多有之,乃是沿習未盡,許伯清悉不收錄,則法盡無民矣。其中甚多好詩,何可輕棄?事已至此,耐之可也。非真非草者,謂之行書,極

》,卷6,頁666-667。
[18] 《逃禪詩話》,頁571。「盲盛唐詩」,《圍爐詩話》作「瞎盛唐詩」,參《圍爐詩話》,卷1,頁472。
[19] 《逃禪詩話》,頁588-589。

> 便于用，未嘗廢也。[20]

> 漢魏詩淳古，太白有光焰，故其擬古五言，伯清皆弗錄。喬謂：指明而收之何害？不可有遺珠也。[21]

《詩源辯體》基於辨明體製的考量，不收盛唐非古非律之詩，亦不收李白擬漢魏的五言古詩，吳喬認為這樣的選詩方式，不免有遺珠之憾，實不如將體製說明清楚再予以收錄。吳喬的說法雖非無理，但事實上許學夷曾區分「辯體」與「選詩」的不同，《詩源辯體》錄取詩作是屬於「辯體」的型態，而不是「選詩」，因此其取捨的原則是在於「各錄其時體」（凡例／2）、「存其本體」（二四／250），並不是以優劣來論。由此看來，吳喬對許學夷選錄詩作的這兩則批評，恐怕是落空了。

綜論之，《詩源辯體》對於清代詩學的影響並不大，目前可考知與許學夷有直接關係的清代詩論家，僅可得吳喬一人。吳喬雖然大體認同了《詩源辯體》所建構的詩歌演變史，並盛讚許學夷對詩歌體製之辨析「盡善盡美，至矣極矣」[22]，但在另外一方面，吳喬卻又極力抨擊前後七子的詩歌創作，從根本上否定了許學夷的復古立場，二人的詩學主張仍然呈現相當大的分歧。

---

[20] 《逃禪詩話》，頁576。
[21] 《逃禪詩話》，頁631-632。
[22] 《逃禪詩話》，頁589。

第三節 《詩源辯體》的價值評估

宋代以後,「詩話」成為中國詩歌批評最主要的形式,許學夷雖然不曾以「詩話」稱呼自己的著作,甚至相當輕視宋人以紀事為主的詩話,但從《詩源辯體》逐條論述的內容來看,也無妨謂之為「詩話」。然而與之前的詩話相比較,《詩源辯體》卻顯得相當特別。章學誠《文史通義・詩話》篇將詩話的撰作要旨區分為二,一是「論詩而及事」,一是「論詩而及辭」[23],若《詩源辯體》者,卻是「論詩而及史」;再又《詩源辯體》其書篇幅之龐大,系統之嚴密,前代詩話中除了《詩藪》以外,沒有任何一部可以與之相提並論。

對於《詩源辯體》這樣一部與眾不同但卻在文學史上沉寂三百多年的論詩著作,現今,究竟應該如何來評估它的價值?我們先看兩位大陸學者的意見,劉德重在《詩話概說》一書中如此總結《詩源辯體》的詩論成就:

> 綜上所述,《詩源辯體》雖是在復古思想指導下寫成的,但在詩學問題的論述上發表了不少好的見解,其理論批評價值及資料價值還是應予肯定的。[24]

---

[23] 參〔清〕章學誠著,葉瑛校注:《文史通義校注》(臺北:漢京文化公司,1986年),卷5,〈內編〉五,頁559。
[24] 劉德重、張寅彭:《詩話概說》(臺北:學海出版社,1993年),頁203。

劉明今《明代文學批評史》的看法則是：

> 許學夷繼胡應麟《詩藪》之後作《詩源辯體》，對歷代詩歌及其批評的流變發展作了詳盡的評述，在理論上雖然缺乏創見，但係分縷析，系統儼然，對於後來關於中國詩歌史的研究是有其貢獻的。[25]

劉德重所言「《詩源辯體》雖是在復古思想指導下寫成的」一語，實寓有輕視復古思想的意味，但事實上，明代的詩歌批評即是以復古派的成就最大，《詩源辯體》在復古思想的指導下寫成，不見得就是一種缺失。又劉明今說《詩源辯體》在理論上「缺乏創見」，亦未盡然，因為《詩源辯體》既然「條分縷析，系統儼然」，則此「系統化」本身同樣也具有「原創性」[26]。除了此一二小處可待進一步商榷之外，兩位先生對於《詩源辯體》的總評大抵中肯，綜合二家對《詩源辯體》的正面評價，我們可將其書的價值區分為「理論批評價值」、「資料價值」及「詩歌史價值」三項。

以下分就《詩源辯體》所具有的這三種價值稍作詮釋：

所謂「理論批評價值」，是指許學夷「在詩學問題的論述上發表了不少好的見解」，這種好的詩學見解，應該包含了詩

---

[25] 袁震宇、劉明今：《明代文學批評史》（上海：上海古籍出版社，1991年），頁298。

[26] 黃景進言：「要知道『系統化』、『理論化』本身就是一種『原創性』。」見黃景進：《嚴羽及其詩論之研究》（臺北：文史哲出版社，1986年），頁201。

歌「理論」的見解與詩歌「實際批評」的見解。在「理論」部分，《詩源辯體》的辨體理論、創作理論、批評理論等，均建構了相當完整的系統，成績頗為可觀；在「實際批評」部分，許學夷評論歷代各家的詩歌作品，也提出了許多獨到而珍貴的意見。朱恩彬於《中國歷代詩學論著選》一書中如此評價《詩源辯體》：

> 歷代提倡「復古」的詩人或詩評家，為了證明古代的東西是多麼美好，多麼有價值，進行傾心的探求與研究，其中有一定才華與理論修養者，確能對前人創作成果時發一些真知灼見。他們對中國詩學理論也有所貢獻，其道理就在此。[27]

這裡關注到許學夷「對前人創作成果時發一些真知灼見」，即是說明了其「理論批評價值」的所在。論述中更指出：《詩源辯體》的這項貢獻，正是得自於詩歌復古的理想。

所謂「資料價值」，諸書皆備，因為任何書籍文獻都是一種資料，都具有或多或少的「資料價值」。關於《詩源辯體》的「資料價值」，可從朱金城、朱易安〈試論「詩源辯體」的價值及其與「滄浪詩話」的關係〉一文中探知：

> 《詩源辯體》之所以流傳不廣，除了印行太少的原因之外，更主要的是《詩源辯體》基本承襲了滄浪的舊

---

[27] 陳良運主編：《中國歷代詩學論著選》（南昌：百花洲文藝出版社，1995年），頁743。

> 說而不及滄浪那樣精闢、概括,不易引起評論家的重
> 視。但它畢竟為我們研究古代文學理論提供了頗有價
> 值的參考資料,它不僅能讓我們了解到《滄浪詩話》
> 對後代的深遠影響,而且也讓我們了解到明後期各種
> 文藝思潮對詩壇的影響。[28]

此論說明了《詩源辯體》的「資料價值」在於:為我們研究古代文學理論提供參考的資料,讓我們了解到《滄浪詩話》對後代的影響以及明代文學思潮的論爭狀況。當然,《詩源辯體》的「資料價值」絕非侷限於此,比如陳伯海、朱易安合編的《唐詩書錄》一書,即曾徵引幾條《詩源辯體》對於歷代詩歌總集的評述[29],這又是屬於目錄學方面的「資料價值」了。

最後一項「詩歌史價值」的具備,是源自許學夷「對歷代詩歌及其批評的流變發展作了詳盡的評述」,故此項價值應再細分為二:一是「詩歌史」的價值,一是「詩歌批評史」的價值。《詩源辯體》原本是有為而作的詩歌史,許學夷在書中詳述了《詩經》到明代之詩歌的源流變化,其書最重大的價值與意義即在於此;又《詩源辯體》卷三十五、卷三十六對歷代詩論、詩總集的批評,亦大體整理出詩歌批評的發展軌跡,構成

---

[28] 朱金城、朱易安:〈試論「詩源辯體」的價值及其與「滄浪詩話」的關係〉,《文學遺產》1983年第4期,頁127。

[29] 如《唐詩書錄》著錄《國秀集》、《極玄集》、《唐百家詩選》諸條皆曾徵引,分見陳伯海、朱易安編:《唐詩書錄》(濟南:巴蜀書社,1988年),頁5、頁13、頁28、頁29。

了一部簡單的詩歌批評史,價值同樣不可小覷。

事實上最早對《詩源辯體》提出評價者,是許學夷自己:

> 予作《辯體》,自謂有功於詩道者六:論三百篇以至晚唐,而先述其源流,序其正變,一也;論〈周南〉、〈召南〉以至〈邶〉、〈鄘〉諸國,而謂其皆出乎性情之正,二也;論漢魏五言,而先其體製,三也;論初、盛唐古詩而辨其純雜,四也;論漢魏五言,而無造詣深淺之階,五也;論初、盛唐律詩,而有正宗、入聖之分,六也。知我者在此,而罪我者亦在此也。(三四/314)

許學夷自我評估《詩源辯體》「有功於詩道者六」,此六者即可理解為其書所具有的六種價值。許氏所標舉「論三百篇以至晚唐,而先述其源流,序其正變,一也」,是將自己的著作在詩歌史方面的貢獻列為首要;其餘二至六項的功績,分別是評論各代、各體之詩歌所獲致的成就,則當同是屬於「理論批評價值」。在許學夷言論中並沒有論及其書的「資料價值」,這是因為《詩源辯體》之成為資料,乃是歷史發展的必然現象,這種「附加價值」原不在許學夷寫作當時的估算之內。

就其價值論其地位,《詩源辯體》和《詩藪》是宋、明以來最好、最完備的兩部詩話,也是截至明代為止,最有資格稱得上是「詩歌史」的兩部論詩著作;而《詩源辯體》較之《詩藪》又毫無愧色,甚至有後來居上的趨勢,這樣一部詩歌批評的大作,在詩歌批評史上應該占有一席之地。

第四節　《詩源辯體》的研究展望

　　論文至此已近尾聲。回顧前文所述，在原定的計畫下，本文逐一探討《詩源辯體》的幾個核心問題，盡力將許學夷的詩歌理論構築成完整的體系，以顯現許學夷詩學見解的嚴密。然而，對於《詩源辯體》這樣一部卷帙龐大的論詩著作來說，本文的研究只能算是「論其大體」，有關於許學夷對歷代各家詩作的細部批評，因為牽涉範圍太廣，限於個人的能力與本論文的寫作體例，並未能一一顧及，有待日後繼續探索。

　　比如王巍《建安文學史論》一書，在第七章中立有「許學夷《詩源辯體》對建安文學研究的新思維」一節，特別注意到《詩源辯體》評論建安詩歌的嶄新見解，其文總結處云：

> 許學夷在《詩源辯體》中，不僅對建安文學的評論觀點鮮明，而且對前人、時人對建安文學的評論觀點，也能夠旗幟明地直言己見，或贊同、或反對，毫不迴避。……這些對我們今天研究建安文學無疑會起著很好的借鑒作用。許學夷對建安文學的探討在建安文學研究史上，不失為一家之言。[30]

由王巍的論述來看，可以得知《詩源辯體》對於魏詩的實際批評有獨到之處，值得我們加以深究。

---

[30] 王巍：《建安文學史論》（長春：吉林大學出版社，1994年），頁175。

又如鍾優民《陶學史話》，其書第五章〈學術復蘇，論辯再起〉專論明代陶詩學，文中有十處地方引述了《詩源辯體》的說法，書中並對許學夷的論點高度推崇。試舉其中一例：

> 許學夷一生，慕陶、效陶不息，其於陶詩語言技巧的深厚工力，領悟異於時輩，他指出陶詩用語，獨具特色，與其獨特情懷理趣，互為表裡：「靖節詩不可及者，有一等直寫己懷，不事雕飾，故其語圓而氣足；有一等見得道理精明，世事透徹，故其語簡而意盡」；他還通過語言差異去判斷陶詩真偽，提出「靖節詩有〈王撫軍座送客〉一首，句法工鍊，與靖節不類，疑晉、宋諸家所為。又〈五月旦作〉，意雖類陶，而語不類，〈飲酒〉末篇，語意俱類，至『若復不快飲，空負頭上巾』，又疑附會，非有意也」，其結論雖不無可議，但這種探索的視角還是能夠給人提供啟迪的。[31]

許學夷的生命情調不僅與陶淵明有若干契合處，許學夷的陶詩學更是《詩源辯體》中相當精彩的一章，具有研究的價值。

再如陳伯海於《唐詩彙錄‧總序》中提及了《詩源辯體》在唐詩研究方面的成就：

> 宋人開始產生了唐詩的整體觀念，特別是南宋嚴羽，

---

[31] 鍾優民：《陶學史話》（臺北：允晨文化公司，1991年），頁104。引許學夷語分見《詩源辯體》，卷6，頁102、頁105。

> 為針砭時風而致力於揭示唐詩的藝術特徵和演化過程，為唐詩學的確立奠定了基礎。隨後，楊士弘、高棅、胡應麟、許學夷等人，在探源討流上展開了愈益細緻化的辨析工作，給唐詩各體的流變勾畫了基本輪廓。[32]

　　《詩源辯體》全書以討論唐詩的內容最多，論述也最為詳悉，許學夷實無愧為唐詩學大家，他對於初、盛、中、晚唐各期詩作的批評，自然也足以成為我們研究的一項重要課題。陳國球所著《唐詩的傳承──明代復古詩論研究》一書，以包括《詩源辯體》在內的復古詩論為研究對象，對於許學夷評論唐詩的觀點即有相當深入的論述，可說為《詩源辯體》唐詩學的研究提供了最佳典範。

　　以此推之，《詩源辯體》對於《詩經》、《楚辭》、漢詩、六朝詩、宋元詩、明詩的評論，同樣具有研究的價值。期許自己未來研究《詩源辯體》，能以本篇論文所提出的理論體系為基礎，再更進一步深入追究許學夷對於各代、各家詩作的實際批評。因此，本論文的完成應當只是一起點，而非終點。

---

[32] 《唐詩書錄》，〈總序〉，頁1。

參考書目

說明：
一、參考書目以正文、附註曾徵引或述及者為限。
二、古籍按四部分法，集部較多，再細分為「別集類」、「總集類（含楚辭類）」、「詩文評類」，今人注解古籍或編纂古代作品同此。惟書目、提要一類書籍暫自史部移除。
三、現代著作分「近人著作」、「論文」兩類，另書目、年譜、資料彙編等，與古代書目、提要同列「工具書」類。
四、翻譯著作獨立一類。

一、經部

〔漢〕毛亨傳，〔漢〕鄭玄箋，〔唐〕孔穎達正義：《詩經》，《十三經注疏》本　臺北：藝文印書館，1989年

〔漢〕鄭玄注，〔唐〕孔穎達正義：《禮記》，《十三經注疏》本　臺北：藝文印書館，1989年

〔漢〕趙岐注，〔宋〕孫奭疏：《孟子》，《十三經注疏》本　臺北：藝文印書館，1989年

〔魏〕王弼、〔晉〕韓康伯注，〔唐〕孔穎達正義：《周易》，《十三經注疏》本　臺北：藝文印書館，1989年

〔魏〕何晏注，〔宋〕邢昺疏：《論語》，《十三經注疏》本

臺北：藝文印書館，1989年
〔宋〕朱熹集註：《詩集傳》
　　臺北：臺灣中華書局，1991年
〔宋〕朱熹：《詩序辨說》，《百部叢書集成》影印《學津討
　　原》本　臺北：藝文印書館，1965年
〔宋〕朱鑑編：《詩傳遺說》，《通志堂經解》本
　　臺北：大通書局，1969年
〔清〕王夫之：《讀四書大全說》
　　北京：中華書局，1989年

二、史部

〔南朝梁〕沈約：《宋書》
　　臺北：鼎文書局，1975年
〔南朝梁〕蕭子顯：《南齊書》
　　臺北：鼎文書局，1975年
〔唐〕魏徵等：《隋書》
　　臺北：鼎文書局，1975年
〔宋〕司馬光：《稽古錄》
　　北京：北京師範大學出版社，1988年
〔明〕惲應翼纂修：《新修安定縣志》
　　萬曆二十五年刊本，中央圖書館藏
〔明〕張佳圖：《江陰節義略》，《叢書集成續編》本
　　臺北：新文豐出版社，1989年

〔清〕陳貞慧：《山陽錄》，《叢書集成三編》影印《常州先哲遺書》本　臺北：藝文印書館，1971年
〔清〕黃宗羲：《明儒學案》
　　　臺北：里仁書局，1987年
〔清〕張爾常、〔清〕曹晟等纂修：《安定縣志》
　　　康熙十年抄本，臺北：成文出版社，1970年
〔清〕沈清世修，〔清〕朱廷鋐等纂：《江陰縣志》
　　　康熙二十二年刊本，故宮博物院圖書館藏
〔清〕王鴻緒：《明史稿》
　　　臺北：文海出版社，1985年
〔清〕張廷玉等：《明史》
　　　臺北：鼎文書局，1975年
〔清〕趙曦明：《江上孤忠錄》
　　　臺北：臺灣銀行，1968年
〔清〕祝純嘏：《孤忠後錄》，附於《江上孤忠錄》
　　　臺北：臺灣銀行，1968年
〔清〕章學誠著，葉瑛校注：《文史通義校注》
　　　臺北：漢京文化公司，1986年
〔清〕陳延恩修，〔清〕李兆洛等纂：《江陰縣志》
　　　道光二十年刊本，臺北：成文出版社，1983年
〔清〕吳山嘉：《復社姓氏傳略》
　　　北京：中國書店，1989年
〔清〕盧思誠等修，〔清〕季念詒等纂：《江陰縣志》
　　　光緒四年刊本，臺北：成文出版社，1983年

陳思等修，繆荃孫等纂：《江陰縣續志》
　　　民國九年刊本，臺北：成文出版社，1970年

三、子部

〔漢〕高誘注：《淮南子》
　　　臺北：世界書局，1984年
〔晉〕葛洪：《抱朴子》
　　　臺北：世界書局，1979年
〔南唐〕譚峭：《化書》，《百部叢書集成》影印《寶顏堂祕
　　　笈》本　臺北：藝文印書館，1965年
〔宋〕米芾：《海岳名言》，《百部叢書集成》影印《百川學
　　　海》本　臺北：藝文印書館，1965年
〔宋〕釋惠洪：《冷齋夜話》，《百部叢書集成》影印《學津
　　　討原》本　臺北：藝文印書館，1965年
〔宋〕曾慥編：《類說》
　　　臺北：藝文印書館，1970年
〔宋〕黎靖德編：《朱子語類》
　　　臺北：正中書局，1973年
〔明〕楊慎：《譚苑醍醐》，《百部叢書集成》影印《函海》
　　　本　臺北：藝文印書館，1968年
〔明〕何良俊：《四友齋叢說》
　　　北京：中華書局，1983年
〔明〕馮時可：《藝海泂酌》

明萬曆壬寅刊本,中央圖書館藏
〔清〕郭慶藩集釋:《莊子集釋》
　　臺北:華正書局,1991年
楊伯峻集釋:《列子集釋》
　　臺北:華正書局,1987年
陳鼓應註譯:《莊子今註今譯》
　　臺北:臺灣商務印書館,1994年

四、別集類

〔晉〕陶淵明著,逯欽立校注:《陶淵明集》
　　臺北:里仁書局,1985年
〔南朝宋〕謝靈運著,黃節註:《謝康樂詩註》
　　臺北:藝文印書館,1987年
〔唐〕李白著,瞿蛻園等校注:《李白集校注》
　　臺北:里仁書局,1981年
〔唐〕高適著,孫欽善校注:《高適集校注》
　　上海:上海古籍出版社,1984年
〔唐〕杜甫著,〔清〕仇兆鰲注:《杜詩詳注》
　　臺北:里仁書局,1980年
〔唐〕孟浩然著,李景白校注:《孟浩然詩集校注》
　　成都:巴蜀書社,1988年
〔唐〕韓愈著,錢仲聯集釋:《韓昌黎詩繫年集釋》
　　上海:上海古籍出版社,1984年

〔唐〕白居易著，朱金城箋校：《白居易集箋校》
　　　上海：上海古籍出版社，1988年
〔唐〕杜牧：《樊川文集》
　　　臺北：漢京文化公司，1983年
〔唐〕李商隱著，馮浩箋注：《玉谿生詩集箋注》
　　　臺北：里仁書局，1981年
〔唐〕司空圖：《司空表聖文集》，《叢書集成續編》本
　　　臺北：新文豐出版公司，1989年
〔宋〕歐陽修：《歐陽修全集》
　　　臺北：世界書局，1961年
〔宋〕蘇軾：《蘇軾文集》
　　　北京：中華書局，1992年
〔宋〕黃庭堅：《豫章黃先生文集》，《四部叢刊》本
　　　臺北：臺灣商務印書館，1979年
〔宋〕劉克莊：《後村先生大全集》，《四部叢刊》本
　　　臺北：臺灣商務印書館，1979年
〔元〕許恕：《北郭集》，《四庫全書》本
　　　臺北：臺灣商務印書館，1987年
〔明〕貝瓊：《清江貝先生文集》，《四部叢刊》本
　　　臺北：臺灣商務印書館，1979年
〔明〕高啟：《高青丘集》
　　　上海：上海古籍出版社，1985年
〔明〕李夢陽：《空同先生集》
　　　臺北：偉文出版社，1976年

〔明〕何景明：《何大復集》
　　　鄭州：中州古籍出版社，1989年
〔明〕謝榛：《四溟山人全集》
　　　臺北：偉文出版社，1976年
〔明〕李攀龍：《滄溟先生集》
　　　上海：上海古籍出版社，1992年
〔明〕王世貞：《弇州山人四部稿》
　　　臺北：偉文出版社，1976年
〔明〕王世貞：《弇州山人續稿》
　　　臺北：文海出版社，1970年
〔明〕王世懋：《王奉常集》
　　　明萬曆十七年吳郡王氏家刊本，中央圖書館藏
〔明〕李維楨：《大泌山房集》
　　　萬曆年間金陵刊本，中央圖書館藏
〔明〕顧憲成：《涇皋藏稿》
　　　明無錫顧氏原刊本，中央圖書館藏
〔明〕顧憲成：《顧端文公集》
　　　崇禎間無錫顧氏家刊本，中央圖書館藏
〔明〕鄒迪光：《始青閣稿》
　　　天啟元年梁溪鄒氏原刊本，中央圖書館藏
〔明〕夏樹芳：《冰蓮集》
　　　萬曆間江陰夏氏遠清樓刊本，中央圖書館藏
〔明〕夏樹芳：《消暍集》
　　　崇禎元年江陰夏氏原刊本，中央圖書館藏

〔明〕潘之恆：《鸞鳳集》
　　明萬曆間原刊本，中央圖書館藏
〔明〕許學夷：《許伯清詩稿》，附於《詩源辯體》
　　民國十一年上海裴廬鉛印本，中央圖書館藏
〔明〕袁宏道著，錢伯城箋校：《袁宏道集箋校》
　　上海：上海古籍出版社，1981年
〔明〕鍾惺：《隱秀軒集》
　　上海：上海古籍出版社，1992年
〔明〕譚元春：《譚友夏合集》
　　臺北：偉文出版社，1976年

五、總集類

〔南朝梁〕蕭統編，〔唐〕李善注：《文選》
　　臺北：華正書局，1984年
〔南朝陳〕徐陵編，〔清〕吳兆宜注，〔清〕程琰刪補：《玉臺新詠箋注》　北京：中華書局，1992年
〔唐〕元結、〔唐〕殷璠等編：《唐人選唐詩》
　　臺北：河洛出版社，1975年
〔宋〕王安石編：《唐百家詩選》
　　臺北：世界書局，1979年
〔宋〕洪邁編：《萬首唐人絕句》
　　明嘉靖庚子姑蘇陳敬學校刊本，中央圖書館藏
〔宋〕朱熹集注：《楚辭集注》

臺北：文津出版社，1987年
〔宋〕周弼編，〔元〕釋圓至註：《箋註唐賢三體詩法》
　　臺北：廣文書局，1972年
〔宋〕章樵注：《古文苑》
　　臺北：鼎文書局，1973年
〔金〕元好問編，〔元〕郝天挺註：《註唐詩鼓吹》
　　臺北：廣文書局，1972年
〔金〕元好問編：《中州集》
　　臺北：臺灣商務印書館，1972年
〔元〕方回編：《瀛奎律髓》
　　明成化三年徽州紫陽書院刊本，中央圖書館藏
〔元〕祝堯編：《古賦辯體》
　　明刊白口十行本，中央圖書館藏
〔元〕祝堯編：《古賦辯體》，《四庫全書》本
　　臺北：臺灣商務印書館，1986年
〔元〕楊士弘編：《唐音》
　　元至正四年刊本配補明刊本，中央圖書館藏
〔明〕高棅編：《唐詩品彙》
　　上海：上海古籍出版社，1988年
〔明〕高棅編，〔明〕桂天祥批點：《批點唐詩正聲》
　　明嘉靖間刊本，中央圖書館藏
〔明〕吳訥編：《文章辨體》
　　嘉靖三十四年湖州知府徐洛重刊本，中央圖書館藏
〔明〕吳訥：《文章辨體序說》，與《文體明辨序說》合印

臺北：長安出版社，1978年
〔明〕康麟編：《雅音會編》
　　明初刊黑口本，中央圖書館藏
〔明〕劉節編：《廣文選》
　　明嘉靖十二年揚州知府侯秩刊本，中央圖書館藏
〔明〕張之象編：《唐詩類苑》
　　東京：汲古書院，1990年
〔明〕馮惟訥編：《詩紀》
　　明嘉靖三十九年陝西巡按甄敬刊本，中央圖書館藏
〔明〕李攀龍編：《古今詩刪》
　　明萬曆間新都汪時元刊本，中央圖書館藏
〔明〕李攀龍編：《唐詩廣選》
　　明吳興凌氏刊朱墨套印本，中央圖書館藏
〔明〕李攀龍編：《唐詩訓解》
　　日本田原仁翻刊明萬曆本，中央圖書館藏
〔明〕徐師曾編：《文體明辯》
　　萬曆十九年吳江刻本，中央圖書館藏
〔明〕徐師曾：《文體明辨序說》，與《文章辨體序說》合印
　　臺北：長安出版社，1978年
〔明〕臧懋循編：《詩所》
　　明萬曆三十一年刊本，中央圖書館藏
〔明〕臧懋循編：《唐詩所》
　　明萬曆三十四年刊本，中央圖書館藏
〔明〕鍾惺、〔明〕譚元春編：《詩歸》

　　　　萬曆四十五年刊本,中央圖書館藏
〔明〕賀復徵編:《文章辨體彙選》,《四庫全書》本
　　　　臺北:臺灣商務印書館,1986年
〔清〕錢謙益編:《列朝詩集》
　　　　上海:上海書店,1989年
〔清〕錢謙益:《列朝詩集小傳》
　　　　臺北:世界書局,1961年
〔清〕朱彝尊編:《明詩綜》
　　　　臺北:世界書局,1970年
〔清〕彭定求等編:《全唐詩》
　　　　北京:中華書局,1992年
〔清〕嚴可均輯:《全上古三代秦漢三國六朝文》
　　　　臺北:世界書局,1961年
〔清〕顧季慈編:《江上詩鈔》
　　　　民國二十年陶社刊本,中央圖書館藏
〔清〕陳田編:《明詩紀事》
　　　　上海:上海古籍出版社,1993年
逯欽立編:《先秦漢魏晉南北朝詩》
　　　　臺北:木鐸出版社,1988年

六、詩文評類

〔南朝梁〕劉勰著,范文瀾注:《文心雕龍注》
　　　　臺北:臺灣開明書店,1993年

〔南朝梁〕鍾嶸著，陳延傑注：《詩品注》
　　　臺北：里仁書局，1992年
〔唐〕皎然：《詩式》，《百部叢書集成》影印《十萬卷樓叢
　　　書》本　臺北：藝文印書館，1968年
〔唐〕齊己：《風騷旨格》，《歷代詩話續編》本
　　　臺北：木鐸出版社，1988年
〔日〕弘法大師著，王利器校注：《文鏡祕府論校注》
　　　臺北：貫雅出版社，1991年
〔宋〕陳師道：《後山詩話》，《歷代詩話》本
　　　臺北：漢京文化公司，1983年
〔宋〕阮閱編：《詩話總龜》
　　　臺北：廣文書局，1973年
〔宋〕范溫：《潛溪詩眼》，《宋詩話輯佚》本
　　　臺北：華正書局，1981年
〔宋〕陳應行編：《吟窗雜錄》
　　　嘉靖戊申崇文書堂刊本，中央圖書館藏
〔宋〕胡仔編：《苕溪漁隱叢話》
　　　北京：人民文學出版社，1993年
〔宋〕劉克莊：《後村詩話》
　　　北京：中華書局，1983年
〔宋〕敖陶孫：《詩評》，《百部叢書集成》影印《天都閣藏
　　　書》本　臺北：藝文印書館，1965年
〔宋〕張戒：《歲寒堂詩話》，《歷代詩話續編》本
　　　臺北：木鐸出版社，1988年

〔宋〕魏慶之編：《詩人玉屑》
　　臺北：九思出版社，1978年
〔宋〕嚴羽著，郭紹虞校釋：《滄浪詩話校釋》
　　臺北：里仁書局，1987年
〔宋〕蔡正孫編：《詩林廣記》
　　臺北：廣文書局，1973年
〔元〕楊載：《詩法家數》，《歷代詩話》本
　　臺北：漢京文化公司，1983年
〔元〕范梈：《木天禁語》，《歷代詩話》本
　　臺北：漢京文化公司，1983年
〔元〕范梈：《詩學禁臠》，《歷代詩話》本
　　臺北：漢京文化公司，1983年
〔元〕陳繹曾：《詩譜》，《歷代詩話續編》本
　　臺北：木鐸出版社，1988年
〔明〕李東陽：《麓堂詩話》，《歷代詩話續編》本
　　臺北：木鐸出版社，1988年
〔明〕徐禎卿：《談藝錄》，《歷代詩話》本
　　臺北：漢京文化公司，1983年
〔明〕楊慎：《升庵詩話》，《歷代詩話續編》本
　　臺北：木鐸出版社，1988年
〔明〕謝榛：《四溟詩話》，《歷代詩話續編》本
　　臺北：木鐸出版社，1988年
〔明〕俞允文編：《名賢詩評》
　　臺北：廣文書局，1972年

〔明〕梁橋：《冰川詩式》
　　　臺北：廣文書局，1973年
〔明〕王世貞：《藝苑巵言》，《歷代詩話續編》本
　　　臺北：木鐸出版社，1988年
〔明〕王世懋：《藝圃擷餘》，《歷代詩話》本
　　　臺北：漢京文化公司，1983年
〔明〕朱紱編：《名家詩法彙編》
　　　臺北：廣文書局，1973年
〔明〕胡應麟：《詩藪》
　　　上海：上海古籍出版，1979年
〔明〕許學夷：《詩源辯體》
　　　民國十一年上海褧廬鉛印本，中央圖書館藏
〔明〕許學夷：《詩源辯體》
　　　北京：人民文學出版社，1987年
〔明〕胡震亨：《唐音癸籤》
　　　臺北：木鐸出版社，1982年
〔清〕吳喬：《圍爐詩話》，《清詩話續編》本
　　　臺北：藝文印書館，1985年
〔清〕吳喬：《逃禪詩話》，與《圍爐詩話》等合印
　　　臺北：廣文書局，1973年
〔清〕吳喬：《西崑發微》，與《圍爐詩話》等合印
　　　臺北：廣文書局，1973年

七、近人著作

王英志：《中國古典詩歌藝術新探》
　　　南京：江蘇古籍出版社，1990年
王英志：《古典美學傳統與詩論》
　　　南京：南京出版社，1991年
王瑤：《關於中國古典文學問題》
　　　上海：上海古典文學出版社，1956年
王巍：《建安文學史論》
　　　長春：吉林大學出版社，1994年
李澤厚、劉綱紀主編：《中國美學史》第一、二卷
　　　北京：中國社會科學出版社，1987年
吳承學：《中國古典文學風格論》
　　　廣州：花城出版社，1993年
周勛初：《文史探微》
　　　上海：上海古籍出版社，1987年
周質平：《公安派的文學批評及其發展──兼論袁宏道的生平及其風格》　臺北：臺灣商務印書館，1986年
袁濟喜：《和──中國古典審美理想》
　　　北京：中國人民大學出版社，1989年
袁震宇、劉明今：《明代文學批評史》
　　　上海：上海古籍出版社，1991年
馬美信：《晚明文學新探》
　　　中壢：聖環圖書公司，1994年

徐復觀：《中國文學論集》
　　　　臺北：臺灣學生書局，1974年
許建崑：《李攀龍文學研究》
　　　　臺北：文史哲出版社，1987年
郭紹虞：《中國文學批評史》
　　　　臺北：文史哲出版社，1990年
郭紹虞：《中國詩的格調、神韻及性靈說》
　　　　臺北：華正書局，1981年
張文勛：《劉勰的文學史論》
　　　　北京：人民文學出版社，1984年
張秉真等：《西方文藝理論史》
　　　　北京：中國人民大學出版社，1994年
張健：《中國文學批評》
　　　　臺北：五南出版公司，1984年
張健：《滄浪詩話研究》
　　　　臺北：五南出版公司，1989年
陳良運主編：《中國歷代詩學論著選》
　　　　南昌：百花洲文藝出版社，1995年
陳垣：《史諱舉例》
　　　　臺北：文史哲出版社，1974年
陳思苓：《文心雕龍臆論》
　　　　成都：巴蜀書社，1988年
陳晉：《文學的批評世界》
　　　　上海：上海文藝出版社，1989年

陳國球：《胡應麟詩論研究》

  香港：華風書局，1986年

陳國球：《鏡花水月》

  臺北：三民書局，1987年

陳國球：《唐詩的傳承——明代復古詩論研究》

  臺北：臺灣學生書局，1990年

陳登原：《國史舊聞》

  臺北：明文書局，1984年

陳植鍔：《詩歌意象論》

  北京：中國社會科學出版社，1992年

陳慧樺：《文學創作與神思》

  臺北：國家出版社，1976年

陶東風：《文學史哲學》

  鄭州：河南人民出版社，1994年

敏澤：《中國文學理論批評史》

  長春：吉林教育出版社，1993年

勞思光：《新編中國哲學史》

  臺北：三民書局，1990年

黃景進：《嚴羽及其詩論研究》

  臺北：文史哲出版社，1986年

楊松年：《中國文學評論史編寫問題論析——晚明至盛清詩論

  之考察》　臺北：文史哲出版社，1988年

鄔昆如：《哲學概論》

  臺北：五南出版公司，1991年

廖可斌：《復古派與明代文學思潮》
　　　　臺北：文津出版社，1994年
蔡鎮楚：《中國詩話史》
　　　　長沙：湖南文藝出版社，1988年
蔡鎮楚：《詩話學》
　　　　長沙：湖南教育出版社，1992年
劉德重、張寅彭：《詩話概說》
　　　　臺北：學海出版社，1991年
錢中文：《文學原理——發展論》
　　　　北京：社會科學文獻出版社，1989年
錢鍾書：《談藝錄》
　　　　北京：中華書局，1993年
鍾優民：《陶學史話》
　　　　臺北：允晨文化公司，1991年
顏崑陽：《六朝文學觀念叢論》
　　　　臺北：正中書局，1993年
簡錦松：《明代文學批評研究》
　　　　臺北：臺灣學生書局，1989年
羅光：《歷史哲學》
　　　　臺北：臺灣商務印書館，1983年
羅根澤：《中國文學批評史》
　　　　臺北：學海出版社，1990年
龔鵬程：《文學散步》
　　　　臺北：漢光文化公司，1993年

龔鵬程：《文學批評的視野》
　　　　臺北：大安出版社，1990年
龔鵬程：《詩史本色與妙悟》
　　　　臺北：臺灣學生書局，1993年
龔鵬程：《晚明思潮》
　　　　臺北：里仁書局，1995年

八、論文

王貴苓：〈明代前後七子的復古〉，《中國古典文學論文精選叢刊》　臺北：幼獅文化公司，1980年
朱金城、朱易安：〈試論「詩源辯體」的價值及其與「滄浪詩話」的關係〉　《文學遺產》1983年第4期
李正治：〈文學術語辭典‧興趣〉
　　　　《文訊》第22期
岑溢成：〈劉勰的文學史觀〉，《文心雕龍綜論》
　　　　臺北：臺灣學生書局，1988年
阮廷瑜：〈「逃禪詩話」與「圍爐詩話」之異同〉
　　　　《國立中央圖書館館刊》新25卷第1期
邵紅：〈竟陵派文學理論的研究〉
　　　　《臺灣大學文史哲學報》第24期
郭玉雯：《宋代詩話的詩法研究》
　　　　臺灣大學中文研究所博士論文，1988年
陳萬益：《晚明性靈文學研究》

臺灣大學中文研究所博士論文，1977年
黃志民：《明人詩社之研究》
政治大學中文研究所碩士論文，1972年
黃淵泉：〈中國國際圖書館六十年簡史〉
《國立中央圖書館館訊》第16卷第3期
蕘公：〈談明季山人〉
《古今》第15期 香港：龍門書店，1969年合訂本
簡錦松：〈胡應麟詩藪的辨體論〉，《古典文學》第一集
臺北：學生書局，1979年
簡錦松：《李何詩論研究》
臺灣大學中文研究所碩士論文，1980年

九、工具書

〔清〕黃虞稷編：《千頃堂書目》
上海：上海古籍出版社，1990年
〔清〕紀昀等：《四庫全書總目》
臺北：藝文印書館，1989年
〔清〕金武祥編：《江陰藝文志》，《叢書集成續編》本
臺北：新文豐出版社，1989年
丁文江：〈徐霞客年譜〉，附於《徐霞客遊記》
上海：上海古籍出版社，1993年
中央圖書館特藏組編：《中國歷代藝文總志》
臺北：中央圖書館，1986年

北京大學、北京師範大學中文系編:《陶淵明研究資料彙編》
　　臺北:明倫出版社,1970年
北京大學中文系編:《陶淵明詩文彙評》
　　臺北:明倫出版社,1970年
北京圖書館編:《北京圖書館古籍善本書目》
　　北京:書目文獻出版社,1987年
河北師範學院中文系編:《三曹資料彙編》
　　臺北:木鐸出版社,1981年
孫殿起編:《販書偶記續編》
　　臺北:漢京文化公司,1984年
陳伯海、朱易安編:《唐詩書錄》
　　濟南:齊魯書社,1988年
裴斐、劉善良編:《李白資料彙編》
　　北京:中華書局,1994年

十、翻譯著作

Graham Hough著,何欣譯:《文體與文體論》
　　臺北:成文出版社,1979年
R.Selden著,呂正惠譯:〈俄國形式主義〉,《中國文學批評》
　　第一集　臺北:臺灣學生書局,1992年
艾略特著,杜國清譯:《艾略特文學評論選集》
　　臺北:田園出版社,1969年
亞里斯多德著,聖多瑪斯註,孫振青譯:《亞里斯多德形上學

註》　臺北：明文書局，1991年

阿諾德・豪塞爾著，陳超南、劉天華譯：《藝術史的哲學》
　　　北京：中國社會科學出版社，1992年

前野直彬主編，連秀華、何寄澎譯：《中國文學史》
　　　臺北：長安出版社，1979年

韋勒克、華倫著，王夢鷗、許國衡譯：《文學論》
　　　臺北：志文出版社，1990年

朗松著，昂利・拜爾編，徐繼曾譯：《方法、批評及文學史》
　　　北京：中國社會科學出版社，1992年

索緒爾著：《普通語言學教程》
　　　臺北：弘文館出版社，1984年

康德著，宗白華、韋卓民譯：《判斷力批判》
　　　北京：商務印書館，1987年

賀拉斯著，楊周翰譯：〈詩藝〉，《西方文藝理論名著選編》
　　　北京：北京大學出版社，1988年

衛姆塞特、布魯克斯著，顏元叔譯：《西洋文學批評史》
　　　臺北：志文出版社，1987年

劉若愚著，杜國清譯：《中國文學理論》
　　　臺北：聯經出版公司，1993年

穆卡洛夫斯基著，王宏志譯：〈個人與文學發展〉，《文學史
　　　》第一輯　北京：北京大學出版社，1993年

後　記

　　1993年到1996年之間，我就讀於政治大學中文系碩士班，在黃志民教授的指導下，完成這本碩士論文。寫作是從1994年秋天開始，若以發端來看，至今正好三十年。此次整理舊作，主要是修飾文句，訂正錯誤，文中不加入新材料，不提出新論述，讓全書大致保持當年的樣貌。其後，我還曾發表〈《詩源辯體》論陶詩〉（《中國文學研究》第13期，1999年5月）、〈許學夷《詩源辯體》在晚明的傳播與接受〉（《東華人文學報》第5期，2003年7月）、〈許學夷與吳喬的詩學傳承〉（《中國文哲研究通訊》第13卷第3期，2003年9月），諸文刊登的時間較後，並未收入書中，有興趣的朋友可以參看。

　　當年研究《詩源辯體》，僅見兩種版本，一是人民文學出版社點校本，一是民國十一年上海褧廬鉛印本。時至今日，包括萬曆四十一年十六卷刻本、崇禎五年三十六卷手稿本、崇禎十五年三十八卷刻本，均已在網路上公布，取得相當容易。諸版本俱全，討論許學夷詩學思想的進程變成可能。另外，與許學夷觀點相對立的趙宧光《彈雅》一書，原本未見，現在收入《稀見明人詩話十六種》（上海古籍出版社，2014年），考察《詩源辯體》與《彈雅》的詩學分歧，也不再是件難事。這些議題，留待有心人勉力為之。

2015年夏天，在友人張炳文的帶領下，我來到許學夷的家鄉江陰。我們先訪興國公園中的「滄州軒」，此軒紀念許學夷創立的滄州詩社，門聯下句云「大著接滄浪語百代詩話第一書」，言許學夷《詩源辯體》是繼嚴羽《滄浪詩話》之後的詩話登峰之作，旨哉斯言！接著走向君山，許學夷葬於君山東阜之北，其地原為友人郁庭芝的別業，無奈時過境遷，其墓無從尋覓，只能隨意踏訪，見君山寺、東嶽廟，也算了卻一樁心願。之後又往江陰市南方的徐霞客鎮，許學夷稱呼徐霞客「館甥」，實為姪女婿，許學夷有〈雨夜宿徐振之齋中〉、〈同徐振之登惠山〉二詩，見證明代「詩話第一家」與「行旅第一人」的交誼。江陰之遊，意謂我對於許學夷的敬意與情感，並不停留於論文寫作而已。

　　歲月如流，一晃三十年過去。此次出版舊作，除了讓自己的努力痕跡留下記錄之外，也希望在某年某月，這本書能得到一二讀者的肯定，則此願足矣。

謝明陽
於花蓮，2024年10月

文學研究叢書・古典詩學叢刊 0804Z05

許學夷《詩源辯體》研究

作　　　者	謝明陽
責任編輯	丁筱婷

發 行 人	林慶彰
總 經 理	梁錦興
總 編 輯	張晏瑞
編 輯 所	萬卷樓圖書(股)公司
封面設計	陳薈茗
印　　　刷	百通科技股份有限公司

發　　行　萬卷樓圖書(股)公司
臺北市羅斯福路二段 41 號 6 樓之 3
電話 (02)23216565
傳真 (02)23218698
電郵 SERVICE@WANJUAN.COM.TW
香港經銷
香港聯合書刊物流有限公司
電話 (852)21502100
傳真 (852)23560735

ISBN 978-626-386-234-0
2025 年 3 月初版
定價：新臺幣 480 元

如何購買本書：
1. 轉帳購書，請透過以下帳戶
　合作金庫銀行 古亭分行
　戶名：萬卷樓圖書股份有限公司
　帳號：0877717092596
2. 網路購書，請透過萬卷樓網站
　網址 WWW.WANJUAN.COM.TW
大量購書，請直接聯繫，將有專人
為您服務。(02)23216565 分機 610

如有缺頁、破損或裝訂錯誤，請寄
回更換

版權所有・翻印必究
Copyright©2025 by WanJuanLou Books
CO., Ltd. All Rights Reserved
Printed in Taiwan

國家圖書館出版品預行編目資料

許學夷<<詩源辯體>>研究/謝明陽著.-
- 初版.-- 臺北市：萬卷樓圖書股份
有限公司, 2025.03　面；　公分
ISBN 978-626-386-234-0(平裝)
1.CST: (明)許學夷 2.CST: 學術思想
3.CST: 詩評 4.CST: 傳記
782.868　　　　　　　114000266